U0955705

新时代
财会理论与实务探讨

四川省会计工作者优秀论文选
(2021)

On The Theory And Practice
Of
Accounting In The New Era

Selected Papers
Of
Accounting Workers
In
Sichuan Province

ASS
ACCOUNTING SOCIETY OF SICHUAN PROVINCE
1981

主编 安春华 刘绣峰

副主编 张蜀钊 朱在祥 谢红

西南财经大学出版社
Southwestern University of Finance & Economics Press

图书在版编目(CIP)数据

新时代财会理论与实务探讨:四川省会计工作者优秀论文选:2021/安春华,刘绣峰主编;张蜀钊,朱在祥,谢红副主编 .—成都:西南财经大学出版社,2022.1
ISBN 978-7-5504-5268-8

Ⅰ.①新… Ⅱ.①安…②刘…③张…④朱…⑤谢… Ⅲ.①企业管理—财务会计—文集 Ⅳ.①F275.2-53

中国版本图书馆 CIP 数据核字(2022)第 024562 号

新时代财会理论与实务探讨:四川省会计工作者优秀论文选(2021)
XINSHIDAI CAIKUAI LILUN YU SHIWU TANTAO:SICHUANSHENG KUAIJI GONGZUOZHE YOUXIU LUNWENXUAN(2021)
主　编　安春华　刘绣峰
副主编　张蜀钊　朱在祥　谢红

责任编辑:孙婧
责任校对:李琼
装帧设计:傅瑜
责任印制:朱曼丽

出版发行	西南财经大学出版社(四川省成都市光华村街 55 号)
网　　址	http://cbs.swufe.edu.cn
电子邮件	bookcj@swufe.edu.cn
邮政编码	610074
电　　话	028-87353785
照　　排	四川胜翔数码印务设计有限公司
印　　刷	四川五洲彩印有限责任公司
成品尺寸	185mm×260mm
印　　张	15.5
字　　数	370 千字
版　　次	2022 年 1 月第 1 版
印　　次	2022 年 1 月第 1 次印刷
书　　号	ISBN 978-7-5504-5268-8
定　　价	98.00 元

1. 版权所有,翻印必究。
2. 如有印刷、装订等差错,可向本社营销部调换。

序

古人云，“损益盈虚，与时偕行”。在中国特色社会主义新时代下，我国经济增长由过去的高速增长转变为高质量发展，经济发展由过去的以增量扩能为主向经济结构战略性调整转化，经济增长动力由过去的要素驱动、投资驱动向创新驱动发展。全球新冠疫情的冲击进一步加快了我国经济内在结构调整，对企业发展提出了更高要求。传统产业与知识经济、虚拟经济和网络经济全面结合，全球信息化和经济一体化改变了企业的传统经营方式和人们的消费生活方式，也给传统的财务会计理论带来了新的发展机遇。知识经济环境的改变使财务会计突破了传统的价值观念，网络经济的发展更突破了财务会计传统的时空限制。面对新时代的经济环境，财务会计将实现会计与业务的深度融合。

2021 年是“十四五”规划的开局之年，2021—2025 年“十四五”时期是我国开启全面建设社会主义现代化国家新征程、向第二个百年奋斗目标进军的第一个五年。四川省积极推进“成渝地区双城经济圈”国家战略建设，立足新发展阶段，贯彻新发展理念，融入新发展格局，系统谋划安排了“十四五”时期全省经济社会发展的重点任务。在四川经济大发展的进程中，管理会计将发挥积极关键的作用，提升企业财务管理水平、优化企业会计准则、规范会计核算制度、强化审计监督与服务管理势在必行。

在这种背景和条件下，我们财务工作者需要在各自的专业领域不断探索，鼓励专精人才开拓创新。一线的会计工作者要结合当前政治形势，熟悉宏观经济政策，掌握市场发展趋势，才能在理论学术上、实务操作上提出更独到的见解，才能对新经济下的现代企业财务、会计、审计等问题提出建设性意见，促进企业财务会计高质量发展。

“不凝滞于物，而能与世推移。”作为新时代的会计人，面临新时代下会计行业的发展变革，与时俱进、与时更新，既是新时代会计人的基本素养，也是新时代会计行业发展变革的基本要求和趋势。《新时代财会理论与实务探讨：四川省会计工作者优秀论文选（2021）》的出版，让我们看到了四川省会计工作者在新时代下的执着和坚持，同时也展示了四川省会计行业新时代下取得的丰硕成果。

推动财会理论与实务发展，是每一个会计工作者的职业使命。不论其身在机关单位、高等院校，还是扎根于企业基层，都需要在平凡的岗位中坚守，在实际的问题中探索，才能为会计行业守初心，为四川经济促发展。

受之托，免为序。

编者

2021 年 9 月

目录 CONTENTS

会计准则与制度篇

行政事业单位财务管理篇

管理会计篇

会计准则与制度篇

不同持有意图下的碳排放权会计模式研究

何丹　吕心舒

［摘要］碳排放权由于其资产属性的特殊性与市场参与主体的多样性导致其在会计实践中是一个难题。本文在对 IASB、FASB 等机构的碳排放权会计处理进行梳理的基础上，结合中国《碳排放权交易有关会计处理暂行规定》，分析现有的碳排放权会计处理的缺陷，并基于理论分析与实践探索，提出基于“履约”“交易”与“销售”三种持有意图的碳排放权会计确认计量模式。从不同的参与主体出发，控排企业以履约为目的持有的碳配额可以单独作为“碳排放资产”确认计量，碳资产管理公司以交易为目的持有的碳排放权可以作为“交易性金融资产”确认计量，中国核证自愿减排量（CCER）项目组开发的持有待售 CCER 可以作为“存货”确认计量，最终为我国碳排放权会计准则的制定提供参考。

［关键词］碳排放权　持有意图　混合计量

一、引言

为了应对人类社会气候变暖的威胁，1997 年 12 月，《联合国气候变化框架公约》（UNFCCC）第三次缔约方大会在日本京都召开，并通过了旨在限制发达国家温室气体排放量以抑制全球变暖的《京都议定书》①。随着《京都议定书》的订立，各国开始建立碳排放权交易市场。欧盟于 2005 年启动了碳排放交易体系（EU ETS），澳大利亚新南威尔士州温室气体减排体系（NSW GGAS）、加拿大蒙特利尔

① 中国于 1998 年签署并于 2002 年 8 月核准了该议定书，欧盟及其成员国于 2002 年 5 月 31 日正式批准了《京都议定书》。《京都议定书》需要占 1990 年全球温室气体排放量 55%以上的至少 55 个国家和地区批准之后，才能成为具有法律约束力的国际公约。

气候交易所（MCeX）等也陆续建立。我国于 2011 年 10 月在北京、上海、天津、深圳、重庆、广东、湖北等地开展碳交易试点工作。除了在《京都议定书》规则基础上建立起来的强制碳排放权交易市场外，也存在没有参加或不受《京都议定书》减排规则约束的国家或地区自愿建立的碳排放权交易市场，最具典型性的当属 2003 年建立起来的美国芝加哥气候交易所（CCX）。2020 年 9 月，习近平主席在联合国大会宣布中国将提高国家自主贡献力度，采取更加有力的政策和措施，二氧化碳排放力争于 2030 年前达到峰值，努力争取 2060 年实现碳中和，并将“碳达峰”和“碳中和”纳入生态文明建设整体布局。2021 年 7 月 16 日，全国碳排放权交易市场启动上线交易，发电行业成为首个纳入全国碳市场的行业，纳入重点排放单位超过 2 000 家，我国碳市场成为全球覆盖温室气体排放量规模最大的市场。由此可见，通过碳交易平台，全球气候变暖——这一环境与生态问题转化成世界性的经济问题。

目前世界范围内的碳排放权交易机制（emission trade scheme，ETS）大致分为总量交易机制（cap-and-trade）和基线信用机制（baseline-and-credit）。总量交易机制是由政府或者监管机构首先根据减排目标设定在一定期间内的污染物排放总额上限，然后将该配额（cap）按照一定的原则免费分配或者拍卖给受到管制的企业，控排企业定期报告实际排放量并经过第三方验证，年末将相应数量的配额交回监管机构。当实际排放量高于获得的配额时，必须通过市场购入配额，控排企业可以在市场上交易这些配额，当实际排放量低于获得的配额时，多余配额则可以在市场上通过交易出售。信用交易机制是监管机构在一定时期为控排企业设定一个排放基线，控排企业必须严格遵守相关年份的减排承诺。期末由独立第三方测算其实际排放额，若实际减排超过基线，则企业可以获得与差额相等的信用额度（credit），额度可以在市场上交易出售；如果企业实际减排低于基线，则企业需要购买并向监管机构交回超过预定基准的额度。目前多数国家采用 cap-and-trade 机制，比如上述的欧盟的 EU ETS，特别是碳排放权交易市场建立的初期，配额发放以免费分配为主。我国目前碳市场也可以分为强制性的配额交易市场与中国核证自愿减排量（CCER）① 市场，两种交易机制下的实际排放量都可以进行配额交易与 CCER 交易。此外，我国目前参与碳排放权交易的企业主要有四类。第一类是控排企业，是被强制纳入碳排放权交易体系的温室气体高排放单位，构成碳市场的核心参与主

① CCER 是指对我国境内特定项目的温室气体减排效果进行量化核证，并在国家温室气体自愿减排交易注册登记系统中登记的温室气体减排量。CCER 是碳市场重要的组成部分，要想产出合格的 CCER，需要经历项目文件设计、项目审定、项目备案、项目实施与监测、减排量核查与核证、减排量签发六个步骤。在重点排放单位进行的与 CCER 相关的操作中，最常用的实践包括直接购买 CCER 用于抵消或者进行配额与 CCER 置换操作。目前风电、光伏发电占 CCER 总项目的 60%以上。

体；第二类是碳资产管理公司；第三类是其他单纯参与碳排放权市场配额和 CCER 交易的企业；第四类是自愿减排项目业主，开发 CCER 项目或其他自愿减排项目，是碳市场中 CCER 等减排量的供给者。第二类企业和第三类企业可以视为碳排放权投资机构。不同参与方对碳排放权信息需求迥异。

碳排放权交易是政府管制的产物，碳排放权交易机制也是碳排放权会计处理的制度基础。合理的碳排放权会计处理会促使控排企业的外部成本内部化，达到节能减排的目的。但是目前对于碳排放权属性的界定存在诸多争议，无论是国际还是国内都没有取得一致的意见。一方面，国际排放交易协会（IETA）与普华永道（PcW）在针对 EU ETC 的一项联合调查中显示，有关排放权交易机制的会计处理多达 15 种，导致会计信息缺乏可比性，不利于通过市场机制激励企业减排，也无法为报表使用者提供决策有用的会计信息。另一方面，单一计量模式下的碳排放权会计处理无法满足不同持有意图参与方的需要。因此，本文拟对目前碳排放权交易会计处理方法进行比较，并在我国建立的全国性的碳排放权交易市场基础上，从不同的参与主体持有碳排放权的不同目标出发构建碳排放权会计框架。

二、碳排放权交易的会计实践与核心问题

随着《京都议定书》的签订与各个国家与地区的碳交易市场的相继建立，各国政府也出台了碳会计准则，出现了百家争鸣的现象。目前 IASB（国际会计准则委员会）与 FASB（美国财务会计准则委员会）以及国内外学者已经在将碳排放权确认为资产这一观点上达成一致，但目前在确认为何种资产上存在较大争议，主要观点有存货观（FERC，1993；Wambsganss et al.，1996；Deloitte，2007；张鹏，2010）、无形资产观（Ewer，1992；朱玫林 等，2011）、金融资产观（Admas et al.，1992，1993；Gadd et al.，2002）和新型资产观（EFRAG，2013；中国财政部，2019）。

（一）美国碳排放权交易的会计实践

美国基于 1990 年《清洁空气法案》对“持有排放许可权是企业排放二氧化硫的前提条件”这一规定，将排污权视为相关企业生产经营过程中必需的以备消耗的经济资源，认为缺少排污权就会影响企业正常生产经营活动，因此美国联邦能源管理委员会（FERC）在 1993 年发布的《账户统一系统》（Uniform System of Accounts，USOA）中将控排企业用于抵消本期二氧化硫排放量的排污权确认为存货，具体内容包括：①排放权配额按照成本计量计入存货；②只记录购买的排放权配额而不确认免费的排放权配额；③持有的排放权配额超过当期排放量，如果是用于交易可以确认为其他投资资产，而用于结算未来排放义务的，则确认为商品存

货；④年度内按照实际排放量需要交回的排放权配额成本（加权平均）摊销计入排放费用；⑤如果企业持有的排放权配额低于当期排放量，按照当期价格确认排放负债。而非控排企业以投资目的购入的排放权作为其他投资核算。USOA 的上述处理方法存在计量不匹配问题，尤其是当企业购入的排放权配额不足以弥补公司的实际排放量时更是如此。此外，不确认政府免费配给的排放权配额也会扭曲排放企业的资产、负债和经营利润。

2003 年，FASB 下属的紧急问题任务处理工作组（EITF）发布了《总量和交易制度下参与者获得排放配额的会计问题》（Participants' Accounting for Emissions Allowances under Cap and Trade），即 EITF03-14，关注两个基本问题：总量交易机制的参与者是否应该把排放权确认为资产？如果确认为资产，该资产的性质是什么？EITF 注意到大多数公司对排放权的会计处理与 USOA 的要求一致，即将排放权作为存货在成本的基础上计量，排污发生时基于加权平均成本确认费用，而另一些公司将通过企业合并获得的排放权采用无形资产模型。由于担心总量交易机制下碳排放权外的其他政府许可证也会对会计处理产生影响，以及立即确认收到排放权的收益，而随后才将合规成本确认为费用的会计模型的合理性，导致 2003 年 11 月 EITF 从议程中取消了这一计划。

但是，美国财务会计准则委员会（FASB）也意识到为气候变化政策提供会计核算的框架，并向利益相关方提供他们所需的信息至关重要。FASB 决定与国际会计准则委员会（IASB）合作，并于 2008 年与 IASB 联合启动“排放权交易计划”项目（accounting for emissions trading scheme），提出一系列排污权会计讨论稿，提出了排污权的范围也需要包括其他可交易的权利，比如核证减排权（certified emission right，CER），并暂时决定免费获得政府配额的收费应该是以公允价值记录为资产。然而，关于如何确定负债并没有得出一致的结论，有观点认为在收到配额的时候确认负债，但也有观点认为控排企业在将来实际排放时确认负债。这一联合项目在 2010 年由于资源和时间的原因同意推迟，至今未取得显著的成果。

（二）国际会计准则碳排放权交易的会计实践

2004 年，IASB 颁布《国际财务报告解释公告第三号——排放权》（IFRIC3：Emission Rights），与 USOA 不同，将总量交易机制下企业从政府无偿取得或购买取得的碳排放权确认为无形资产。尽管 IFRIC3 存在不足，但其提出的原则和方法仍值得借鉴。在缺乏统一的会计标准情况下，大部分企业在实务中参照 IFRIC3 或能在不同程度上进行简化处理。具体来看：①初始计量时，即不论是政府分配的还是从市场上购买的碳排放权，都遵循《国际会计准则第 38 号——无形资产》（IAS 38）确认为无形资产。低于公允价值发放的碳排放配额以公允价值计量，支付金额

（大部分情况为零）和公允价值的差额遵循《国际会计准则第 20 号——政府补助会计和对政府援助的揭示》（IAS 20）确认为政府补助，并在资产负债表中计入递延收益科目，随后不论配额一直持有或是出售，在合规期内都确认为收入。②后续计量可根据 IAS 38 选择成本或重估价模式。在成本模式下，无形资产的后续计量为成本减去累计摊销和减值准备。在重估价模式下，排放权以重估日的公允价值计量。重估收益或损失在其他综合收益里确认，并累积到权益的重估价盈余里。当出售或交付排放权时，将重估价盈余转入留存收益。③当企业排放温室气体时，合规期期末向政府交付与实际排放等量的碳排放权的义务遵循《国际会计准则第 37 号——准备、或有负债和或有资产》（IAS 37）确认为准备，并通常以资产负债表日履行交付义务所需碳排放权的当前市场价格计量。

虽然 IFRIC3 遵从了现有的国际会计准则，但忽略了碳排放权市场配额价格变动的影响，更没有考虑企业财务年度与配额发放及履约额度年度不一致。由此导致了三个不匹配的问题：一是不同负债的后续计量方式不同导致的不匹配。政府补助作为递延收益不需要进行重估，只是逐步转入收益以补偿排放成本，而排放所形成的负债需要在报表日按照公允价值进行重估。因此，即使企业从政府获得的免费配额恰好等于总排放量，由于配额价格的变化，政府补助也不能恰好弥补排放成本。二是资产与负债确认的时点不匹配。如果企业选择不对配额资产进行重估，资产方的价值不会与负债方同步变化，只有到履约的时候才会调整资产价值，但已经是下一个年度了；即便企业选择按照公允价值重估配额资产，但由于企业在一开始就获得全部配额，而排放义务却是逐步形成的，所以只有到期末配额资产价值的变动才与排放负债价值的变动相一致。三是资产及负债的公允价值变动处理不匹配。随着排放义务的增加，价格变动对排放成本的影响也增大，但是确认为无形资产的配额的公允价值变动计入权益而非损益。因此，即使企业拥有足够履约的配额，配额价格变动对利润表的影响也无法抵销（Cook，2009）。IASB 下属工作组欧洲财务报告咨询组（EFRAG）认为排放资产和排放负债计量属性和报告基础的不一致无法反映排放权交易的经济实质，违背了“真实与公允”的会计原则。2005 年 6 月，IASB 考虑到 IFRIC3 与相关准则不协调，加上金融危机导致碳交易市场价格和交易低迷，决定撤销 IFRIC3。

2013 年，欧洲财务报告咨询组（EFRAG）基于碳排放权的独特性以及暂未在现有科目中找到与之相匹配的资产的原因，提出将碳排放权单独确认为一项资产，即碳排放权资产。2015 年 6 月，IASB 重启污染物定价机制项目（pollutant pricing mechanisms），并代替原来的排放交易计划项目，以便将该项目的结果运用于使用排放配额管理污染物排放的各种计划，其范围试图包括除总量交易机制以外的其他机制，该项目目前仍在进行中。

（三）中国碳排放权交易的会计实践

2016 年，服务于碳排放交易市场的建设，财政部发布《碳排放权交易试点有关会计处理暂行规定（征求意见稿）》（以下简称《征求意见稿》），并于 2019 年 12 月正式颁布《碳排放权交易有关会计处理暂行规定》（以下简称《暂行规定》），要求重点排放企业按照《暂行规定》来进行会计处理。

无论是《征求意见稿》还是《暂行规定》，对于重点排放企业从政府无偿取得的配额，均不做账务处理，但《暂行规定》相比于《征求意见稿》更为简化，主要体现在：①《暂行规定》仅设立“碳排放权资产”，对碳排放权的增减进行统一的核算，而《征求意见稿》则将权利和义务进行了分离，不仅设立了资产类科目核算通过购买取得的碳排放权，还专门设立了“应付碳排放权”科目用以核算超过配额的实际碳排放额。②《暂行规定》针对《征求意见稿》中实际碳排放超出配额、期末依据公允价值进行调整等账务处理进行了删减。对于实际排放超出配额的部分，计入“碳排放权资产”的贷方。③《暂行规定》对于碳排放权的计量采用历史成本计量模式，而不必在期末依据公允价值进行调整。这一处理与无形资产、固定资产等科目相似，但并未考虑资产减值的情况。在碳交易市场的探索和起步阶段采用历史成本计量不仅简化了企业会计处理的流程，同时也压缩了企业操纵财务报表的空间（王爱国，2012）。

《暂行规定》对于重点排放企业购入碳排放权的具体账务处理如下：①购买取得碳排放权时，按照碳排放权资产入账，以历史成本计量；②实际履约时，一方面作为营业外支出，调减当期利润；另一方面减少“碳排放权资产”；③出售碳排放权配额时，减少碳排放权资产，并确认损益；④自愿注销碳排放权配额时，一方面作为营业外支出，另一方面作为碳排放权资产的减少。

在碳排放权交易市场建立的初期，《暂行规定》给出了统一的会计处理有利于市场化减排目标达成，但是，我们也应该看到它在会计确认与计量方面的不足，主要表现在：①《暂行规定》对无偿取得的碳排放配额并没有确认为政府补助，未进行账务处理，会影响企业因减排出售节约的碳排放配额时账务处理的前后一致性；②《暂行规定》未按用途的不同进行分类确认，无论是企业用于履约的碳排放配额，还是用于出售的碳排放配额，均贷记“碳排放权资产”科目，无法清晰反映其经济实质；③在计量方面，《暂行规定》要求按历史成本模式计量，从政府无偿获取的碳配额按历史成本计量其成本为零，后续在对碳配额出售确认时存在收入与成本不匹配的问题，并且成本模式无法反映企业以投资交易为目的持有的碳配额的市场价格变动情况，不能及时反映投资风险和收益。

综上，各国国家和地区的碳排放权交易的会计实践存在多样性，尽管 IFRIC3 被撤销，但在没有统一准则的前提下，IFRIC3 在欧洲国家实践中也被广泛采用。2014 年 11 月，IASB 在关于排放权制度（emission rights schemes）论坛上，归纳出以下四种主要采用的碳排放权会计处理方法，具体内容如表 1 所示：

表 1　四种碳排放权会计处理方法

<table>
<tr><th></th><th>经济事项</th><th>IFRIC3 成本法</th><th>IFRIC3
公允价值法</th><th>政府补助法</th><th>净负债法</th></tr>
<tr><td rowspan="4">碳排放权资产的确认与计量</td><td>获得政府无偿授予的碳配额初始计量</td><td colspan="3">碳排放配额按取得当日公允价值计入“无形资产”贷方确认为“递延收益——政府补助”</td><td>不确认任何资产或递延收益</td></tr>
<tr><td>从市场上购买碳配额的初始计量</td><td colspan="4">按成本计量</td></tr>
<tr><td>碳配额的后续计量</td><td>按成本计量，期末减值测试</td><td>以重估日的公允价值计量，重估价变动计入其他综合收益，期末减值测试</td><td>按照“成本”或者“市价”计量，期末进行减值测试</td><td>成本计量，期末进行减值测试</td></tr>
<tr><td>政府补助的后续计量</td><td colspan="3">政府补助在合规期内进行摊销，确认为收入</td><td>不进行账务处理</td></tr>
<tr><td rowspan="2">碳排放权负债的确认与计量</td><td>碳排放权负债的确认</td><td colspan="3">负债在实际碳排放发生时确认</td><td>只有当实际排放额超过配额时确认负债</td></tr>
<tr><td>碳排放权负债的计量</td><td colspan="2">负债按照资产负债表日履行交付义务所需排放权的市场价格计量</td><td>实体持有足够碳排放权，则根据账面价值计量，短缺的部分根据市场价格计量</td><td>按市价价格计量</td></tr>
</table>

注：我国 2019 年发布的《暂行规定》类似于净负债法会计处理。

三、基于持有意图的碳排放权资产混合计量模式

从国际国内碳排放权交易的会计实践来看，不同地区采用不同的会计模型导致会计信息不可比，而且随着各地碳排放权交易市场的建立，除了重点排放企业还有众多的参与方，单一的计量模式无法满足碳排放权交易市场不同参与方的信息需求，无法提供对决策有用的信息。因此，基于持有意图构建碳排放权会计混合计量模式，为我们提供了一条合理的路径。

（一）基于持有意图的混合计量模式理论分析与实践探索

1. 基于资产属性与准则一致性的视角

根据资产的定义，“资产是企业过去的交易或事项形成的，由企业拥有或者控制的，预期会给企业带来经济利益的经济资源”。碳排放权是政府部门初始无偿分配给企业或企业从市场上购买的，是企业拥有或者控制的经济资源，并且预期会给企业带来经济利益（抵消负债或以获利为目的的销售）。根据各国碳排放权交易的会计实践，将其确认为资产并无异议。但是，究竟将碳排放权确认为哪种属性的资产呢？从前述各国会计处理可知：IFRIC3 推荐将碳排放权确认为无形资产；美国的 USOA 倾向于将其作为存货；我国《暂行规定》则设立“碳排放权资产”将其单独核算；如果碳排放权可在公开市场上作为股票一样被交易，也可将其作为金融资产确认。

资产对于拥有者的价值取决于使用该资产的方式和持有的目的，碳排放权资产分类争议产生的原因在于没有区分不同企业对于碳排放权的持有和使用方式的不同，因而无法反映碳排放权交易的经济实质。对以履约为目的的控排企业而言，碳排放权配额的价值在于使企业可以在排放限额内继续生产产品或者提供服务而无须缴纳排放罚金，同时可以作为投资品通过市场交易获利。以交易为目的参与排放权套利或者投机的交易商（非控排企业、碳资产管理公司）而言，持有的碳排放权更符合金融资产的定义，并且与金融资产流动性、风险性和收益性的基本特征相一致。2021 年 6 月发布的《关于全国碳排放权交易相关事项的公告》指出，交易主体可以通过碳排放权交易系统以挂牌协议和单向竞价等方式出售碳配额（CEA），同时已经批准备案的中国核证自愿减排量（CCER）依旧可以在各地方试点碳交所进行交易。我国逐步完善的碳排放权交易市场基础设施为企业出售碳排放权提供了规范的交易场所。随着国家纳入碳配额管理的重点排放单位数量的增加，碳市场的活跃度也将会随之提升，碳定价机制也日渐成熟，表明企业有条件将短期持有以备出售的碳排放权以较为公允的价格随时变现，通过升值出售为企业带来差价收益。然而目前碳价是由市场供需状况等多个因素影响的，因而短期波动趋势很难预测，如果企业因为判断错误以高价购入低价出售碳排放权将会造成亏损，具有一定风险，与金融资产的定义和基本特征总体相似。以交易为目的持有的碳排放权满足以公允价值计量且其变动计入当期损益的金融资产管理业务模式和合同现金流量特征，即交易性金融资产。企业持有以备出售的碳配额和中国核证自愿减排量（CCER）与短线投机股票的持有目的一致，均以企业通过价格预测、利用价格波动在短期内出售标的物赚取增值差价为目的，具有较强的投机性，在持有期间不存在基于合同本金及利息的经济利益流入，没有固定合同期限，符合《企业会计准则第 22 号——金融工具确认和计量》对交易性金融资产取得目的即为近期出售的条件。以销售为目的的 CCER 核证减排项目业主来说，开发 CCER 项目或者其他自愿减排项目，是碳排放权交易市场的提供者，其开发的目的也是为了“销售”，根据《企业会计准则第 1 号——存货》（CAS 1），存货是指企业在日常活动中持有以备出售的产成品或商品、处在生产过程中的在产品、在生产过程或提供劳务过程中耗用的材料和物料等。因此，企业持有的碳排放权，并可在“正常业务过程”中将其出售，将其作为存货。而且，由于存在碳排放权交易市场，与该 CCER 有关的经济利益很可能流入企业并且成本能够可靠地计量，也满足存货资产的确认与计量的条件。

因此，从碳排放权资产的特殊性与不同参与者持有意图来看，将其归属于任何一种资产都有失偏颇，此外，在综合考虑总量交易和基准信用两种机制下，拓展仅仅针对重点排放单位的碳会计规定，应逐步将核证减排量开发企业和碳机构投资者纳入会计管理范畴中，构建多层次多属性的碳排放权会计混合计量模式。

2. 基于混合计量的实践探索

国际财务报告准则已经有按照企业持有资产使用意图采用不同的模式进行计量的先例，如存货准则（IAS 2）和金融工具准则（IFRS 9）已经采用按照资产的用途将同质的资产采用不同的计量模式进行计量，IAS 2 允许交易商和经纪商持有的商品存货将公允价值变动计入损益，而一般企业用于制造目的持有的存货按照成本和市价孰低计量。IFRS 9 规定企业持有的投资品，如果意图是收取合约规定的现金流量则按照摊余成本计量，如果意图是通过价格波动获利则按照公允价值计量。我国《企业会计准则第 22 号——金融工具确认和计量》将金融资产界定为企业持有的现金、其他方权益工具以及符合从其他方收取现金或其他金融资产的合同权利等条件的资产，根据管理业务模式和合同现金流量特征将金融资产分为三大类。

就碳排放权混计量而言，2004 年，日本会计准则委员会（ASBJ）颁布的《ASBJ 15 排污权交易会计处理》将以自用为目的持有的排污权确认为无形固定资产，以附带环保价值的可再生能源配额凭证与股票等证券资产进行类比①，将投资者投入的以交易为目的持有的排污权作为金融资产入账。

就我国而言，截至 2016 年 12 月，全国七个碳排放权试点交易市场中，有北京、广州与深圳三个市场制定了地方会计处理办法的指导意见。在上述指导意见中，广州与深圳市场按照持有目的不同对碳配额的确认进行划分：自用配额计入无形资产，以历史成本计量；投资配额计入金融资产，以公允价值计量。这一会计处

---

① 周志方，肖序. 国际碳会计的最新发展及启示［J］. 经济与管理，2009，23（11）：91-95.

理方法能够将碳交易纳入已有的会计科目，且偏向于金融资产进行管理。而北京市场建议采用其他资产这一科目对全部配额（包括免费分配与有偿取得）进行核算，以历史成本计量，并将该经济事项的收益或损失费用化，计入营业外收入/成本。我国碳排放权区域性市场二元计量的试点也为将来进一步在全国市场范围内拓展混合计量模式提供了经验借鉴。

（二）基于持有意图的碳排放权混合计量模式构建

总量控制与交易机制下，应将企业通过政府分配或外购取得的以履约注销为目的的持有的碳排放权确认为“碳排放权资产”，将以投资交易为目的持有的碳排放权确认为“交易性金融资产”；当出现初始确认为履约用途的碳配额期末结余转为出售的情况时，应将该碳排放权自“碳排放权资产”转入“交易性金融资产”进行后续处理，对于以出售为目的的 CCER 确认为“碳排放权交易资产——CCER”，并在报表中作为存货进行披露。

1. 以履行交付义务为目的持有的碳排放权配额的确认和计量

基于表 1 中政府补助法的思想，控排企业持有的以履行交付义务为目的的碳排放权配额如果是外购按照实际取得成本计量，政府免费发放的碳排放权配额按照同期的市场价格确认排放权价值，计入“排放权资产——免费配额”，同时确认为“递延收益——政府补助”，并按照实际排放量定期调整计入当期损益。按照实际排放量采用先进先出法或者加权平均法确认成本费用的同时，调整碳排放权配额资产价值。碳排放权配额不足的部分按照排放权期末价格确认为排放权负债和排放费用。多余的配额可以作为自用碳排放权资产用于弥补下期排放，如果企业预计下期有足够的碳排放权配额，则可以将本期多余的配额转为交易性碳排放权资产。

2. 以交易为目的持有的碳排放权配额的确认和计量

碳资产管理公司或者非控排企业为获利而参与碳排放权交易，其持有的碳排放权配额按照公允价值计量，参照交易性金融资产进行核算。控排企业多余的碳排放权配额也可按照交易模式进行核算。为了反映碳排放权配额的交易实质，可以作为“交易性金融资产”或者单独设置“碳排放权资产——交易性碳排放权资产”，在履约转换为交易性碳排放权资产时可以参照投资性房地产准则，按照转换日的账面价值与市场价值之间的差额确认为其他综合收益，在排放权出售时再行确认为损益。为了避免企业利用重分类操纵利润，对于控排企业由自用转出后能否再次转回要给予严格限制。

3. 以出售 CCER 为目的的碳排放权配额的确认与计量

开发 CCER 主要包括三个阶段，第一阶段主要工作包括项目评估、项目文件设计、项目审定及备案等，发生的支出是为了项目开发活动而进行的准备工作所支付的费用，如引入第三方咨询机构准备项目文件的设计费用，以及聘请碳减排专家开展项目评估的费用等。将来是否能够转入正式开发，以及是否能够形成碳排放权资产等后期结果，均具有较大的不确定性。可以计入“管理费用”，或者对接《暂行规定》，转入“营业外支出”。第二阶段主要进行项目的实施与监测、减排量的核证以及中国核证自愿减排量（CCER）备案等。这一阶段的项目实施等工作很可能会促成碳排放权资产的形成，其投入构成资产的价值实体，并且在获得中国核证自愿减排量（CCER）的备案后，企业可以自行使用或者在碳市场上进行出售，因而在这一阶段发生的能够可靠计量的支出，如项目实施的材料费用、劳务成本、采用规定的方法对减排量的监测费用等，应予以资本化，在发生时计入“碳排放权资产——CCER 开发”。第三阶段是企业在经过前两个阶段的开发流程，最终获得“中国核证自愿减排量（CCER）”后，进入对非法定碳排放权资产的后续管理阶段。在这一阶段，企业主要进行对非法定碳排放权的后续计量以及处置的会计核算。对于开发 CCER 的非控排企业来说，其目的是为了出售，因此，按照存货准则与计量方法，期末按照成本与市价孰低的原则进行处理。

4. 不同情况下碳排放权核算模式的比较

在解决了碳排放权资产确认分类问题后，通过模拟的碳排放权交易，比较不同模式下计量方法的选择对企业财务报告的影响（见表 2）。现假设三种情况如下：

（1）政府对控排企业每年 1 月 1 日分配配额，配额用于清算年度内 12 个月排放的 CO_2。配额信息 100 个单位，期初价格 10 元；6 月 30 日价格 12 元；上半年排放 55 个单位，全年排放 105 个单位，不足的配额在年末购入；12 月 31 日价格为 11 元。对以履约为目的的控排企业按照现有计量模式与以履约为目的的碳排放权资产计量模式披露。

（2）碳资产管理公司期初从碳排放交易市场购入 100 个单位，期末未出售。对碳资产管理公司的碳排放权资产按照以交易为目的的金融资产披露。

（3）某光伏项目产生的 100 吨 CCER 核证减排，其中 6 月份发生的准备费用 200 元，最终形成的碳排放权资产 1 000。12 月全部成交，价格为每吨 13 元，对核证减排开发项目组按照以持有待售的存货模式披露。

表 2　不同情况下的碳排放权计量模式对企业财务报告的影响

单位：元

报表项目	现有碳排放权计量模式									基于持有意图的碳排放权混合计量								
	IFRIC3-成本模式（1）			IFRIC3-重估模式（2）			2019《暂行规定》（3）			以履约为目的（4）			以交易为目的（5）			以销售 CCER 为目的（6）		
资产负债表	年初	中期	年末	年初	中期	年末	年初	中期	期末	年初	中期	年末	年初	中期	年末	年初	中期	年末
资产																		
碳排放权资产	1 000	1 000	1 055	1 000	1 200	1 155			-55	1 000	1 000	1 055						
流动资产													1 000	1 200	1 100		1 000	0
货币资金			-55			-55			-55			-55						
资产合计	1 000	1 000	1 000	1 000	1 200	1 100				1 000	1 000	1 000	1 000	1 200	1 100			
负债																		
应付款项													1 000	1 000	1 000			
应付碳排放权义务		660	1 155		660	1 155					550	1 055						
递延收益——政府补助	1 000	450		1 000	450					1 000	450							
所有者权益																		
重估准备					200	100												
留存收益		-110	-155		-110	-155						-55		200	100			
负债与所有者权益合计	1 000	1 000	1 000	1 000	1 200	1 100				1 000	1 000	1 000	1 000	1 200	1 100			
利润表	1~6月	7~12月	全年	1~6月	7~12月	全年	1~6月	7~12月	全年	1~6月	7~12月	全年	1~6月	7~12月	全年	1~6月	7~12月	全年
政府补助摊销	550	450	1 000	550	450	1 000				550	450	1 000						
公允价值变动损益													200	-100	100			
排放费用/营业外支出	-660	-495	-1 155	-660	-495	-1 155		-55	-55	550	505	1 055						
主营业务收入																	300	300
管理费用																-200		-200
其他综合收益					200	-100												
利润/亏损	-110	-45	-155	-110	-45	-155		-55	-55		-55	-55				-200	300	100
综合收益总额	-110	-45	-155	-110	155	-255		-55	-55		-55	-55	200	-100	100	-200	300	100

表 2 数据说明：

（1）IFRIC3-成本模式：（单位：元）

碳排放权资产，中期：100×10＝1 000；年末＝100×10+（105−100）×11＝1 055

递延收益——政府补助，中期：1 000−55×10＝450，年末：摊销完毕余额＝0

应付碳排放权义务，中期：55×12＝660，年末：105×11＝1 155

政府补助摊销，1～6 月：55×10＝550，7～12 月：1 000−55×10＝450

排放费用，1～6 月：55×12＝660，7～12 月：（100−55）×11＝495

（2）IFRIC3-重估模式：（单位：元）

碳排放权资产，中期：100×10+100×（12−10）＝1 200，年末：100×11+（105−100）×11＝1 155

递延收益——政府补助，中期：1 000−55×10＝450，年末：摊销完毕余额＝0

应付碳排放权义务，中期：55×12＝660，年末：105×11＝1 155

重估准备，中期：100×（12−10）＝200，年末：200−100×11−100×12＝200−100＝100

政府补助摊销，1～6 月：55×10＝550，7～12 月：1 000−55×10＝450

排放费用，1～6 月：55×12＝660，7～12 月：（100−55）×11＝495

（3）2019《暂行规定》：（单位：元）

超过配额的部分确认为碳排放权资产与营业外支出＝（105−100）×11＝55

（4）控排企业以履约为目的：（单位：元）

碳排放权资产，中期：100×10＝1 000，年末＝100×10+（105−100）×11＝1 055

递延收益——政府补助，中期：1 000−55×10＝450，年末：摊销完毕余额＝0

应付碳排放权义务，中期：55×10＝550，年末：100×10+（105−100）×11＝1 055

政府补助摊销，1～6 月：55×10＝550，7～12 月：1 000−55×10＝450

排放费用，1～6 月：55×10＝550，7～12 月：（100−55）×10+（105−100）×11＝505

（5）碳资产管理公司以交易为目的：（单位：元）

碳排放权资产或金融资产，中期：100×12＝1 200，年末＝100×11＝1 100

公允价值变动损益，1～6 月：100×（12−10）＝200，7～12 月＝100×（11−12）＝−100

（6）CCER 项目组以销售为目的：（单位：元）

碳排放权资产或者存货，中期：CCER 开发阶段资本化 1 000；年末销售余额＝0

管理费用，1～6 月：准备阶段 −200

从表2可以看出，IFRIC3-成本模式下，由于碳排放权资产按照取得日的价格确认（10元），并在年度内按照排放进度分摊计入损益，而排放负债和费用则是按照期末的排放权价格（11元）进行计量并调整，在价格波动时造成负债和资产计量的不匹配，排放费用和政府补助的摊销不匹配引起利润的波动。虽然IFRIC3-重估模式部分解决了资产和负债计量的不匹配，但是按照IAS无形资产准则的规定，无形资产的重估差额计入综合收益（重估准备），无法解决收入和费用的不匹配问题。我国《暂行规定》不确认政府无偿配给的排放权配额，只有在排放权配额不足（105-100=5元）需要购入排放权时，将超额排放量按照期末排放权价格（11元）确认为排放费用和负债（5×11=55元）。这种方法对于排放权的确认不完整，尤其是当企业的实际排放量低于持有的配额时，企业会产生一笔没有对应来源的收益。无论以什么方式取得的碳排放权配额没有实质差异，确认购入而不确认配给取得的排放权配额违反了可比性和一贯性原则。

基于碳排放权持有意图的核算方法下，属于控排企业用于履行交付义务持有的排放权，按照取得时的市价模式确认排放权资产和政府补助（100×10=1 000元），履约模式下企业的排放权主要用于期末交付，无须确认市价波动对企业的影响。排放费用和政府补助的摊销按照当期的排放量和期初的排放权价格确认费用和收入（55×10=550元），实现了资产和负债的计量匹配以及收入和费用的配比，降低了价格波动对企业经营成果的影响。在实际排放量超过排放权配额时按照期末的价格确认排放义务和排放费用（55×10=550元），基于持有意图的碳排放权混合计量模式能够反映企业参与碳排放权交易的实质和原则。非控排企业持有的多余排放权可以出售，并按照持有目的和意图，参照按照交易性碳排放权资产来进行核算。

碳资产管理公司基于交易目的持有的碳排放权配额则采用与金融资产类似的计量属性，初始按照公允价值进入交易性金融资产（100×10=1 000元），资产负债表日市场价格波动调整交易性金融资产的同时[100×（12-10）=200元；100×（11-12）=-100元）]，分别影响了利润与综合收益。

CCER项目开发商持有待售的核证减排，在初始阶段发生的费用进行费用化处理（管理费用100元），后续根据CCER方法形成的持有待售的CCER资本化处理（存货1 000元）。

四、对我国碳排放权会计准则制定的相关建议

在我国全国性碳排放权交易体系建立的背景下，尽快出台与碳排放权相关的会计准则一方面可以规范碳排放权的会计信息，便于信息的可比性，另一方面能够有效激励企业进行碳排放权管理。在制定我国的碳排放权会计准则时应注意以下

四点：

第一，扩大"碳排放权准则"的适用范围。IASB 和 FASB 排放权相关准则的计划仅仅针对碳排放权交易机制下（ETS）的排放权处理，未包括与项目和再生能源相关的核证减排量（CER）。我国在碳排放权交易体系建设过程中，各试点市场都把 CCER 抵减纳入市场机制。因此，如何将 CCER 转换成为相应数量的碳排放权配额，统一纳入碳排放权资产进行核算也是未来的难点问题。

第二，需要单独设立"碳排放权"资产科目，在保持原有准则体系的同时将碳排放权纳入准则规范体系，且无论是政府免费发放的配额还是购买的配额均纳入碳排放资产进行核算，同时需要明确不同明细科目之间转换的限制条件，避免企业利用重分类进行盈余管理。规范"碳排放权"核算内容和计量原则，可以解决目前碳排放权会计信息处理混乱的问题，促进市场机制对企业碳排放权管理的约束和激励机制作用的有效发挥。

第三，推进"碳排放权"公允价值计量。由于目前我国碳排放权主要是由国家免费授予，企业并没有支付金额，如果采用历史成本计量，碳资源的初始价值就为零，显然不合适。此外，如果市场上碳排放权价格经常波动，历史成本则在计量成本方面会显得无能为力。随着全国碳交易市场的建立，碳交易已经存在的市场也很活跃，单一的历史成本计量模式不能满足企业日后频繁的碳交易业务的财务分析需求，因此推进碳排放权公允价值计量模式势在必行，

第四，实现碳排放权会计混合计量。从各参与方经济业务实质出发，控排企业主要以履约为目的，通过返还配额避免惩罚，可以单独设置"碳排放资产"核算；碳资产管理公司以交易与营利为目的，持有的碳排放权作为"交易性金融资产"进行核算；CCER 项目组开发出的 CCER 是持有的待售商品，应作为"存货"资产进行核算。

参考文献：

[1] DELOITTE. Accounting for Emission Rights [A]. Energy & Resources Briefing Paper, 2007.

[2] FASB. Emission Trading Schemes [A]. Emissions Trading Schemes Team, 2010.

[3] GADD F, HARRISON J, PAGE S. Accounting for Carbon Under the UK Emission Trading Scheme [A]. Discussion Paper, 2005, 1 (5): 1-23.

[4] IASB. IFRIC Interpretation No. 3. Emission Rights [A]. 2003.

［5］崔也光，周畅. 京津冀区域碳排放权交易与碳会计现状研究［J］. 会计研究，2017（7）：3-10.

［6］高建来，文晔. 碳排放权交易会计的国际进展及借鉴［J］. 生态经济，2015，31（4）：56-59，77.

［7］何春. 世界各主要国家排污权交易会计处理综述［J］. 财会通讯，2011（4）：134-135.

［8］贾建军，孙铮. 基于持有意图的碳排放权跨级模式研究［J］. 会计与经济研究，2016（11）：46-59.

［9］李林婧，王德发. 基于 CDM 的碳排放权会计处理探讨［J］. 财会通讯，2012（22）：50-51.

［10］刘佳，彭钰. 我国碳排放权及其交易会计问题探讨［J］. 财会研究，2012（7）：25-27.

［11］沈洪涛. 碳排放权交易会计的国际模式与中国实践［J］. 财务与会计，2020（11）：11-15.

［12］涂建明，等. 基于法定碳排放权配额经济实质的碳会计构想［J］. 会计研究，2019（9）：87-94.

［13］王超虎，夏文贤. 排放权及其交易会计模式研究［J］. 会计研究，2010（8）：16-22.

［14］王艳龙，孙启明. 低碳经济下碳排放权会计问题探析［J］. 经济纵横，2010（12）：117-120.

［15］王雨桐，王瑞华. 国际会计准则下碳排放会计处理［J］. 财务与会计，2014（3）：62-64.

［16］王爱国. 我的碳会计观［J］. 会计研究，2012（5）：3-9.

［17］徐华新. 碳排放权交易机制及其相关会计处理研究［J］. 财务与会计，2013（1）：22-24.

［18］张薇，等. 产权保护导向的碳排放权会计确认与计量研究［J］. 会计研究，2014（3）：88-94.

新租赁准则对企业会计核算的影响及信息化解决方案

唐筱雯

［摘要］2018年12月，财政部修订发布《企业会计准则第21号——租赁》（财会〔2018〕35号），相较于原租赁准则，其主要变化在于规定承租人不再区分经营租赁和融资租赁，需对所有租赁（适用简化处理的短期租赁和低价值资产租赁除外）确认使用权资产和租赁负债，并分别确认折旧和利息费用。这无疑增加了承租人会计核算的难度，在财务人员综合素养、核算标准化和租赁决策支持等方面都提出了更高的要求。基于此，笔者提出采用信息化解决方案以应对新租赁准则的实施，并就信息化方案的设计思路、设计步骤及要点和取得的成效等进行论述。

［关键词］新租赁准则　会计核算　信息化解决方案

一、新租赁准则主要变化介绍

2018年12月，财政部修订发布《企业会计准则第21号——租赁》（财会〔2018〕35号）（以下简称“新租赁准则”），相较于原租赁准则，其主要变化在于规定承租人不再区分经营租赁和融资租赁，需对所有租赁（适用简化处理的短期租赁和低价值资产租赁除外）确认使用权资产和租赁负债，并分别确认折旧和利息费用。

新租赁准则对出租人的影响较小，故本文主要讨论新租赁准则对承租人会计核算的影响，并从承租人角度探讨采用信息化方案应对新租赁准则实施的可行性。

二、新租赁准则对企业会计核算的影响及推行信息化解决方案的必要性

（一）新租赁准则对财务人员综合素养提出了更高要求

在原租赁准则下，承租人同出租人一样，需要区分经营租赁和融资租赁而采用

不同的核算方式。在最为普遍采用的经营租赁方式下，承租人通常只需按直线法将租金分摊计入租赁期内各期间损益或相关资产成本即可，初始直接费用和或有租金在实际发生时计入当期损益，核算较为简单。而在新租赁准则下，承租人需要对所有租赁（适用简化处理的短期租赁和低价值租赁除外）确认使用权资产和租赁负债，并在租赁的识别、初始确认、后续计量和信息披露等方面都提出了更高的要求。

（1）在租赁的识别上，承租人需要运用“已识别资产”“实质性替换权”等概念来判断租赁是否成立，此外，还新增了对租赁进行合并与拆分的规定。

（2）在初始确认环节，新租赁准则规定了使用权资产和租赁负债初始计量金额的构成要素。其中，在考虑租赁期时涉及是否行使“续租选择权”和“终止租赁选择权”的判断；对租赁付款额折现时涉及折现率的选择，是采用租赁内含利率还是增量借款利率，这些都直接影响到了资产负债的确认金额，是执行新租赁准则的要点和难点。

（3）在后续计量环节，新租赁准则要求承租人参照固定资产的折旧政策对使用权资产计提折旧，并按照资产减值准则的规定确认和计量减值；按照固定的周期性利率计算租赁负债在租赁期内各期间的利息费用，并计入当期损益。如因重估或租赁变更等原因导致租赁付款额发生变动时，需重新计量租赁负债和使用权资产的账面价值。这些规定无疑会增加大量的会计核算工作。

（4）在报表披露方面，新租赁准则对租赁在三大主表和附注中的披露都有了更为详细的要求。

对比原租赁准则，新租赁准则要求财务人员对业务实质深入理解，对业务变化及时掌握，在管理胜任力、职业判断力、沟通协调力和专业计算技能等方面提出了综合性的更高的要求。

（二）新租赁准则对承租人的核算标准化提出了更高的要求

新租赁准则对承租人的核算要求变化较大，尤其当大型集团公司作为承租方时，由于核算层级较多，财务人员的专业能力存在差异，对新租赁准则的理解可能存在偏差；同时，新租赁原则在执行中的职业判断可能会产生较大的差异，导致出现租赁业务在同一集团内会计处理不一致的情况。为了保证会计核算的统一和财务报告编报质量，集团企业需要制定标准化的核算要求，加强对财务人员的培训，统一其对新租赁准则的理解和相关核算操作。

（三）新租赁准则对租赁决策支持提出了更高要求

由于新租赁准则要求对租赁确认使用权资产和租赁负债，在资产负债表中同时增加了资产和负债总额，从而影响企业的资产负债率、总资产周转率等财务指标，势必让管理层在做相关经营决策时更加关注财务数据的测算。

原租赁准则下，经营租赁属于表外融资，其租金一般采用直线法计入当期损益（或资产成本），决策前的财务测算工作较为简单。而在新租赁准则下，租赁对当期损益（或资产成本）的影响金额包括了使用权资产的折旧和租赁负债的摊销金额两部分，各期金额不均衡，需通过建模对各期损益的影响金额进行测算，其准确性将直接影响管理层对事项的判断，其对财务决策支持的重要性进一步显现。

（四）推行信息化解决方案的必要性

新租赁准则增加了企业会计核算的工作量和难度，尤其对于承租项目多、核算机构庞杂、财务人员能力不一的企业更是提出了不小的挑战。而推行信息化解决方案，通过建模，实现自动化、标准化的核算方式，能最大限度地降低核算难度，减轻财务人员工作量，便于财务人员提高工作效率、减少会计差错，从而为企业便捷、高效地提供高质量的财务信息提供支持。

三、信息化解决方案讨论

（一）方案设计的总体思路

笔者认为，信息化解决方案应在信息化系统支撑基础上，对租赁实行项目式的全周期管理：即按资产编号立项管理，结合本企业所涉及的租赁场景、租赁环节等设置相应的核算功能，录入或自动获取合同关键信息后，由系统生成相关的计算底稿，并据以实现自动会计记账和生成相关的报表。

以下以 WX 公司为例。WX 公司是一家在 H 股和 A 股上市的企业，自 2019 年 1 月 1 日起施行新租赁准则。在经过一年多的手工核算方式后，该公司于 2020 年采用了信息化方案，即在其 SAP 财务软件中开发了专门的租赁核算模块。本文以此探讨采用信息化解决方案以满足新租赁准则会计核算及披露要求的实现方式及需要重点关注的事项。

（二）方案设计步骤及要点

1. 全面梳理租赁业务

WX 公司首先对本企业所涉及的租赁类型、租赁场景及租金计算方式等进行了梳理，再分类别、分环节整理相应的会计分录和需要使用的会计科目。根据管理层要求，先将租赁划分为动产和不动产两部分，再进一步将不动产租赁细化为营业用不动产、仓储用不动产和办公用不动产，从而形成四大类租赁，并在 SAP 中对相关科目进行配置（见表 1），为模块功能的设计开发打下基础。

表 1 科目配置及核算要求

科目类别	会计科目	核算要求
资产负债类	使用权资产	对应到资产编号，通过后勤区分资产类别：营业用不动产租赁、仓储用不动产租赁、办公用不动产租赁及动产租赁
	使用权资产累计折旧	
	租赁负债——租赁付款额	对应到资产编号
	租赁负债——未确认融资费用	
损益类	财务费用——租赁负债利息支出	对应到资产编号
	管理费用——折旧费——使用权资产	
	主营业务成本——使用权资产折旧费	
	资产处置损益——使用权资产处置损益	
	管理费用——租赁费——低价值租赁	核算时选择租赁类型：1. 营业用不动产租赁；2. 仓储用不动产租赁；3. 办公用不动产租赁；4. 动产租赁
	管理费用——租赁费——短期租赁	
	管理费用——租赁费——变动租赁	

2. 基于全流程的系统模块开发

该系统模块开发主要针对纳入使用权资产核算的租赁事项，围绕租赁的初始确认、后续计量和执行终止等常规环节，充分讨论、明确需求。WX 公司在设计时将租赁核算模块分为“资产创建”“付款履约计划导入”“使用权资产和租赁负债的初始确认”“使用权资产和租赁负债的后续计量”和“租赁终止”五个子模块。其中：

（1）“资产创建”，除了合同编号、资产名称、出租人以及合同起止时间等基本信息外，还将合同初始费用、折现率、增值税发票类型及税率、使用权资产折旧计入损益的科目、是否考虑续租及包含续租期的合同结束日、是否约定恢复原状及恢复费用等设置为必录信息，从而为后续计算底稿的生成提供依据。合同信息录入完毕后，软件为每项使用权资产生成一个资产编号，作为贯穿核算的唯一标志。

（2）“付款履约计划导入”，即将合同约定的付款时间和租金金额以 Excel 表格形式导入软件，它支持多个资产编号的多条付款计划的批量导入。如果租赁双方约定租金为保底加提成的方式，仅导入保底部分的租金金额。在考虑续租的情况下，还应包含续租期内的付款计划，续租期通常为按原合同约定的租赁期后再延续一个周期。

（3）“使用权资产和租赁负债的初始确认”，在前两步导入信息的基础上，生成一张初始确认计算底稿，计算出租赁付款额的折现值和使用权资产的初始入账价值；经财务人员核对无误后，生成会计分录自动记账。

（4）“使用权资产和租赁负债的后续计量”，在初始确认计算底稿的基础上，进一步生成后续计量的计算底稿，按月计算出折旧和摊销金额。后续计量会计分录，应包括每月的使用权资产折旧和租赁负债的摊销、约定付款日租赁负债结转至其他应付款以及实际付款日租金的支付三个部分，其中前两项由系统根据计算底稿的数据自动生成会计分录记账。

（5）“租赁终止”，在合同执行完毕，使用权资产和租赁负债分别折旧、摊销完毕后，生成会计分录将“使用权资产”和“使用权资产累计折旧”科目余额进行对转。

3. 专门设置特殊场景

针对租赁变更等特殊场景，对模块的核算功能做进一步完善。WX 公司梳理了日常涉及的租赁变更类型，如合同提前终止、出租人开具的增值税发票类型变化、租赁面积增减导致付款变化等。对于合同提前终止的，在“租赁终止”子模块下增加“提前终止”的类别，生成与正常执行完毕所不同的会计分录。对于其他类型的租赁变更，则采取在前五个子模块以外新增一个“租赁变更”子模块的方式进行专门核算。在信息录入时，需进行“是否涉及租赁面积的缩减”的判断及缩减比例的填写，用于计算应确认的资产处置损益金额和生成变更时点会计分录。

（三）推行信息化方案取得的成效

1. 提高了会计核算工作效率和质量

WX 公司涉及租赁超过 100 项，主要分布于四川省内各市、县，通过上线租赁核算模块，由多主体、手工核算方式转变为标准统一、取数自动的集团总部集中核算模式，提高了工作效率，最大限度地避免了人为误做、漏做的情况，降低了会计差错风险，为及时准确地披露财务报表相关信息提供了有力支撑。

2. 提升了公司租赁管理水平

推行租赁核算信息化方案，改变了之前租赁合同由各经办实体自行保管，集团总部不能掌握完整租赁合同信息的情况。信息化方案实施以来，除短期和低价值租赁外，公司每笔租赁合同的信息都能在信息系统中一目了然地反映出来，便于实行整体管理和监控。

3. 增强了企业财务管理监督能力

在以前的核算方式下，业务部门可在支付租金时才将租赁合同传递给财务部门，财务监督相对滞后。推行信息化方案后，业务部门在合同签订阶段就需要财务测算的支撑，财务管理职能得以前移。同时，财务核算所需的诸如是否考虑续租情况又需要业务部门的辅助，业务人员和财务人员的联系更加紧密，促进了业财融合，共同提高管理水平的良性循环。

四、结束语

新租赁准则的施行对承租人的会计核算产生了重大影响，对企业管理水平、财务人员的专业能力等都提出了更高的要求。信息化解决方案能降低企业会计核算的难度，助力公司经营管理水平的提升。但在实际运行中也遇到了一些新问题，还需要继续分析、探索，以找到更好的解决方案，从而让企业更好地适应新租赁准则的实施。

参考文献：

[1] 财政部. 企业会计准则（2021 年）[M]. 上海：立信会计出版社，2021.

[2] 财政部. 企业会计准则应用指南（2021 年）[M]. 上海：立信会计出版社，2021.

[3] 张大勇. 新租赁准则实施对企业的影响及应对措施 [J]. 现代商业，2020（32）：191-192.

[4] 陈再超. 新租赁准则对企业业务核算的影响及应对措施 [J]. 财经界，2020（19）：234-237.

政府财务报告审计对比研究

——基于企业财务报表审计

熊梦倩　康莲　齐思

[**摘要**]《权责发生制政府综合财务报告制度改革方案》提出要建立健全政府财务报告审计和公开机制，2020 年 10 月审计署研究制定了《政府财务报告审计办法（试行）》，初步构建了政府财务报告审计的概念框架。本文主要对政府财务报告审计①与企业财务报表审计做对比分析，借鉴企业财务报表审计工作思路，提出改进意见及建议，以期更好地开展财务工作。

[**关键词**] 政府财务报告审计　企业财务报表审计　对比研究

一、引言

2014 年国务院批转了《权责发生制政府综合财务报告制度改革方案》（简称《改革方案》），其中包含了改革的意义、原则、主要任务、具体内容、配套措施及实施步骤等。其中明确提出四个方面的改革任务：一是建立健全政府会计核算体系；二是建立健全政府财务报告体系；三是建立健全政府财务报告审计和公开机制；四是建立健全政府财务报告分析应用体系。这四个体系依次递进，从基础的会计核算开始到最后的财务报告分析应用，构建了一个完整的政府财务数据的生成、报表汇总、财务报告审计及数据应用体系。

从目前的实践来看，在政府会计准则制度方面，到 2021 年 7 月，财政部已发布了 1 项基本准则、10 项具体准则和 1 个应用指南、1 项会计基本制度、3 项会计准则制度解释，形成了包括基本准则、具体准则及应用指南和政府会计制度的政府会计标准体系，基本建成具有中国特色的政府会计体系。政府会计包含预算会计和

---

① 包括对政府综合财务报告审计以及政府部门财务报告审计，下同。

财务会计，实行双功能、双基础、双报告的会计体系。其中以收付实现制为主体的预算会计是编制预算执行情况报告（决算草案）的基础，以权责发生制为主体的财务会计是编制政府财务报告的基础。

在政府财务报告编制方面，已初步建立政府财务报告编制框架体系。目前有行政区政府综合财务报告、本级政府综合财务报告、政府部门综合财务报告三个报告，统称为政府财务报告。

在政府财务报告审计方面，政府财务报告审计制度是权责发生制政府综合财务报告制度的重点组成部分，是由审计部门牵头制定的。依据相关要求政府财务报告要经过审计，依法送人大常委会备案并按照规定向社会公开。2020 年 10 月审计署研究制定了《政府财务报告审计办法（试行）》（以下简称《审计办法》），该办法只是对政府财务报告审计的一些基本要求进行规范，因为政府财务报告审计还属于新事物，虽然有审计的理论框架，但还需反复实践，通过实践检验，形成完善的政府财务报告审计制度。本文重点就政府会计财务报告审计进行研究。

二、文献综述

在政府财务报告审计方法模型方面：刘冠亚（2018）从我国政府财务报告审计制度的需求和供给角度剖析政府财务报告审计制度供给滞后于制度需求的失衡状态以及影响制度供给的制约因素，提出政府财务报告审计目标应立足于揭示反映政府财务报告重大错报风险和财政风险；政府财务报告审计内容重点必须紧密围绕审计目标展开，并充分考虑政府综合财务报告和部门财务报告的差异；政府财务报告审计方法也应适应审计目标的要求，形成技术层面风险导向审计与战略层面风险导向审计有机融合的政府财务报告风险导向审计方法模型。

在政府财务报告审计制度构架方面：种金睿（2020）从监管的角度认为中国政府财务报告审计制度关键要素设计中的审计目标应该符合国家审计机关的定位、符合国家审计的具体职责、符合财务报告审计所处历史阶段、符合中国国家审计的具体实践；审计主体应该是国家审计机关在政府财务报告审计中发挥主导作用，国家审计机关对审计后的财务报告承担鉴证责任；并认为期初审计是政府财务报告的重要审计内容，应该从内部控制、编报合并范围、信息系统、资产负债期初数据、往来账项抵销等角度来进行期初数审计。种金睿（2021）认为预算执行情况（决算草案）审计和政府财务报告审计从审计目标、审计内容、审计范围和审计评价依据等方面来看，既有联系又有区别，应该综合考虑两种审计的衔接，且在政府财务报告审计初期并不急于形成独立的审计报告，可以结合现行审计项目和审计报告反映相关问题，通过推动被审计单位整改，逐步提升政府财务报告编制质量。

在政府财务报告具体审计要素方面：郑石桥等（2021）发表了系列文章，分别从政府财务报告审计主体、审计客体、审计内容、审计取证模式、审计本质、审计需求等角度，以审计理论为基础，提出一系列政府财务报告审计观点。例如在审计主体方面，以经典审计理论为基础，从委托人和代理人角度分别分析政府财务报告审计主体之选择，提出一个关于政府财务报告审计主体的理论框架；在审计取证模式方面，以经典审计理论为基础，分析命题论证型取证模式和事实发现型取证模式在政府部门财务报告审计中的应用，提出一个关于政府财务报告审计取证模式的理论框架：政府部门财务报告中的财务信息审计和财务报告内部控制审计，可以选择合理保证审计业务，与此相适应，需要采取命题论证型取证模式；也可以选择有限保证审计业务，与此相适应，需要采取事实发现型取证模式。

前文中提到政府会计准则制度于2019年才开始实行，《审计办法》2020年才颁布，政府财务报告审计属于新的审计细分领域，因此相关研究主要集中在审计原理的分析以及政府财务报告审计框架的构架上。

三、政府财务报告审计与企业财务报表审计对比分析

虽然政府财务报告审计是审计的新领域，但是在企业财务报告领域，审计工作已经开展多年，已积累了较多经验，因此可通过对比分析，借鉴企业财务报表审计的经验。

（一）基本概念对比分析

政府财务报告审计是审计机关依照法定的职责、权限和程序对政府财务报告进行审计监督，依据政府会计准则、政府财务报告编制办法等作出审计评价。《审计办法》规定，政府财务报告审计工作聚焦政府财务状况和运行情况的真实、合法、效益，着力揭示问题和风险，促进提高政府财务报告可信性和透明度，推动完善权责发生制政府综合财务报告制度，助力防范财政风险，促进提升政府运行绩效，为财政与经济决策提供有用信息，推进国家治理体系和治理能力现代化。

企业财务报表审计是对注册会计师对被审单位财务报表是否按照使用的会计准则和相关会计制度的规定编制，以及财务报表是否在所有重大方面公允反映被审计单位的财务状况发表意见。

不管政府财务报告审计还是企业财务报表审计，都强调合法真实反映被审单位的财务状况和运行成果。政府财务报告审计还要更多强调效益、防范财政风险、提升运行绩效。

（二）审计主体对比分析

《审计办法》明确规定，审计机关派出审计组实施审计，同时审计机关可以根

据工作需要，聘请具有政府财务报告审计相关专业知识的人员参加政府财务报告审计。可以看出政府财务报告审计的主体是国家审计机关；企业财务报表审计的主体则是注册会计师。

（三）审计内容对比分析

政府财务报告审计将政府财务状况、运行情况及相关经济活动作为审计内容，包括：政府财务状况和运行情况、政府财务报告编报披露情况、政府财政财务管理情况、相关电子数据及信息系统设计运行情况，以及其他需要审计的内容。

企业财务报表审计内容主要包括：被审单位的各种财务报表是否按照公认的会计原则和统一的会计制度编制，是否遵循一贯性会计原则，被审单位的各种财务报表是否真实、公正地反映了它在受审期间的财务状况和经营成果。

可以看出政府财务报告审计除了财务报告及所依据的财务数据本身外，还关注财务管理、电子数据以及信息化的建设。

（三）审计准则对比分析

与政府财务报告审计领域直接相关的规定则是2020年出台的《审计办法》，是审计法及其实施条例、国家审计准则和具体审计指引之间层次的规定，主要对审计法及其实施条例、国家审计准则未作规定的，或虽作规定但还需进一步细化、补充的内容作出规范。它主要对审计目标、审计主体、审计对象、审计内容、审计报告、各级机关审计权限、审计计划、审计结果报送和公开等作出原则性规定，以便审计有所遵循，是政府财务报告审计概念框架式安排，并未细化到该如何审的环节。我国还有审计法、审计准则及实施细则，涉及审计计划、审计实施、审计实施方案、审计证据、审计记录等具体的如何审计环节，这些规定是我国现行以预算执行和决算草案审计为主要模式的财政审计制度大背景下的审计，是在政府综合财务报告制度建立之前的财政管理格局和原来的政府会计环境下形成的，已经不能完全指导新的政府财务报告审计工作。

在企业财务报表审计领域，财务报表审计由注册会计师完成，注册会计师审计准则体系相对健全，已有约40项注册会计师审计准则及若干审计准则应用指南，包括了重要性、审计证据、审计抽样、函证等具体的审计环节。从事政府财务报告审计工作的人员可以学习借鉴注册会计师审计准则的有关规定来更好地完成审计工作。

（四）审计强制性要求对比分析

结合上面的论述，《审计办法》只是对开展政府财务报告审计做出了框架性安排，并未提到政府财务报告每年必须审计。在财务报告审计领域，上市公司及国有企业的财务报告每年必须经过审计。政府财务报告审计体系目前还不完善，作为被审计对象的行政和事业单位其本质上也是国家所有，未来很可能政府财务报告也会每年进行审计。

四、思考及建议

（一）制度建设方面

在现有的框架下，参考注册会计师审计准则体系，以“准则+指引”的方式不断完善政府财务报告审计体系。以现有《审计办法》为基础，细化政府财务报告审计准则及指引，尽快出台如了解被审计单位及其环境、审计目标、函证、内部控制、合并财务报表、报表及附注等审计准则，为审计工作的开展提供更为详细的操作指导。

（二）审计实务工作方面

政府财务报告的审计应当考虑结合重要性原理进行审计，以教育厅举例，下属100多家事业单位，政府财务报告在厅级层级就是一份合并财务报表，在审计时，考虑审计工作的效率，不可能对每一个单位都审计，可以考虑结合重要性原理对金额重大或性质特殊的重要下属单位进行实质性审计程序，对于其他下属单位则实施分析程序。至于对金额重大和性质特殊的定义，则需要通过以后政府财务报告审计实践来界定和完善。

同时注重资金安全审计，新闻报道中频频提到的资金贪污行为，如安徽滁州“95后”张雨杰①贪污近7 000万元则是单位内控失效，外部审计不到位的突出体现。考虑到货币资金为重点风险领域，笔者建议在政府财务报告审计中无论是否属于合并财务报表的重要部分，都应该进行货币资金审计，重点执行银行账款函证程序以及银行余额表抽检工作。

（三）会计实务工作方面

首先应做好基础会计工作的规范，为政府财务报告审计提供数据支持。主要包括：账务设置规范，按照政府会计准则制度的要求规范进行账务处理；注意资金来源，清晰界定财政资金来源及用途；账务核算全面，确保应付款项及应收款项合理入账不遗漏；往来单位设置规范，平时注重同一部门类往来单位设置，便于合并报表编制抵消分录。

其次则应注重相关信息的收集，完整编制填报政府财务报告及附表。以固定资产为例，《政府会计准则第3号——固定资产》要求政府会计主体应当在附注中披

① “95后”贪污7 000万的背后[EB/OL].(2021-07-12)[2021-10-30].https://xw.qq.com/cmsid/20210712A01IL800

露与固定资产有关的信息，如固定资产的分类和折旧方法；各类固定资产的使用年限、折旧率；各类固定资产账面余额、累计折旧额、账面价值的期初、期末数及其本期变动情况；以名义金额计量的固定资产名称、数量，以及以名义金额计量的理由；接受捐赠、无偿调入的固定资产名称、数量等情况；出租、出借固定资产以及以固定资产投资的情况；固定资产对外捐赠、无偿调出、毁损等重要资产处置的情况等。披露信息较多，在日常工作中应该注重相关信息的收集，以保证政府财务报告质量。

最后应做好内部控制建设工作，在财政资金分配使用、国有资产监管、政府投资、政府采购、收支管理等方面做好不相容岗位相分离，实现预算控制、会计控制、归口管理控制等，把内部控制落到实处，可以减少舞弊或错报。从政府财务报告审计角度来审视政府会计工作，不仅是一种鞭策，也让更多会计从业者思考如何完善会计工作。

五、结语

政府财务报告审计工作方兴未艾，还有许多待研究的地方。从准则制定、审计技术方法借鉴企业财务报表审计的做法在发展初期是可取的，应在实践中不断完善，其制度不断修订，终将形成有特色的政府财务报告审计体系乃至政府综合财务报告体系，将《权责发生制政府综合财务报告制度》成果服务于社会经济建设。

参考文献：

［1］郑石桥，郑羽飞. 论政府综合财务报告审计主体［J］. 会计之友，2021（14）：156-160.

［2］郑石桥. 论政府部门财务报告审计取证模式［J］. 会计之友，2021（7）：156-160.

［3］俞俊，郑石桥. 论政府部门财务报告审计客体［J］. 会计之友，2021（4）：151-155.

［4］郑石桥，周灵欣. 论政府综合财务报告审计需求［J］. 会计之友，2021（3）：149-154.

［5］山西省政府财务报告试审组. 刍议政府财务报告审计制度及其实施［J］. 审计观察，2021（3）：50-53.

［6］种金睿. 有关政府财务报告和审计制度的三个问答［N］. 中国审计报，2021-03-03（7）.

[7] 种金睿. 建立政府财务报告审计制度相关问题研究（上）[N]. 中国审计报，2020-08-05（7）.

[8] 种金睿. 建立政府财务报告审计制度相关问题研究（下）[N]. 中国审计报，2020：08-29（7）

[9] 徐冉. 政府会计改革背背景下对政府审计工作的思考 [N]. 中国审计报，2020-10-12（8）.

[10] 刘冠亚. 我国政府财务报告审计制度研究 [D]. 北京：中国财政科学研究院，2018.

公立医院内部控制建设现状及改进对策研究

——以G公立医院为例

邓浩　陈爽　贺中华

[摘要]《公立医院内部控制管理办法》（国卫财务发）〔2020〕31号）的下发，标志着从国家层面对公立医院内部控制建设提出了新的目标和更加具体的要求，体现了国家对医药卫生体制改革的决心和信心。目前，我国公立医院内部控制建设取得一定成效，为进一步深入了解我国公立医院内部控制现状，探索改进对策，本文在文献研究的基础上，以G公立医院为案例，对其内部控制建设及执行情况开展实地调研，详细了解其内部控制组织架构设计、内部控制建设、内部控制风险管理等情况，探索公立医院内部控制“原六大业务”的优化和“新六大业务”内部控制的开展。

[关键词] 公立医院　内部控制　现状　对策

一、引言

卫生健康行业有鲜明的行业特色，特别是公立医院作为非营利性事业单位，业务活动复杂，资金规模大，亟须深入推进内部控制建设工作，增强内部控制意识，规范内部经济和业务活动，强化内部权力运行制约[1]。

二、我国公立医院内部控制概述

（一）公立医院内部控制的作用和意义

公立医院是我国医疗服务的主体，密切关系着人民群众的身心健康。随着我国医药卫生体制改革的不断深入，药品耗材零差价等政策的不断推进，公立医院的发展面临越来越多的风险和挑战。为解决公立医院深层次问题，强化精细化管理，保障公立医院健康可持续发展，亟须建立一套适应公立医院自身发展的内部控制体系，进一步规范公立医院经济活动及相关业务活动，有效防范和管控内部运营风险，建立健全科学有效的内部制约机制，促进公立医院服务效能和内部治理水平不断提高[2]。

（二）公立医院内部控制建设进程回顾

公立医院是政府举办的纳入财政预算管理的医院，属公益二类事业单位。

2012 年 11 月 29 日，财政部发布《关于印发〈行政事业单位内部控制规范（试行）〉的通知》（财会〔2012〕21 号），从国家层面对行政事业单位内部控制建设提出了要求，该文件首次定义了什么是行政事业单位内部控制，明确了主要目标和基础原则，同时，要求所有行政事业单位于 2014 年 1 月 1 日起施行。

2015 年，财政部检查了全国部分省（区、市）行政事业单位的内部控制建设，其完成程度并不理想。鉴于此，财政部于 2015 年 12 月 31 日发布了《财政部关于全面推进行政事业单位内部控制建设的指导意见》（财会〔2015〕24 号），对内部控制建设内容做了较为详细的说明，首次提出建立内控报告制度，促进内控信息公开，同时要求所有预算单位在 2016 年年底前完成本单位的内部控制体系建设工作。

2016 年 6 月 24 日，为保障所有预算单位在 2016 年年底前完成本单位的内部控制体系建设工作，财政部发布了《财政部关于开展行政事业单位内部控制基础性评价工作的通知》（财会〔2016〕11 号），该文件一方面明确单位内部控制的基本要求和重点内容，另一方面旨在发现单位现有内部控制基础的不足之处和薄弱环节，有针对性地建立健全内部控制体系，以评促建。

2017 年 1 月 25 日，财政部发布了《关于印发〈行政事业单位内部控制报告管理制度（试行）〉的通知》（财会〔2017〕1 号）和《财政部关于开展 2016 年度行政事业单位内部控制报告编报工作的通知》（财会函〔2017〕3 号），进一步规范了我国行政事业单位内部控制的建设与实施，以报保建。

2020 年 12 月 31 日，国家卫生健康委会同国家中医药局联合印发了《公立医院内部控制管理办法》（国卫财务发〔2020〕31 号）（以下简称《医院内控管理》），进一步细化、深化了公立医院内部控制建设和实施的主体责任、工作职责、建设内容和具体要求，开启了我国公立医院内部控制的新篇章。

三、公立医院内部控制现状

伴随着国家财政管理体制、医药卫生管理体制改革的推进，公立医院生存、发展的压力日益加大。为规范经济活动、防范营运风险、加强成本控制、提升经济效益，公立医院产生了较强烈的内部控制内生动力。近年来，有的公立医院投入了大量人力、物力自行开展了内部控制建设；有的公立医院通过购买第三方服务开展内部控制建设，基本建成了包括单位层面内部控制和预算管理、收支管理、采购管理、资产管理、建设项目管理、合同管理六大业务层面的内部控制；部分单位还建设了科研项目管理等制度，基本达到了财政部关于行政事业单位内部控制建设的规范要求，取得了较大的成效。

但经过深入调查研究发现，也有部分公立医院内部控制建设由于风险管理意识淡薄，缺少必要的资金投入、缺少专业人才，部门科室存在业务交叉、工作职责边界不清晰、遇事互相推诿，内部控制建设中各部门协同差，难以形成合力等原因，公立医院内部控制环境欠佳、单位层面控制和业务层面控制存在缺陷、关键的控制措施落实不到位、内部控制体系不健全、没有形成有效的内部控制机制等现象普遍存在[3]。

四、G 公立医院内部控制建设案例分析

（一）G 公立医院基本情况介绍

G 公立医院（以下简称“G 医院”）始建于 20 世纪 50 年代，是国家三级甲等综合性医院，首批国家级住院医师规范化培训基地，省护士规范化培训基地，硕士研究生培养点、本科全程教学基地，承担着区域内及周边地区 20 多个市、县（区）危急重症救治、临床科研、教学指导重任。

医院编制床位近 2 000 张，建有省级医学重点专科十余个，市级质量控制中心二十余个。有省学术与技术带头人及后备人选、省卫健委学术与技术带头人、省卫生健康领军人才、市学术与技术带头人及后备人选、市科技拔尖人才等高层次人才。

（二）单位层面内部控制体系顶层设计

为全面推进医院内部控制建设，进一步规范医院内部经济及相关业务活动，提升医院内部管理水平，加强廉政风险防控机制建设。首先，在院领导的大力支持和正确领导下，G 医院成立了由院长担任组长，副院长任副组长，各业务部门负责人为成员，审计科负责人任监督员的内部控制建设领导小组，并成立内部控制监督小组。其次，内部控制建设领导小组下设办公室在财务科，负责处理日常具体事务，监督小组下设办公室在纪委办，负责日常监督工作。形成了强力、有序的内部控制建设领导小组领导、财务科牵头、其他部门参与、审计科与纪委办监督的内部控制建设组织架构，对 G 医院内部控制制度和流程进行全面梳理、建立、健全，然后由审计科评价，督促医院内部控制制度的制定和实施。最后，对存在的问题，由分

管院长牵头整改，对不严格落实内部控制制度或违反内部控制制度的科室和个人进行问责，问题严重的，提请医院党委会和院长办公会讨论形成惩处决定。

审计科每年都会遵照最新内部控制要求，对全院开展风险评估，重点针对各大业务板块，依序梳理风险点并进行对照检查，及时发现问题，保障内部控制体系持续运行。

（三）业务层面内部控制建设案例分析

医院内控管理将行政事业单位内部控制业务层面的六大业务领域拓展至十二个，距医院内控管理的施行日期已过半年有余，G 医院正根据新要求完善“原六大业务”的内部控制建设，积极探索“新六大业务”的内部控制建设。

（1）预算业务。G 医院建立了以预算管理委员会决策，预算管理办公室（财务科）归口管理，各科室执行，审计科监督的内部控制组织架构。对项目入库、预算编制、预算分解下达、预算执行与分析、预算调整、决算管理等业务建立了工作流程。在监督方面，虽组织架构设置了审计科监督职能，但实际工作中，更多由财务科监督，财务科每半年进行一次预算执行与分析通报。调研表明，虽然《中共中央 国务院关于全面实施预算绩效管理的意见》（财预〔2018〕167 号）、《卫生健康领域全面实施预算绩效管理实施方案》（国卫财务发〔2021〕14 号）（以下简称《实施方案》）明确要求推动卫生健康领域全面实施预算绩效管理工作，但目前 G 医院预算绩效管理尚处于摸索、起步阶段。

（2）收支业务。G 医院建立了以党委会决策，财务科归口管理，各科室执行，审计科监督的内部控制组织架构，根据不相容岗位分离原则合理设置了内部控制关键岗位，对收入管理、支出管理、银行账户管理、票据管理、印章管理、公务卡管理和会计档案管理建立了完备的工作流程。公立医院收入项目繁多，主要有医疗收入（含门急诊收入、住院收入）、医保资金清算收入、科教收入等，是有别于其他行政事业单位的一大特点，因此更要强化收入业务的内部控制建设、运行与监督，特别是退费管理。调研表明，目前 G 医院尚未对科研项目支出做到全程跟踪监督，科研项目支出预算执行率较低、项目延期情况普遍存在。

（3）采购业务。G 医院建立了以党委会、院长办公会决策，计算机信息科、总务科、医学工程科、基建科归口管理，物资采供科执行采购、招标过程，纪委办公室、审计科监督的内部控制组织架构。调研表明，G 医院采购业务管理权责明晰、协同有效，药品或耗材采购严格遵守了省药械监管平台管理要求，采购活动规范率较高，采购方式的确定、采购履约验收、采购争议或投诉处置等采购关键环节规范有序。但现场调研也发现，G 医院成立的物资采购领导小组职责权限还有待进一步厘清，相关工作开展及作用发挥有待进一步改进。

（4）资产业务。G医院建立了以党委会、院长办公会决策，固定资产管理部门归口管理，医学工程科等部门和业务科室执行，审计科监督的内部控制组织架构。调研表明，G医院资产管理业务相关部门分工明晰，对资产的配置、使用、处置制定了较完整的业务流程和管理制度，且制度执行稳健、有序，资产管理风险得到了有效控制。但调研也发现收到部分上级主管部门批复了的办公设备报损、报废事项，仍长期处于库存状态而无后续处置。

（5）基本建设业务。G医院建立了以党委会、院长办公会决策，基建科归口管理与执行，纪委办公室监督的内部控制组织架构。G医院梳理并制订了建设项目管理流程，包括建设项目立项流程、项目招标流程、项目设计变更流程、进度款支付与竣工验收流程、结算审计与尾款支付流程、档案归档管理流程等内容。调研表明，G医院基本建设管理内部控制制度得到了充分执行，风险管理规范、有序。

（6）合同业务。G医院建立了以党委会决策，相关管理科室归口管理，经办科室执行，纪委办公室、审计科、财务科全过程监督的内部控制组织架构。施行管理科室和经办科室一致的管理办法，监督部门采取定期检查与随机抽查相结合的方式，对医院各部门的合同执行情况进行检查监督，对违反相关制度以及合同履行不到位的部门和个人进行责任追究。调研发现，在合同纠纷调处环节，G医院尚未制定合同纠纷管理流程，应建立健全合同管理制度。

（7）科研业务。G医院承担了国家、省、市科研课题数十项，并获得省级科技进步三等奖多项、市（厅）级科技进步奖数十项。但调研中发现，G医院科研项目实施管理缺少制度保障，缺乏有效监督，大量课题进度滞后、成本控制乏力；G医院GCP实验室开展了多个临床试验项目，由于药物临床试验项目具有项目来源单一、药厂自主性高，且医院也要配备等量资金参与实验项目的特点，故临床试验项目风险管理要求较高，因此目前G医院相关内部控制措施还有待进一步强化。

（8）信息化建设业务。G医院建立了以党委会决策，计算机信息科归口管理，全院管理部门及业务科室执行，纪委办公室、审计科监督的信息化建设内部控制组织架构。调研表明，G医院信息化建设业务职责分工明确，权限管理严谨，痕迹管理和容灾备份系统运行有效，纪委办公室监督问责有力，信息安全保障有效。但调研也发现，由于有些系统使用年限已久，出现漏洞的频率增加，导致硬件维护成本持续上涨，同时软件作为知识密集的产品，市场可参考的同类产品较硬件设备少得多，使厂商有极大的自主定价权，存在厂商与公立医院相关负责人勾结，滋生腐败的风险。

五、公立医院内部控制体系建设优化建议

《医院内控管理》明确了公立医院内部控制适用范围及概念内涵、管理职责、内部控制、内部控制报告编制原则和报送方式、评价工作实施主体及内容，提出了公立医院内部控制风险评估应重点关注的内容。《实施方案》对预算绩效管理工作从范围目标、组织结构、职责分工、制度体系、工作要求等方面提出了要求。因此，公立医院内部控制有待进一步优化和建立健全。

（一）进一步优化预算管理内部控制

公立医院现有预算管理内部控制制度在预算绩效管理方面较薄弱，应加强预算绩效管理制度体系建设和技术标准制定等重点工作，建立预算绩效评估机制，加强绩效目标管理，开展绩效运行监控，全面开展绩效评价，强化绩效评价结果应用[4]。

（二）进一步加强合同纠纷管理

公立医院现有合同管理基本建立健全了相关内部控制制度、规范了内部控制流程，应在此基础上加强合同的归口管理，加强对合同履行过程的全过程监控，确保合同进度计划、成本控制计划得到有力执行；应加强合同纠纷管理，合力防范合同纠纷对医院造成负面影响及经济损失。

（三）进一步改进资产管理内部控制

公立医院应加强固定资产管理，完善资产配置管理流程，对非专用资产通过调剂方式合理利用，对专用资产设定绩效目标，并列为重点检查对象，开展跟踪审计，充分发挥资产效能。同时，对因技术原因需淘汰或者无法维修、无维修价值等资产，严格按照资产处置流程进行报废处理。

（四）加强科研项目及临床试验项目内部控制

公立医院应加强科研项目及临床试验项目决策、工作、审核和监督机制建设。为保障科研项目高质量推进，实行科研项目进度管理，建立项目进度滞后预警机制，实现对科研项目的全程跟踪监督。临床试验项目应保障受试者安全和经费规范使用，对诸如机构、药品、质量等管理费用的提取建立严格的监督制度，不定期开展专项检查，对已经完成的项目，建立验收后的检查制度，对新查出的问题仍要追责。

（五）强化诊疗规范和诊疗活动内部控制

建立由医务管理部门牵头，医保物价部门、质控部等共同组成的医疗业务内部控制工作小组，除了必须严格遵守的首诊负责制度、三级医师查房制度等医疗核心制度，还要严格控制不合理检查、不合理用药的行为，建立与医保部门、物价部门

沟通协调机制，定期分析诊疗服务过程中存在的执行医保、物价政策风险，对存在的问题及时组织整改。

（六）规范互联网医疗业务内部控制

建立健全互联网诊疗服务与收费的相关管理制度，严格规范诊疗行为和费用监管，做到各部门权责明确，工作流程清晰，沟通配合机制高效。规范主要信息系统之间的互联互通、信息共享和业务协同机制，采取有效措施强化信息系统安全。

六、结语

公立医院内部控制建设任重道远，随着国家医疗管理体制改革的不断深化、发展，用制度行使监督制约功能会在更多场景替代人治。公立医院管理层及医疗业务人员有待进一步深入学习领会《公立医院内部控制管理办法》等办法、指导意见和相关制度，进一步建立健全并持续优化、完善内部控制体系，方能做到公立医院经济活动有法可依，有章可循，医疗业务运营规范有序、优质高效，在为社会大众提供高品质的医疗服务的同时，实现医院高质量可持续发展。

参考文献：

[1] 中华人民共和国国家卫生健康委员会财务司.《公立医院内部控制管理办法》解读 [Z]. 2021-01-05.

[2] 关于印发公立医院内部控制管理办法的通知 [J]. 中华人民共和国国家卫生健康委员会公报，2020（12）：208-217.

[3] 杨正云. 基于风险管理的公立医院内部控制探讨 [J]. 会计之友，2019（6）：137-140.

[4] 中华人民共和国国家卫生健康委员会. 关于印发卫生健康领域全面实施预算绩效管理实施方案的通知 [Z]. 国卫财务发〔2021〕14 号.

[5] 财政部关于全面推进行政事业单位内部控制建设的指导意见 [J]. 中华人民共和国财政部文告，2016（2）：40-43.

[6] 财政部关于开展行政事业单位内部控制基础性评价工作的通知 [J]. 中华人民共和国财政部文告，2016（9）：31-33.

[7] 财政部关于贯彻落实《中共中央国务院关于全面实施预算绩效管理的意见》的通知 [J]. 中华人民共和国财政部文告，2018（12）：32-34.

事业单位抽查检验成本核算现状及改进对策研究

郑婧　张芮可　陈建西

［摘要］近年来，党中央从推进国家治理体系和治理能力现代化的高度，从不同角度对加强政府成本核算提出了要求。如何加强行政事业单位成本核算，是推进预算绩效管理的重要基础性工作之一。2021 年 1 月 1 日正式开始执行的《事业单位成本核算基本指引》从成本核算对象、成本项目和范围、成本归集和分配三个角度对事业单位的成本核算进行了相应的指引和规范。本文着重从 2003 年以来抽查检验成本核算工作实践角度，研究现行抽查检验成本核算的方法和存在的不足，探讨进一步完善抽查检验成本核算的改进对策，对今后推进政府成本核算，实行抽查检验成本补偿预算标准"动态调整"，贯彻落实党中央、国务院全面实施预算绩效管理等重大决策部署，具有重要和深远的意义。

［关键词］抽查检验　成本核算　改进对策

随着我国财政系列改革的不断深入和《事业单位成本核算基本指引》的出台，加快开展政府成本核算，"做好各类公共服务项目的成本测算，合理制定成本补偿参考标准，对承担公共服务的机构予以合理补偿"，大力推进预算支出标准体系建设，是当前推行预算管理一体化工作的迫切需要，也是事业单位预算绩效管理的基础性工作和精细化预算的必然要求。为进一步深化四川省抽查检验成本核算和管理应用，四川省药监局会同成都蕴成管理咨询公司成立了抽查检验成本核算和管理应用研究团队，笔者作为主要研究成员参与四川省食品药品抽查检验成本（以下简称"抽查检验成本"）核算及管理调研，力图总结抽查检验成本核算及管理的成功经验、发现存在的不足、提出改进对策建议。笔者运用文献研究法，对抽查检验成本核算及管理相关文献进行了研究；运用现场访谈法，结合四川省抽查检验项目预算绩效评价工作，进行了抽查检验成本核算及管理情况现场调研；运用抽样分析法，在全省范围内选取了甲、乙、丙、丁4个成本核算具有代表性的典型单位（以下简称“样本单位”），对其抽查检验成本核算成果进行了深入分析研究。研究发现：四川省抽查检验成本核算工作起步早，信息化程度高，工作流程明晰，成本核算体系健全，为抽查检验成本核算工作的推进奠定了坚实的基础，也为今后药品监管预算绩效管理政策的修改完善提供了优质的决策参考依据。

一、四川省抽查检验成本核算主要经验

（一）成本核算起步早

四川省药品抽查检验成本核算起步于2003年省以下垂直管理初期，根据财政预（决）算管理和实际工作要求，2003年出台的《四川省药品监督管理局关于加强药品及医疗器械抽验经费管理的通知》（川药监财〔2003〕32号），明确指出经费核算对不同大类药品及医疗器械抽验成本和资金分布状况的反映，将直接影响到抽验工作任务的下达和经费保障工作；明确要求抽查检验经费要“全部用于药品及医疗器械抽验和监督检查工作，做到专款专用，不得挪作他用”，提出了“规范核算，为抽验经费安排决策提供科学依据”，由此启动了药品及医疗器械抽验经费核算工作。

（二）成本核算标准明确

川药监财〔2003〕32号文件明确了药品及医疗器械抽验经费的开支范围，包括药品、医疗器械抽验全过程产生的相关成本项目，主要由检验费用（如：标准品、试剂试药、低值易耗品等）、抽样检查监督费用（如：交通费、差旅费等）和部分公共费用（如：水电费、设备维护费、办公费等）组成。文件规定，抽验经费支出核算，原则上参照“产品制造成本”核算原理，按抗生素、化学药品、生化药品、生物制品、中成药、中药材（包括饮片）、一次性使用无菌医疗器械、卫生材料及辅料、其他（如：包装材料等）分别设置明细账，区分直接成本和间接成本按不同方法分别组织会计核算。文件规定，对在检验过程中直接消耗的各种“专用材料费”（下设：标准品、试剂试药、低值易耗品等），原则上“按需领用”，以实际消耗数列支，不得以购买数列支。对为检验过程服务的、不便于直接计入各类被检验药品的“交通费”“差旅费”“水电费”“设备维护费”“办公费”等开支，可以暂列“暂付款——××费”科目，实行“先归集，后分配”，月终按一定的分配系数（如：抽取检品数、人员数等）分配到各大类，形成各类药品及医疗器械抽验成本。业务量较少时，也可以当批分配，直接列支。

（三）成本核算会计信息化程度高

原四川省食品药品监管系统利用省以下垂直管理优势，从 2005 年开始在全省范围推行集中统一的会计核算平台，统一会计科目体系设置和辅助核算项目，从技术上保障了抽查检验成本核算方法的统一、规范和数据的可靠，专门设立"食品药品及医疗器械抽查检验支出明细表"，并从账务系统自动取数生成，防止人为干预影响抽查检验成本数据质量。

（四）绩效考核理念应用早

四川省及时总结抽查检验项目管理实践经验，2005 年 11 月出台《四川省食品药品及医疗器械抽验经费管理试行办法》，并从 2006 年 1 月 1 日施行。根据绩效考核的理念，进一步界定了食品药品及医疗器械抽查检验成本的范围，明确了抽查检验成本包括抽样、检验全过程支出的专项经费，主要由检验费用、抽样检查监督费用、分摊公共费用组成。进一步提出了抽查与检验分离管理模式，对监督抽验突出问题导向，关注"假劣药品检出率"；鼓励检验机构利用技术、设备优势，在完成监督抽查检验任务的基础上，对社会提供委托检验的有偿服务；首次明确了"食品药品及医疗器械抽验"经费，建立绩效考核制度，实行专款专用，追踪问效，将全省平均抽查检验成本作为衡量管理和奖惩重要依据。

（五）成本核算成果应用好

随着财政预算改革和绩效管理的不断深化，四川省抽查检验成本核算及管理应用水平也不断优化提升。在"食品药品及医疗器械抽查检验支出明细表"专用材料费下单独列示"购买检品"反映政府购买样品支出规模；间接费用下单独列示"委托业务费"反映政府购买检验检测服务规模。对抽查检验项目专项检查中发现的抽查检验经费执行率低、结余率高、存在廉政风险等现象，连续两年利用会计信息平台，在全省范围内开展抽查检验成本调查，充分利用科学可靠的抽查检验成本数据，不断提升预算绩效管理水平，确立了围绕全省实际抽查检验成本，编制抽查检验成本补偿专项预算，逐渐形成的抽查检验预算标准的"动态调整"机制。

二、抽查检验成本核算案例分析

2019 年政府会计准则制度和 2020 年《事业单位成本核算基本指引》正式实施，事业单位成本核算进入一个崭新的时代。事业单位的会计核算基础由收付实现制为主、经营性经济事项权责发生制为辅，转变为运用权责发生制进行财务会计核算、运用收付实现制进行预算会计核算，为完整的抽查检验成本核算创造了很好的外部条件。

国家财政改革深入和预算绩效管理的推进对事业单位的成本核算提出了更高要

求。但由于事业单位涉及面广、行业多且每个行业的业务运行、经济活动开展各具特色，管理要求各不相同，国家尚未建立事业单位成本核算实际操作方面的规范，导致事业单位成本核算具有鲜明的行业特色，同时也导致事业单位的成本核算在实际施行中存在一些问题，有待去探索并解决。

围绕这一课题，研究团队选取了甲、乙、丙、丁 4 个成本核算具有代表性的典型单位，对其抽查检验成本核算成果进行了深入分析研究，研究发现样本单位在执行四川省检验成本核算相关文件时，由于单位领导重视程度、会计人员专业能力素质差异等原因，导致样本单位抽查检验成本核算和管理应用存在诸多问题和不足，如抽查检验成本核算难度大、成本构成差异大、成本核算方法不统一、单位成本差异不均衡等。

（一）抽查检验成本核算难度大

因抽查检验经费主要来源于中央、省、市、县四级财政，还有对外接收的委托检验服务，各级财政对抽查检验经费管理和成本核算的要求各异、详略各不相同；加上抽查检验业务种类复杂、专业性强，成本项目构成包括：抽查成本涉及购买检品费用、抽样发生的差旅费、交通费等；检验成本涉及实验耗材费用（标准对照品、试剂试药、低值易耗品等）、检验岗位人力费用（外聘人员劳务费、编制内人员经费缺口等）、检验运转保障经费（水电费、维修维护费用等）及实验室房屋及设备折旧等费用分摊；检验业务种类又涵盖了抗生素、化学药品、生化药品、生物制品、中成药、中药材及饮片、医疗器械、化妆品、食品、特殊食品等多种不同检品，导致抽查检验成本核算工作难度大。

（二）抽查检验成本核算方法不统一

政府会计准则制度实施后，抽查检验成本核算面临财务会计、预算会计两种会计基础的选择，基于工作习惯或业务能力、水平的差异，多数单位抽查检验成本核算采用收付实现制会计基础，有的单位在部分核算业务中混合使用权责发生制和收付实现制，即沿用了政府会计准则制度实施前事业单位“对经营性事项的核算”使用权责发生制的模式进行核算；通过实地访谈单位的调研也发现，抽查检验成本核算方法未完全统一，如大部分单位专用材料费按“领用数”列支，但个别单位简化为按“购买数”列支，可能导致专用材料费成本数据异常波动或成本失真，不具有可比性。

（三）抽查检验成本构成不统一

因政府机构改革、人员编制管理、地方政府财力保障能力不同，样本单位抽查检验成本构成存在较大差异。如人力成本，有的单位只包括聘用检验检测人员劳务费；有的单位还包括财政未足额保障的编制内人员部分绩效工资；少数单位因财政足额保障了编制内、外检验检测人员经费，则抽查检验成本完全没有人力成本。还有个别单位将实验室大型修缮一次性金额计入了检验成本，也会导致抽查检验成本异常波动。

（四）抽查检验成本构成差异大

样本单位将抽查检验成本分为直接成本、间接成本两类，其中直接成本仅包括专用材料费用（实验耗材和购买检品），间接成本涵盖了除专用材料成本外的与抽查检验项目相关的其他所有费用。两类成本中间接成本（或其他成本）占比高，间接成本（或其他成本）中人力成本占比高。

从表 1 数据可知，样本单位专用材料费耗费平均占比为 15%，样本单位平均耗费不足 300 元/批次，乙单位专用材料费占比为 39%，每批次耗费 462 元与该单位年检验批次总量过低有关；样本单位平均间接成本（或其他成本）率为 85%，其中人力成本普遍占比大，样本单位平均每批次 845 元占比为 44%，丙单位人力成本中劳务费达 1 520 元/批次占比为 61%。若剔除人力成本，样本单位平均抽查检验成本每批次为 1 000 元左右。由此可见，各地财政对人力费用的保障能力不同，导致各地抽查检验成本构成差异较大。

表 1　样本单位抽查检验成本结构表

单位	专用材料成本/元・批次$^{-1}$	专用材料率/%	其他成本/元・批次$^{-1}$	其他成本率/%	其中：人力成本/元・批次$^{-1}$	人力成本占比/%
甲	249	15	1 383	85	514	32
乙	462	39	723	61	238	20
丙	353	14	2 123	86	1 520	61
丁	241	18	1 074	82	17	1
平均	291	15	1 620	85	845	44

（五）抽查检验单位成本不均衡

从表 2 可知，样本单位抽查检验成本最低为 1 185 元/批次，最高为 2 476 元/批次，差异最大的是乙和丁单位，成本差异率为-50%左右。通过实地访谈也发现，各地抽查检验项目的实际成本与四川省预算补偿成本普遍存在差额。

表 2　样本单位抽查检验成本表

样本	实际单位成本/元・批次$^{-1}$	预算补偿成本/元・批次$^{-1}$	实际成本差异/元・批次$^{-1}$	实际成本差异率/%
甲	1 632	2 500	−868	−35
乙	1 185	2 500	−1 315	−53

表2（续）

样本	实际单位成本/元·批次$^{-1}$	预算补偿成本/元·批次$^{-1}$	实际成本差异/元·批次$^{-1}$	实际成本差异率/%
丙	2 476	2 500	−24	−1
丁	1 315	2 500	−1 185	−47
平均	1 911	2 500	−589	−23

上述分析表明，各地财力保障不同，抽查检验成本构成差异大，单位成本不均衡。因此，2019 年出台了《四川省药品监管专项资金管理办法》，允许市（州）在资金分配时，依据本地抽查检验成本补偿数据，在确保完成工作任务和绩效目标前提下，剩余资金可统筹调剂用于其他药品监管工作是十分必要的。如：财政保障编制内、外人员经费较好的市（州），可将剩余抽查检验专项经费，调剂安排为药品监管能力建设（检验设备购置）项目，用于检验检测事业可持续发展。

三、提升抽查检验成本核算质量和效率对策

（一）端正思想，提高认识和站位水平

近年来，党中央从推进国家治理体系和治理能力现代化的高度，在多份文件中从不同角度对加强政府成本核算提出了要求：中发〔2013〕13 号文件要求“推进政府会计改革，进一步健全会计制度，准确核算机关运行经费，全面反映行政成本”；中发〔2015〕28 号文件规定“公用事业和公益性服务的经营者应当按照政府定价机构的规定公开成本，政府定价机构在制定和调整价格前应当公开成本监审结论”；中发〔2018〕34 号文件在总体要求中提出“更加注重结果导向、强调成本效益、硬化责任约束”；国发〔2014〕63 号文件提出“条件成熟时，推行政府成本会计，规定政府运行成本归集和分摊方法等，反映政府向社会提供公共服务支出和机关运行成本等财务信息”。因此，加强政府成本核算，一是促进节约公共资源的需要，二是提供公共服务或产品定价的需要，三是推进预算绩效管理完善绩效评价的需要，也是贯彻落实党中央、国务院上述重大决策部署的必然要求，具有重要和深远的意义。

（二）深度调研，掌握实情，科学建立成本核算科目体系

2019 年 1 月 1 日起实施的政府会计准则制度全面引入了权责发生制基础，为行政事业单位全面开展政府成本核算，提供了可行条件和会计基础。因事业单位分布广泛、数量众多、类型各异，不同单位由于行业性质、业务内容等差异，必然存在多样化的成本核算需求和行业特点。因此，抽查检验成本核算体系的建立，应深入调研，充分了解各级、各单位抽查检验成本管理需求，充分了解抽查检验成本构

成差异，充分了解基层单位抽查检验成本核算及会计基础工作现状，才能对症下药，摸清抽查检验项目成本信息需求，规范抽查检验成本核算对象，合理设置成本项目与成本核算方法，科学建立抽查检验成本核算会计科目体系。

（三）规范成本核算会计基础，明确成本核算对象

按照《事业单位成本核算基本指引》的规定，抽查检验成本核算应当以权责发生制财务会计数据为会计基础，抽查检验有关明细科目设置和辅助核算应当满足抽查检验成本管理的需要；《事业单位成本核算基本指引》还规定，为满足成本控制需求和依据差异化原则，可将业务活动类型、项目、内部组织部门等分别作为成本核算对象。因此，抽查检验成本核算为满足公共服务定价需求，应以公共服务为成本核算对象；为满足内部绩效评价需求，应以抽查检验项目为成本核算对象；为满足外部绩效评价需求，应以政策和项目甚至单位整体等作为成本核算对象。因此，抽查检验成本核算对象，应同时满足以上多种需求，在基层抽查检验单位，分别建立以抽查检验项目和单位整体为成本核算对象的抽查检验成本核算体系，再由省级行业主管部门充分挖掘、分析利用基层抽查检验项目和单位整体成本数据，进一步利用会计信息化大数据分析手段，逐渐形成以抽查检验项目和其他政府公共服务项目为成本核算对象的政府成本核算体系，力争满足不同维度、不同层次及特定公共服务成本信息需求。

（四）明确成本构成及归集范围

抽查检验成本核算应使用“业务活动费用”“单位管理费用”“经营费用”等会计科目，按照成本项目进行归集，据此计算确定各成本核算对象的总成本和单位成本。抽查检验成本项目，应根据预算绩效管理和单位管理需要，按成本差异化原则进行细分。如：将药品细分为抗生素、化学药品、生物制品（血液制品）、中成药及中药饮片（中药材）；医疗器械细分为有源、无源医疗器械；化妆品和食品等也可根据管理需要适当细分。若无差异或差异较小则可不分类。

抽查检验成本核算的主要方法，应根据成本信息需求和具体的成本核算对象特点，分别选择完全成本法或制造成本法进行成本核算。当成本核算对象为单位整体时，应采用完全成本法，将单位所发生的全部耗费按照成本核算对象进行归集和分配，计算总成本和单位成本。当成本核算对象为抽查检验项目、抽查检验公共服务定价或单位内部组织部门、业务团队时，可以采用制造成本法，只将抽查检验业务或业务团队相关的费用计入成本核算对象，可不将单位管理费用等向成本核算对象分配。

（五）科学确定、合理分配直接成本与间接成本

抽查检验经济活动发生的各种耗费，按照发生耗费时能否明确成本核算对象，分为直接成本和间接成本。直接成本指发生耗费时能确定成本核算对象的成本，间接成本指发生耗费时暂时不能确定成本核算对象，需要先归集并于会计期末采用一定方法分配计入相关成本核算对象的成本。抽查检验直接成本主要包括实验耗材（检品、标准对照品、试剂试药、其他低值易耗品等）费用、直接人工（检验检测人员）费用等；抽查检验间接成本主要包括：抽查检验业务应分摊的检验设备日常维修费、水电费、差旅费、交通费用及固定资产折旧费、无形资产摊销费等，应选择合理的分配标准或方法分别计入各个成本核算对象的成本。

（六）亟待提升政府成本核算信息化水平

近年来政府机构改革不断推进，四川省药品监管体制几经变更，抽查检验成本核算会计信息系统也同步经历了多次变化，尤其是取消省以下垂直管理后，允许按当地财政要求或基层单位意愿，自行选择运用不同会计核算软件或会计信息化管理系统，原有的高度统一的四川省会计信息平台中抽查检验成本核算优势被削弱，导致抽查检验成本核算质量、效率的提升面临巨大困难。因此，加快规范四川省抽查检验成本核算方法，提升抽查检验成本核算质量，并将科学可靠的抽查检验成本数据应用于抽查检验成本补偿预算标准、政府购买服务定价和开展绩效评价，积极探索在四川省财政“预算管理一体化系统”嵌入会计核算模块推进政府成本核算，或积极利用现有会计信息化系统，借鉴药品监管系统抽查检验成本核算的成功案例，按照《事业单位成本核算基本指引》开展成本核算，加快提升政府成本核算信息化水平和财政资金使用绩效势在必行。

大数据时代对财务会计的影响

周佳丽

[摘要] 如今，信息技术飞速发展，各式各样的新兴媒体技术相继出现，它们的广泛应用在给各行各业造成冲击的同时，也给其带来了不少机遇。各行业均处于一个数据井喷式增长的“大数据”时代。财务会计作为社会发展、经济进步中不可缺少的重要组成部分，如何顺应时代的发展、凭借大数据时代的东风进行转型是财务会计的当务之急。

[关键词] 大数据　财务会计　管理会计　转型策略

一、大数据时代

（一）定义

人们经常笼统地说，大数据就是大规模的数据，这个说法并不准确。大规模只是指数据的量而已，数据量大并不代表一定有可以被深度学习算法利用的价值。根据马丁·希尔伯特的总结，今天我们常说的大数据其实是 2000 年后因为信息交换、信息存储、信息处理三个方面能力的大幅度增长而产生的数据。

大数据时代是 IT 行业的专业术语，麦肯锡咨询公司的创立者詹姆斯·麦肯锡最早提出了这一概念，他称：“如今，数据已经渗透到每一个产业和商业功能领域，成了重要的生产要素。人类对海量数据的挖掘与应用，预示着生产力的提高和消费剩余的新一轮浪潮。”现有的软件工具不可能用于提取、存储、搜索、共享、分析和处理大量和负载的数据集。简单来说，大数据时代是由数量浩大、结构庞杂、类型众多的数据构成的数据集合。

（二）特征

高德纳分析员道格·莱尼（2001 年）在一场演讲中谈到，数据增长朝着三个方向并面临不同的机遇和挑战：量（volume），即数据多少；速（velocity），即资料输入、输出的速度；类（variety），即多样性。而 International Business Machines

Corporation（国际商业机器公司）依据道格·莱尼提出的三个方向的机遇和挑战，提出了业界较为认可的4个V（即volume，velocity，variety，veracity）来概括大数据的特征。

（1）数量。大数据的特征首先体现在“大”，从一开始小小的Map3就可以满足的时代，已经转变为计量单位要以TB甚至要以PB（1 000个T）、EB（100万个T）或ZB（10亿个T）级别来衡量了。例如现如今非常火爆的抖音视频软件日活跃用户数已突破4亿，其中央视新闻、《人民日报》等主流媒体用户粉丝已超1亿，多数自媒体用户粉丝也有了上千万、百万粉丝，可见仅仅一个视频软件一天的浏览量数据之大。

（2）多样。也就是数据类型庞杂，不仅包括以往以储存文本为主的结构化数据，还包括网络音频、视频、地理位置信息、图片等非结构化数据，海量的数据来源奠定了大数据的基础，也决定了其多样性。

（3）价值。大数据的核心特征是价值。大数据最大的价值在于从海量的没有联系的各类数据信息中，通过机器学习方法、人工智能方法或数据挖掘方法，发现对今后发展、模型分析和预示有用的数据信息，对其进行全面的分析和理解，探讨全新的知识规律，从而运用于一些重点领域、尖端等领域，以此来达到提高社会水平、推进生产力发展、促进经济发展等一系列效果。

（4）速度。在数据处理速度方面，有一个著名的“1秒定律”，即要在秒级时间范围内给出分析内容，超过这个时间数据就失去价值了。大数据的“快”有两个层次：其一为数据产生得快，其二数据处理得快。在如今的大数据时代，“快”则代表着优势。

二、大数据时代对财务会计的影响分析

（一）财务数据来源产生的影响

根据上述大数据时代的特点可见，在带来便利的同时其带来的信息是海量的、实时的，这就意味着我们不仅要对海量的数据信息进行处理，还要对不同类型的数据信息给予不同侧重点的关注以达到全方位、多样化的了解和分析。大数据时代的数据信息一般可分为两种：结构性数据和非结构性数据。传统的会计信息是结构性数据，传统数据可被剖析、运用，甚至是采用；而大数据时代非结构性数据占绝大多数，会计人员往往会忽略掉隐匿在非结构性数据中的信息，但大数据时代同样也提高了会计人员对于非结构性数据的关注。财务会计要求信息真实、可靠、可追溯。要推动数据和信息使用的稳步改进，企业必须在大量数据和信息的基础上，总结符合企业发展需要的财务管理观点。企业财务数据量的不断增加，意味着企业财

务数据处理的难度和工作量增大。所以，要最大限度地减少数据系统的偏差，财务会计人员必须严格按要求核对财务数据相关信息，充分利用并发挥财务信息对企业发展的积极影响。

（二）会计计量产生的影响

大数据可以提供各种海量数据信息，使复杂的分析成为可能。大数据的重要性与日俱增，它将对财务会计产生巨大的影响。

首先是降低了历史成本计量的相关性。目前，是以历史成本为基础的会计计量属性基本框架。企业用资产的原始值，如房屋、设备和无形资产，来评估固定资产。但随着经济和信息技术的发展，尤其是大数据时代的到来，历史成本日益显现出种种弊端。一是历史成本是静态的，反映了过去的信息，但是经济和社会在不断变化，历史成本无法提供实时信息。二是越来越多的用户对财务报告的信息需求增加。他们越来越关注企业未来的发展，对财务信息提出实时、预知的要求。显然，历史成本无法满足这些需求。

其次，增强了公允价值计量的可靠性和可操作性。公允价值相对于历史成本计量有着无可比拟的优势。公允价值的优势在于：它体现了企业的经济本质，能为人们提供更加及时、有效的决策信息，实现收入与成本、合理的支出比例、资本结构、资产负债状况的稳定。另外，利用公允价值能够避免价格上涨对会计报表使用的负面影响。但当企业获得了公允价值信息，必然会出现“违背公允交易原则”的情况，从而使公允价值的运用无法达到最佳效果。但如果建立一个包括政府机构、金融机构、会计师事务所和其他企业的财务信息共享平台，则可实现数据的实时采集、分发、处理和存储。这样可以大大提高财务数据的可用性，帮助企业获得并确定与公允价值有关的变量。

三、大数据时代会计转型必要性

目前，我国企业为了获得长远发展，已经将经营模式由粗放型向细微型转变，其目标是实现企业的高质量发展。他们认为管理会计对于企业的长期发展尤其重要，并认为管理会计在当前企业中的地位日益突出。具体地说，公司财务会计向管理会计转变的必要性主要体现在两个方面：

（一）企业发展的要求

大数据时代，财务会计转型是经济高效发展的必然趋势。而财务会计向管理会计转型，有利于增强企业竞争力，促进企业健康发展。在经济全球化的背景下，市场竞争日趋激烈，想要企业资本有效运转，获得更好发展，需要将财务会计与管理会计相结合，发挥各自优势，弥补各自的不足，以便更好地为企业发展服务，从而促进企业的整体发展，提升核心竞争力。首先，管理会计的理论知识会为企业带来更多的价值，不局限于事后的判断，从事前、事中、事后各个环节来对企业经营的风险进行把控与预测，对于工作枯燥的财务会计来说更有探索和操作的魅力。其次，管理会计比财务会计发展前景更优、含金量更高、薪资水平更高，这使得管理会计更具有实用价值，对于财务人来说也是魅力无穷。在市场经济条件下，通过将二者融合，能够在有效控制企业营业成本的同时，强化企业在总体方面对于财务的管理工作，从而最大限度地促进企业生产效率的提升。

（二）大数据时代的驱使

传统意义的财务主要负责企业的记账和核算工作，通过记账反映企业日常交易业务处理，跟在数据的后面做总结对于正在发生或未来即将发生的企业经营业务不能实现动态管控和经营风险防御，也无法为企业管理者提供有效决策支持以应对被动局面，被自身职能所限制。特别是近年来人工智能等高新技术的发展和突破，一些规则性强、繁重又单调的财务数据处理工作已逐渐被机器人所取代，其优势在于可以 7×24 小时不知疲倦地工作，远远大于人脑处理繁重财务数据的速度，又没有职业风险并具有成本低廉等优点，该技术的应用对于财务人员来说是转型的必然趋势。

所以在当下，大数据时代已经推着财务会计不得不往前走，寻求转型的机会。据统计，截至 2018 年 6 月 30 日，全国会计专业技术中国注册会计师协会会员人数达 200 045 人，而自 CMA（certified management accountant，美国注册管理会计师）引进中国以来，据不完全统计 2018 年 CMA 在中国持证人员超过 1 万人，会员超过 3 万人。这一数据显示我国财务会计人员已经达到了高饱和状态，而管理会计人员则远远不足。“目前我国会计人才中，95%是财务会计，管理会计人才缺口达 420 万人”，这是一位资深会计专家给出的结论。这说明，如果财务会计在大数据时代不再寻求转机，依旧停步不前，那么就会被时代抛弃，被人工智能所替代。

因此，在企业发展的拉动和时代进步的推动的双重动力下，以大数据技术、云计算技术为依据，财务会计应寻求新的转机，使自身的价值得到提升，帮助企业实现高速、高质量的发展，获得更好的发展前景。

四、大数据时代下财会工作的转型策略

（一）优化管理者管理观念

目前，在我国中小企业中，有相当一部分企业财务者的管理思想僵化落后，忽视了财务管理的核心地位，使企业的管理局限于生产经营管理模式，企业财务管理

的功能没有得到充分发挥。管理者对于财务管理认识不足，没有摆脱传统观念的束缚，忽视了它对企业发展的作用。加上受宏观经济环境和体制变革的影响，中小企业融资难、融资贵问题突出，严重影响了企业的经济效益。所以，在高速发展的大数据时代的大环境下，企业要在残酷的市场竞争中生存下来并做大做强，就必须优化管理者的管理观念。

一方面，企业负责人要注重自我提升和完善，积极参与会计知识相关的培训，了解企业的经营活动与资金运动的运行规律和关系，明确会计核算系统与企业经营管理结合的重要性和必要性，从而提高自身的管理水平；另一方面，要积极引进会计专业人才，适当地赋予财务人员“代理权”，建立和完善企业管理会计制度，使财务人员能更好地把财务工作和公司管理工作结合起来，提高财务管理水平。编制财务报表，预测财务状况，提出合理、科学的战略目标和发展规划，以适应长期发展。

（二）加强财务队伍的专业性建设

大数据时代，会计工作方法已有很大改变。由早期的手工记账到新时代的计算机会计，对会计师提出了新的要求，必须向管理会计方向发展。金融分析能力和一定的数据处理能力将成为未来会计人员的必备技能。新的需求之外，会计人员还需要创造一种可视化数据语言，用它的统计和分析知识来“分解”数据的意义，然后再与决策者沟通。会计虽然不是电脑专家，也不是数据科学家，却需要能充分利用数据科学。会计业的未来依赖于财务、技术和信息的整合。财务、计算机技术、信息管理和其他行业的融合，使会计人员能够为企业高管和董事会创造更多的价值。

为了顺应未来时代的发展，财务队伍的专业性建设是十分必要的。在知识结构方面，应首先加强会计从业人员的职业道德建设。由于财务工作的特殊性，财务从业人员要特别重视德才兼备。基于这一点，选择那些敬业、诚实、客观、公正、工作认真、遵守原则的人，能够减少和避免违法乱纪的内在风险。其次，要注重会计基础课教育培训，加强对读写表和 Excel 表操作水平的培训，熟练应用财务软件、继续组织长期和持续的专业知识学习、促进理论与实践的融合转化等。如，开展内部定期周例会、年度考核会、业务知识培训、会计考试等活动，加强日常基础工作的培训，组织职工参加会计职称考试、税务会计考试、管理会计考试等，使专业层次纵向加深，横向扩大，提高认识和学习能力。

而在能力结构方面，对于刚入职的新人不能急于求成，应当按照先易后难的次序，逐步培养，打好财务基础，这是培养财务人员坚持原则、理清思路、提高效率的必要途径。财务报表的分析、内部管理报表分析是财务从业人员的基础能力，而强化管理思维完善内部控制、利用审计思维规范财务工作、融入业务，提升价值创造能力、提高协同作战能力等便是更高层次的能力拓展。可以通过定期轮岗这一措施，全面培养员工的专业技能。除此之外，通过内部培训等方式，提高财务人员的专业素质，实现财务人员业务素质全面提高。这一阶段，公司和相关部门首先要做的就是向员工灌输大数据的思想，鼓励财务人员学习大数据技术，并将其应用于财务管理。

（三）实行企业财务的信息化建设

在大数据的时代背景之下，为了构建更加稳定的企业财务系统，企业要注重在财务管理的工作中强化信息化建设。一方面，要加强系统的功能性建设，构建起一个完整、高效、便捷的财务管理信息化系统，对企业的转型发展起到促进作用。另一方面，要保证系统的稳定性和安全性，强化对风险的预测和规避，同时也要提前做好风险防范应急措施，以便当风险来临时能够及时地应对，为企业的信息安全提供保障。

企业管理未来发展态势之一，必然离不开企业财务管理信息化。其一，财务管理信息化实现了财务处理从线下向线上的转变，而且也极大地推动了信息技术在业务处理中的应用。由于信息与管理系统的联系日益密切，企业管理者必须了解到财务信息对组织结构、管理方法和思维模式的影响。其二，加大对信息技术的研究和开发投入。比如，在实施管理会计时，企业利用大数据和信息技术，建立内部财务操作系统，并在原有的基础上增加人力、物力投入。合理构建互动信息技术平台。与此同时，企业还应倡导各部门协助财务部门进行企业财务管理，促进企业内部全过程的信息流、资金流、工作流管理，提高企业内部的综合管理水平，实现内部资源共享，提高各部门之间的协作效率。所以，现代企业在构建信息平台时，应该重视互动共享平台的建设。

（四）构建前瞻性的大数据工作思维

在大数据时代，仅仅具备大数据的技术是远远不够的，大数据思维显得尤为重要。大数据时代下，信息量的产生和变化的速度进一步提高，财务工作同样需要前瞻性。近几年来各地纷纷开始了大数据会计人才的培养：熟知三种逻辑，具备一种思维。其中三种逻辑分别是会计逻辑，具备会计财务审计学科专业的知识；数据分析逻辑，具备大数据分析与处理技术的知识；计算机编程逻辑，具备机器学习和互联网云平台信息技术的知识。一种思维指战略思维，具有基于企业整体和长远发展的视野。

（1）会计逻辑。因为大数据的高速发展，有一种说法渐渐引起了人们的注意，人工智能会取代会计。而笔者认为取代的仅仅是会计处理工作，而不是取代会计专业或者会计职业。用一个极端的例子来解释，人工智能将一套完整的报表做出来，如果不懂会计的人员来看的话是很难通过报表看透背后的业务逻辑，也很难有效地利用它。其实会计也是一种算法，如果不懂它的话，你就很难去有效利用，很难理解，所以懂得会计逻辑这是一个非常重要的前提。会计逻辑是非常必要的，并且至今，会计仍是一个全面反映微观主体财务状况、经营成果和现金流量的系统，是不可取代的，没有哪一个其他的信息系统是可以取代会计的，所以在当下和未来一定要懂会计财务逻辑，而且必须熟练掌握。

（2）数据分析逻辑。还有人说未来的数据分析软件会越来越傻瓜化，但又有多少人能知道数据分析背后的逻辑。在大数据时代，即使软件可以直接把结果展现出来，不懂的人还是很难对其有效地利用，这跟会计逻辑是一样的道理。

（3）计算机编程逻辑。这其实就是机器学习和人工智能的基本逻辑，只有在清楚这个逻辑思维之后，在实际操作中对于智能化决策以及与实际的管理人员和技术人员去沟通的时候，才能知道它的技术可实现性和基本路径。

（4）战略思维。以前做会计或财务时，只要把自己的工作做好就可以了，但未来的大数据时代，在不需要具体的会计处理的情况下，一定是从更高的层面上去看待基于数据基础上的分析决策和管理，所以一定要具备战略思维。

五、结论

大数据时代的到来无疑给传统财会行业带来冲击和影响，会计核算不再是财会部门的工作重点，一专多能、甚至多专多能才是财务人的发展方向。时代的发展要求财会行业必须重视数据资源，建立重视管理会计预测分析职能的新型财务管理体系。作为财会行业的从业人员要适应大数据时代，就要协助企业制定适合时代发展的企业战略，协助创建新型的财务体系与模型，全面科学地掌控财务管理的方向。企业应重视管理会计的预测分析职能，建立新型财务管理体系，才能对财会行业在转型发展中遇到的问题提出解决措施和建议。大数据时代下财会行业必须建立以预测分析为中心的新型财务管理体系，财会从业人员也必须从财务会计向管理会计转型。

参考文献：

[1] 王鑫. 互联网环境下财务会计与管理新动向的若干研究 [J]. 商场现代化，2015，42（27）：184-185.

[2] 高琳. 大数据时代对财务会计的影响 [J]. 现代营销（下旬刊），2016（8）：118.

[3] 王力强，李丹. 大数据背景下财务会计向管理会计的转型研究 [J]. 企业改革与管理，2016（3）：2.

[4] 王冠卓，刘大旭，李硕熙. 大数据时代财务会计转型策略的构建 [J]. 经济研究导刊，2017（36）：2.

[5] 刘园. 浅析大数据背景下企业财务会计的转型路径 [J]. 山西农经，2018（15）：1.

[6] 陈柏融. 大数据时代对财务会计的影响 [J]. 财经智库，2019：2096-4609.

[7] 黄莹. 企业财务会计向管理会计的转型研究 [J]. 财会学习，2019（36）：2.

[8] 夏瑞之. 大数据时代下企业财务会计向管理会计转型刍议 [J]. 会计师，2020（3）：2.

[9] 朱莉莉. 基于大数据时代企业财务会计向管理会计转型的探究 [J]. 会计师，2020（15）：2.

固定资产管理问题及对策探讨

王秋平

[摘要] 加强对固定资产的管理，保证固定资产安全完整，提高固定资产使用的经济效率，有利于提高企业产品产量、降低成本，对企业实现战略目标起着至关重要的作用。固定资产使用时间长，几乎贯穿企业整个生产、销售过程。如何有效购置、管理、使用、处置企业固定资产，对于保证固定资产安全完整，提高企业生产能力，促进企业持续、快速、健康发展有着重要的意义。本文着重从固定资产投资、管理、处置等环节中容易出现的问题及改善对策等方面进行分析，并提出针对性对策，希望能为相关企业提供参考借鉴。

[关键词] 固定资产管理　账实相符　处置

一、引言

企业每年投入大量的资金购置各种固定资产，目的是提高企业的生产能力，推动技术进步。但是由于部分企业对固定资产管理认识不到位，认为能为企业带来效益的只有市场，因此只重视市场开拓和产品开发等环节，不重视固定资产管理。随着时间的推移，企业很难及时、清楚地知道固定资产的真实情况，给企业生产经营带来了不利影响。企业只有对固定资产做到统筹规划、合理配置、正确使用、精心维护才能为企业实现战略目标提供强有力的保障。

二、企业固定资产管理的重要意义

固定资产是企业为了生产产品、提供劳务、出租、出借等生产经营活动而持有的、使用时间超过一年或一个营业周期的非货币性资产，包括房屋建筑物、机械设备、运输设备等。固定资产是企业实现价值的手段，也是企业赖以生存的重要资源，管理好固定资产不但能让其本身经济价值充分发挥，还可降低企业成本，提高企业生产经营效率，实现企业的价值。

三、企业固定资产管理中存在的问题

（一）固定资产管理制度不健全，资产管理责任不明确

固定资产作为企业重要的组成部分，应该对其建立有效的管理办法确保资产的安全完整、有效使用。但现实中，很多企业特别是规模不大的企业不重视固定资产管理制度的建立，资产从增加、使用、保管、报废均没有相应的制度进行监督、约束，导致企业大量资产还没有达到使用年限就提前报废，或新增的资产不符合生产需要成为闲置无用资产等，给企业带来巨大的经济损失。

（二）盲目投资形成无用资产

新增固定资产投资，不管是外购还是新建、改建、扩建等都应以提高企业效益，促进企业持续、快速、健康发展为前提，按企业内部管理流程先论证审批后购置。个别企业在重大项目投资决策上，不以企业效益为出发点，倾向于揣摩或服从领导意图，按领导意见办事，其项目可行性研究测算报告也就失去参考价值，导致盲目投资扩张，造成巨额的投资失败，大量资金沉淀形成无用资产。

（三）不重视日常维护和保养，使用寿命大大缩短

每一类资产都有各自的使用寿命，如果平常使用保养得当，不但能在正常的使用寿命内使用，还有可能延长其使用寿命。当下很多企业为了降低修理费用或实现当期的利润目标，未对资产进行正常的维护和保养，等到资产出现问题的时候再去修理，这样不但缩短了资产的使用寿命影响生产效率，而且还存在一定的安全隐患，可能会造成企业更大的损失。

（四）定期盘点形同虚设，造成账实不符

固定资产由于使用周期长、使用量大、使用地点分散等特点，管理难度非常大。一般的企业为了确保资产账实相符，要求每年进行一次全面清查，以确保固定资产在一定时期的实存数与账面数一致，防止出现固定资产盘亏的情况。但在实际工作中由于资产管理部门、使用部门和财务部门等责任划分不明确，以及领导不够重视，每年盘点只是做做样子，盘点一般都以财务账面数为准，象征性地抽查几个资产应付了事，盘点结果都是账实相符。

（五）资产报废处置不规范

由于设备磨损或陈旧以及由于技术进步，必须由先进技术设备替代等原因，原有固定资产已不能满足企业生产经营需要，需对原有固定资产进行报废处理，报废的资产在企业财务账面下账，必须对报废资产实物马上进行处置。但现实中，有的报废资产由于种种原因一直未被处理掉；有的资产原本还有利用价值，但由于长时间无人管理，最终变成废铁一堆；有的设备上有些关键零部件也被人拆走，使得企业报废资产失去了应有的价值。

四、企业固定资产管理问题的改善与对策

（一）完善企业固定资产管理内控制度

为了确保资产安全完整有效使用，企业应根据国家相关法律法规结合企业自身实际情况建立健全固定资产管理内控制度，从固定资产申请、增加、保管、转移、维修、报废、变卖、奖惩等全过程做到有章可循。首先，企业应对固定资产管理实行“分级负责，授权管理”的管理方式，对于重大资产购置、处置申请等要集体决议或执行联签制度；其次，企业应成立固定资产管理主管部门，负责指导各单位建立固定资产实物管理台账，对各单位固定资产实物进行动态跟踪管理，促进各单位固定资产的合理配置；最后，各单位应建立健全固定资产岗位责任制，做好固定资产日常维护保养等。

（二）加强投资管理，防止盲目投资

为了满足企业可持续发展，企业需要投资固定资产，以增强企业的综合竞争实力。为了防止盲目投资给企业带来的经济损失，企业在进行投资前必须进行充分论证，做到理性投资。首先，项目在投资之前必须对项目进行可行性分析，落实建设条件、政策、市场、技术、经济效益等决策依据，拟定建设方案、规模、方式、投资估算等，编制完成投资项目书，根据企业“三重一大”的原则对投资项目进行审批。对于重大固定资产投资项目企业应充分认识所需投资的固定资产项目中存在的各种潜在风险因素及发生损失的可能性，按企业承受风险的能力，决定是否进行投资。其次，在固定资产投资实施过程中，企业应结合投资论证工作，深入、广泛收集相关资料与信息，以掌握准确、可靠的资料，并对固定资产投资实施的必要性、技术应用的可行性、经济运行的合理性进行科学的论证。最后，投资项目建成投产后，企业要对项目立项、设计、决策、建设、生产等全过程进行系统分析，对投资项目取得的经济效益、社会效益和环境效益等进行综合评估。通过对比投资前的预测情况和投资后评估调查到的实际情况，找出偏差和变化，总结经验和教训。

（三）加强日常维护保养，提高资产使用效率

为了使固定资产保持良好的技术性能和状态，企业应对固定资产进行日常维护、定期检测、检修等。企业应在安排年度生产计划的同时安排好年度检修计划及月度检修计划，按设备的特性及使用情况检修，一般分为大修、年修、中修、小修（定修）等，对各类检修应坚持“依靠技术、确保生产顺利”的维修方针，按照以“预防为主、修改结合”的基本原则，广泛采用新技术、新材料改造旧设备，不断提高其使用效率。企业在对设备进行检修时必须严格遵守检修规程，认真执行检修

技术质量标准和检修定额标准，保证检修质量，缩短检修工期。同时企业应积极推进检修体制改革，采用现代化的设备管理理论和方法，实施设备的动态管理和适时检修，提高检修的社会化和专业化。

（四）定期盘点，确保账实相符

企业应该严格执行固定资产清查制度，每年至少全面清查盘点一次，及时掌握固定资产使用状况，确保账实相符。首先，在盘点清查之前应先成立盘点工作领导小组，主要负责盘点工作的总体组织、安排、协调、督导和对盘点结果进行审核；领导小组下设盘点工作小组，主要负责制定盘点方案、编制盘点报表、对盘点工作进行总结等。其次，实际盘点时不能仅仅盘点固定资产数量的多少，还应检查有无固定资产目录、标号，是否按规定建立固定资产卡片，有无闲置不用的资产等。最后，应将盘点结果形成专项盘点报告，对盘点过程中发现的问题和不足提出合理的意见及建议，并要求按规定进行整改。对盘亏的固定资产企业应查明原因，经企业领导审批后进行账务处理，并追究相关人员责任。对盘盈的固定资产按同类或类似资产的市场价格，减去按该项资产的新旧程度估计的价值损坏后的余额进行账务处理，经企业领导审批后，由产权单位重新办理固定资产新增手续。

（五）加强固定资产处置控制，防范资产流失

企业固定资产报废的原因有很多，一方面由于长时间的使用，有不同程度的磨损，已无法修理，难以再继续使用确需报废；另一方面由于原设备还可以继续使用，但由于技术进步、产品结构调整等原因，不能满足生产经营所需，需要购置新的设备。资产一旦报废就形成了账外资产，为了避免报废资产流失，企业应对已报废资产进行及时处置。为了将报废资产价值最大化，企业应成立资产实物技术鉴定小组，报废小组对报废资产进行鉴定后出具鉴定意见。必要时可委托有相应资质的专业机构进行技术鉴定，出具鉴定报告。处置方式应该多样化，尽量给企业创造效益，减少损失。一方面对仍有应用价值的资产进行充分利用；另一方面对确实没有使用价值的资产应尽快对外出售，出售时在不低于净残值和废钢价格基础上做到效益最大化。对于未及时处理完毕的报废资产，应有专门的部门、人员对报废资产进行集中统一管理，尽快处理完毕，减少损失。

五、结束语

固定资产是企业的重要资产，是企业劳动的手段，也是企业赖以生产经营的主要资产，能够长期的、重复使用的资源。因此，企业应加强对固定资产的管理，确保固定资产的安全完整，充分挖掘潜力，不断改进固定资产利用情况，提高企业固定资产使用效率。这不仅有利于增加企业产品产量，增加产品品种，提高产品品质量，降低产品成本，还可以节约企业建设资金，以有限的资金扩大企业资产规模，增强企业竞争实力。

参考文献：

[1] 解淑芳. 企业固定资产管理的现状及完善对策 [J]. 现代经济信息，2017（24）：286-286.

[2] 乔军华. 浅谈企业固定资产管理中常见的问题及应对措施 [J]. 中国建材，2017（4）：122-124.

[3] 方秀芹. 工业企中固定资产管理中存在的问题及解决对策 [J]. 财务审计，2019（13）：125，130.

[4] 张丽霞. 企业固定资产管理的现状及对策 [J]. 现代营销（信息版），2019（5）：132.

[5] 郭慧. 内部控制在国有企业固定资产管理中的运用分析 [J]. 科技经济导刊，2019，27（4）：192-193，162.

行政事业单位财务管理篇

事业单位成本核算现状及提质增效对策研究

张芮可　陈建西

[摘要] 随着政府会计准则制度、事业单位会计核算基本指引的实施，事业单位成本核算成为理论研究者和实务工作者关注的焦点。按政府会计准则制度及事业单位成本核算的要求，建立健全并不断完善事业单位成本核算体系，将大大提升事业单位成本核算的质量，进一步提高和促进事业单位预算绩效管理水平和内部治理体系治理能力现代化建设。

[关键词] 事业单位　成本核算　问题　对策

随着财政管理体制改革的不断深化，政府会计准则制度、全面预算绩效管理制度的实施，事业单位原有的以收付实现制为基础的会计核算体系已不能满足财政精细化管理的要求。2019 年 12 月 17 日，财政部制定了《事业单位成本核算基本准则》（以下简称《基本准则》），以推动事业单位加强成本核算，提高单位内部管理水平和效率，为夯实绩效管理基础提供了依据，也对更好地适应新的经济形势提出了新的要求。因此，如何建立健全并不断优化事业单位成本核算体系，加强和规范成本核算，提升事业单位成本核算效益，这是一个亟待研究和解决的重要课题。

一、事业单位成本核算相关要求

《政府会计制度》的实施及《基本准则》的颁布，都要求事业单位必须注重成本效益、硬化责任约束、准确核算事业单位成本，以此推动事业单位成本核算朝着规范化的方向发展，从而达到控制成本支出，避免损失浪费的目的，具体要求如下：

（一）全面引入权责发生制

《政府会计制度》的实施为事业单位成本核算提供了前提，而《基本准则》规定成本核算体系应以权责发生制为基础，并且财务会计中的明细科目设置需要满足成本核算的需要，以此通过成本核算工作客观准确地反映事业单位成本信息，提高财务管理水平。

（二）遵循六大原则

《基本准则》明确规定事业单位进行成本核算应当遵循“相关性”“可靠性”“适应性”“及时性”“可比性”“重要性”六项原则，以确保成本信息的价值与实际意义。

（三）确定成本核算对象

成本核算过程中归集和分配费用的承担者是事业单位成本核算的对象。事业单位的成本核算对象应根据事业单位的职能目标、所在行业的特点和不同的成本信息需求来确定。事业单位成本核算的常见对象有：业务活动类型、公共服务或产品、政策或项目、单位整体、内部组织部门和业务团队。一般来说，事业单位应根据其职能目标确定业务活动的主要类型，并将其作为成本核算的基本对象。此外，也可以根据不同的成本信息需求确定其他成本核算对象。

（四）成本项目和范围

单位成本项目的设置应与《政府会计准则》中“加工货物”“业务活动费用”和“单位管理费用”等科目相协调。不属于成本核算对象的耗费，将不计入成本核算对象的成本中。

（五）选择成本核算的方法

成本核算方法的选择，将直接影响到事业单位提供的成本信息的准确性。根据《基本准则》的相关规定，事业单位应根据成本信息的需要，选择完全成本法或制造成本法分别对具体的成本核算对象进行成本核算。

事业单位的成本核算对象为整个单位或者主要业务活动的，可以采用完全成本法。如果成本核算对象是公共服务或产品、项目、内部组织部门或业务团队的，可以采用制造成本法。

（六）成本的归集

成本的归集指的是通过会计系统以有组织的方式收集成本数据。事业单位一般通过“业务活动费用”“单位管理费用”等会计科目，按成本项目归集各项费用的实际成本。当成本核算对象是自制或委托单位加工的各类物品、建设工程项目、自主研发项目时，应当分别通过“加工物品项目”“在建工程”“研发支出”等会计科目进行核算，按成本项目归集汇总并结转实际成本。

（七）成本的分配

成本分配是将间接成本分配到特定核算对象的过程。事业单位发生的费用，按照其计入成本核算对象的方式的不同，分为直接费用和间接费用。直接费用是指可以确定由某一成本核算对象承担，并应按相应的成本项目类别直接计入成本核算对象的费用。间接费用是指不能直接计入成本核算对象而应按合理分配标准分配到各成本核算对象的费用。事业单位应当根据其经营业务特点和资源耗费方式，合理确定间接费用的分配标准。间接费用的分配标准一般遵循因果关系和效益原则，根据工作量占比、资源消耗占比、收入占比等资源驱动因素，对资源耗费进行跟踪或分配到相关成本核算对象。

二、事业单位成本核算目前存在的问题

事业单位成本核算长期以来执行的是预算会计制度，该制度以收付实现制作为会计核算基础，并对部分经营性质的业务采用权责发生制进行会计核算，与事业单位会计核算基本指南的要求存在较大差距。《基本准则》出台并实施后，事业单位的成本核算制度转变成了以权责发生制作为会计核算基础的财务会计制度，为成本核算工作的开展奠定了基础。但在实际操作层面，国家暂未出台相应的成本核算实施细则，经调研发现事业单位的成本核算存在诸多问题：

（一）事业单位成本核算工作较为烦琐

由于事业单位成本核算项目的资金来源各不相同，其来源涵盖了中央、省、市、县（区）等各个层次，且事业单位的成本核算在实际操作过程中，各项目、各层次没有明确统一的成本核算要求，导致不同项目或同一项目的不同层次对事业单位成本核算的要求与细节不尽相同，使得事业单位成本核算的工作较为烦琐，加大了事业单位成本核算的难度。

（二）事业单位成本项目构成不同

即使在项目相同的情况下，各事业单位在成本核算的过程中，对成本项目构成的确定也存在不相同的情况。不同事业单位对相同项目进行成本核算时确定的成本项目构成不同，导致对成本核算成果无法准确地进行对比分析，这使得事业单位进行成本核算的价值没能充分体现与利用。

（三）事业单位成本项目归集数据存在差异

不同的事业单位对成本项目归集数据的判断依据不同，也是目前事业单位的成本核算较为混乱的原因之一。例如差旅费这一成本指标，其数据是仅计算在编人员的差旅费，还是记录所有工作人员的差旅费，对此不同事业单位有不同的认知和做法，这同样也会导致不同事业单位成本核算的数据差异较大。

三、事业单位成本核算体系优化设计建议

在不违背《事业单位会计准则》和《事业单位财务规则》基本原则的基础上，

要提高事业单位成本核算质量、加强成本核算工作、充分利用成本核算价值，则需要在《基本准则》的要求下，在事业单位内部建立一套规范的成本核算体系：

（一）合理设立成本核算一级会计科目

要建立规范的成本核算体系，首要任务便是准确设立成本科目。依据《基本准则》，事业单位的成本费用科目包括“业务活动费用”“单位管理费用”“经营费用”等一级会计科目。

（二）合理设立成本核算明细会计科目

除一级会计科目外，事业单位的成本核算应根据事业单位的行业特点、业务运行情况和管理需要，设立明细核算科目。

三大一级会计科目下，可具体细分为“工资及福利支出”“商品及福利支出”“累计折旧”。其中，“工资及福利支出”包括“基本工资”“津贴补贴”“绩效工资”“社会保障”四项；“商品及福利支出”又包括“专用材料费”“劳务费”“办公费”“工会经费”“福利费”等细项。

（三）合理设立成本辅助核算科目

除设立成本核算会计科目外，要适应和满足不同管理主体对成本核算信息的不同管理目的，建立健全事业单位辅助核算科目体系必不可少。

建议事业单位成本核算按“成本核算对象”“资金渠道”“专项项目”“支付对象”等建立辅助核算科目体系。其中，“成本核算对象”应按照“单位对象”及“项目对象”进行划分：“单位对象”包括“单位总体”“处科室”“研究团队”进行设立；“项目对象”则按事业单位业务工作类别或管理要求分别设立，如药品抽查检验项目设立“抽查检验项目”“社会委托项目”及“科研项目”等。

综上所述，为提升成本核算的质量、增加成本核算的效率、解决成本核算的问题，各事业单位应严格遵守《基本准则》的相关要求，在单位内部搭建规范的成本核算体系，以此提升成本核算效益、促进事业单位成本核算的现代化建设。

公立医院对自有资金的全面预算绩效管理路径探索

孙洁

［摘要］在公立医院高质量发展的时代背景下，公立医院预算绩效管理要求管理范围从财政资金延伸到了自有资金。面对当前公立医院在自有资金的全面预算管理和预算绩效管理中存在的问题，要探索符合公立医院自身特色的预算绩效管理路径，以全面预算管理过程为主线，实现预算绩效管理的全面性，做到全方位、全过程、全覆盖；以公立医院绩效考核目的为导向，建立预算绩效管理过程的 PDCA 循环，实现全面预算绩效管理的良性闭环；有效开展内部绩效审计和监督，形成独立审计监督体系；建立预算绩效评价结果的反馈和应用机制，有效应用绩效评价结果；形成以战略为导向，预算过程为主线，包含绩效计划、实施、控制和反馈的完整绩效管理体系；实现全面预算管理与全面预算绩效管理并驾齐驱，一体化发展，使全面预算管理由单纯的资源配置工具转变为约束和管理医院活动的工具，促进公立医院高质量发展。

［关键词］公立医院　高质量发展　全面预算管理　全面预算绩效管理

本文从公立医院自有资金的预算绩效管理出发，探索公立医院自身预算绩效管理流程，形成 PDCA 循环，突出预算绩效管理的全面性，包括：全方位、全过程、全覆盖。运用绩效管理手段，最大限度地发挥全面预算管理效能，实现全面预算管理与全面预算绩效管理并驾齐驱，一体化发展，最终构建预算绩效管理良性闭环，从而使全面预算管理由单纯的资源配置工具转变为约束和管理医院活动的工具，促进公立医院高质量发展。

一、公立医院开展全面预算绩效管理的必要性

2018 年 9 月颁发的《中共中央国务院关于全面实施预算绩效管理的意见》，要

求建立全方位、全过程、全覆盖的预算绩效管理体系，实现预算与绩效管理的一体化，我国进入了全面实施绩效管理时代。2020年12月国家卫建委、国家中医药管理局印发《关于印发公立医院全面预算管理制度实施办法的通知》《公立医院内部控制管理办法》，明确指出医院应强化预算绩效管理，探索构建核心预算绩效指标体系，建立全过程预算绩效管理机制，从而对公立医院预算绩效管理提出了明确的要求。2021年5月《国务院办公厅关于推动公立医院高质量发展的意见》（以下简称《意见》）的颁发，提到要实施预算绩效管理，强化预算约束，促进资源有效分配和使用，从国家的层面对公立医院预算绩效管理提出了要求。因此，从政策背景来看，公立医院不仅要强化全面预算管理，还需要同步强化全面预算绩效管理。而从公立医院自身发展背景来看，《意见》与2021年5月《国务院办公厅关于印发深化医药卫生体制改革2021年重点工作任务的通知》，都明确指出坚持和强化公立医院的公益性导向，全面开展公立医院绩效考核。那就说明公立医院的自身发展方向是明确的，必须坚持公益性，必须按照国家确定的绩效考核标准去发展。要把控公立医院的发展方向，就需要我们构建以战略为导向，预算过程为主线，形成绩效计划、实施、控制和反馈的完整绩效管理体系。

二、目前公立医院全面预算绩效管理存在的主要问题

（一）全面预算管理与预算绩效管理意识都不足

大部分的公立医院仍存在或多或少的旧的管理体制思想，不重视预算管理，使自身预算管理仅仅成为形式化的迎检需要，并未真正认识到全面预算管理的重要性和必要性。当然，这与管理层的意识有很大的关系，但也与公立医院历史形成的财务专业技术人才匮乏有一定的关系，因为财务人员并未让自己的管理层感觉到全面预算管理的作用。在这种预算管理意识淡薄的情况下，自身预算绩效管理显然也会缺失，更不会认识到预算绩效管理的必要性。

（二）预算绩效管理范围不全面

公立医院自身的预算绩效管理应结合全面预算管理，体现全面性，而不应只是单独项目的绩效管理，因目前公立医院自身的预算绩效管理尚处于起步、探索阶段，往往无法实现全面、综合的预算绩效管理。

（三）预算绩效管理实施过程缺失

全面预算绩效管理同全面预算管理一样，是一个过程，同时这两个过程是同步的，这个过程包含计划、实施、控制和反馈。在目前的公立医院全面预算绩效管理体系建设的探索阶段，往往无法形成一个完整的体系，存在过程缺失的现象。

（四）预算绩效评价指标单一或不科学

绩效评价是绩效管理的核心之一，而评价中最为重要的是指标体系的建设，绩效指标体系应根据绩效目标的需要而设计，更应关心与医院战略目标相关的指标。而目前的公立医院普遍缺乏科学有效的预算绩效评价指标体系，存在指标体系不完善、与医院战略目标脱节、指标不明确、指标不可度量等情况。

（五）预算绩效评价结果缺乏有效激励

绩效评价另一个核心内容是激励管理，评价结果的有效应用能激励绩效导向。目前公立医院往往缺乏预算绩效评价结果的有效应用，当然这也与医院整体预算绩效管理制度、评价体系的构建等的完善程度有很大的关系，所以出现评价结果的应用往往流于形式，没有充分发挥其该有的效能的现象。

三、公立医院对自有资金的全面预算绩效管理路径建议

公立医院的资金组成有财政资金和自有资金两部分，为保证公立医院的公益性，政府给予公立医院财政项目资金支持，但对于公立医院的发展这只是杯水车薪。公立医院的发展更多地依靠自有资金，所以在财政项目资金绩效管理日益完善的今天，公立医院应更多地通过学习、借鉴建立医院自有资金的预算绩效管理体系。

（一）以全面预算管理过程为主线，实现预算绩效管理的全面性，做到全方位、全过程、全覆盖

从绩效管理的范围来看，预算绩效管理的范围应由单一项目预算或支出预算扩展到所有预算管理的项目，包含业务、收入费用、筹资投资等；而评价资金的范围应为医院所有来源的自有资金。

从绩效管理的过程来看，预算绩效管理应与全面预算管理的全过程保持同步。在预算编制环节开展绩效评估，围绕预算目标，形成绩效计划；在预算执行环节实施绩效计划，与预算监控同步，进行绩效控制；在决算环节实施绩效评价并进行应用。

从绩效管理的对象来看，绩效评价的对象应包含医院所有科室，即包含预算执行的所有科室，也包含预算归口管理的所有科室，同时也包含预算组织机构涉及的相关科室。

（二）以公立医院绩效考核目的为导向，建立预算绩效管理过程的 PDCA 循环，实现全面预算绩效管理的良性闭环

坚持公益性始终是公立医院不变的准则，而国家对公立医院实施绩效考核的导向，明确了公立医院的发展方向，公立医院只有以此为基础，做好战略规划，才能

获得高质量的发展。

在预算绩效管理过程中，建立 PDCA 循环过程，融入医院战略规划，通过拟订绩效计划（计划）、实施绩效计划（执行）、进行绩效控制（执行）、开展绩效评价（检查）、评价结果应用（处理）过程的循环，形成全面预算绩效管理的良性闭环。通过周而复始的循环，不断持续解决存在的问题，逐渐提高全面预算管理效能和质量，逐步实现绩效管理目标，完成医院的战略规划。

在循环的过程中，需要重点强化的工作有：第一，以国家对公立医院的绩效考核导向为核心确定医院战略规划，以医院战略规划为指导确定绩效目标，形成绩效计划；第二，建立绩效目标的动态调整机制，并确保落实主体责任及实施，做到有效公开；第三，在预算编制环节突出绩效目标导向，通过绩效目标与预算编制的流程同步，推进事前绩效评价与预算编制的结合，而在事前绩效评价时，探索成本预算模式；第四，加强过程中的绩效监控与跟踪，并采取合适的控制手段；第五，强化绩效评价结果的刚性约束，不仅仅将结果应用于管理人员的当期考核，形成激励，还应将评价结果应用于下期预算审批过程，将问题循环至下一个预算周期，并进行有效的处理，从而形成预算绩效管理的良性闭环。

（三）有效开展内部绩效审计和监督，形成独立审计监督体系

公立医院往往未独立设置绩效管理委员会，对于预算绩效管理的实施机构往往只是预算管理委员会本身或预算管理委员会下设机构，管理部门或管理人员也是几块牌子一班人马，不利于对管理过程的有效性进行监督。因此，应建立独立的审计与监督机制，由公立医院组织机构中的审计办公室和纪检监察室组成独立的审计监督体系，审计办公室负责对预算绩效管理开展专项绩效审计工作，重点对医院年度计划执行情况、医院制度规范落实情况、重大支出项目预算绩效管理情况等进行跟踪审计，同时也对绩效结果产生的原因进行跟踪。而纪检监察室负责对预算绩效管理过程中的违规违纪情况进行督查。审计与监督对预算绩效管理过程进行双监控，规范管理过程，强化预算绩效结果的应用和改进，为预算绩效管理良性闭环的建立发挥重要作用。

（四）建立预算绩效评价结果的反馈和应用机制，有效应用绩效评价结果

绩效评价结果的有效应用，应建立预算绩效评价结果反馈和应用机制，将绩效评价结果及时反馈给预算管理部门和执行科室，要求其根据绩效评价结果，完善管理制度，改进管理措施，提高管理水平，降低支出成本，增强支出责任；应将绩效评价结果作为安排以后年度预算的重要依据，优化资源配置；应将绩效评价结果向医院预算管理委员会报告，为预算管理委员会做出决策提供参考，并作为实施履责问责的重要依据；应逐步提高绩效评价结果的透明度，将绩效评价结果，尤其是医院职工关注度高、影响力大的发展项目和重点项目绩效情况，依法向职工代表大会公开，接受职工代表的监督。

通过绩效评价结果的有效应用，将预算落到了实处，不至于让预算成为空谈。预算绩效评价结果反馈和应用不仅是本次预算管理的结束，还是下一次全面预算绩效管理的开始。因为每一次预算管理的结果，对下一次预算绩效管理都能起到积极的启示和引导作用，每一次预算目标的实现，都是一步步向实现医院长远目标的靠近。医院要有效实施全面预算绩效管理，必须建立健全科学的预算考核与奖惩机制，通过成立预算考核和奖惩机构、制订预算考核制度、确定预算考核指标、执行预算考核方法和预算奖惩方案，不断提高预算管理的规范性和严肃性，更加科学合理的安排预算资金。

总之，《国务院办公厅关于推动公立医院高质量发展的意见》的出台，从国家层面为公立医院的发展指明了发展方向。加强全面预算管理，有效实施预算绩效管理是提升公立医院高质量发展新效能的要求，两者的一体化发展才能真正有效的分配和使用资源，最终使全面预算管理成为约束和管理医院活动的有效工具。公立医院要积极探索全面预算绩效管理的实施路径和方式，理顺全面预算管理与全面预算绩效管理的关系，找准两者间的切合点，建立适应公立医院自身特点同时又能有效发挥绩效管理作用的全面预算绩效管理体系，使其成为推动公立医院高质量发展的动力源之一。

参考文献：

[1] 曹堂哲，李方旺. 基于预算绩效的政府战略性绩效管理新形态：问题、逻辑与实施路径（J). 兰州大学学报（社会科学版），2019，47（5）：61-70.

[2] 马蔡琛，桂梓椋. “十四五”时期中国预算绩效管理改革的路径选择［J]. 学习与探索，2021（4）：104-110.

[3] 雷佳宏. 公立医院预算绩效管理分析与探索［J]. 中国卫生经济，2019，38（5）：86-88.

[4] 王亚兰. 基于内部控制的公立医院预算绩效管理探析［J]. 卫生经济研究，2020，37（10）：69-71.

行政事业单位国有资产管理及内部控制应用

朱蓉

[摘要] 近年来，行政事业单位国有资产管理工作初步构建了管理制度框架，其资产配置、使用、处置等管理环节逐步规范。但距国有资产配置科学、使用有效、处置规范、监督到位的管理要求还有一定的差距。本文针对行政事业单位国有资产管理中存在的问题提出运用内部控制的方法进行管理并提供参考建议。

[关键词] 行政事业单位　国有资产管理　内部控制应用

一、国有资产管理中存在的问题

（一）资产管理与预算管理和财务管理脱节

一是年初漏编或乱编资产购置预算，根据预算配置的资产不能满足工作需要。二是资产管理部门不按预算执行，影响预算执行进度。三是单位购置、接受捐赠、调拨的资产不及时入账，造成账实不符。

（二）资产配置标准和合理流动机制缺乏

一是行政事业单位资产配置缺乏标准，致使资金充裕的单位追求办公条件完备而不考虑资产使用效率，而资金不足的单位需购置的资产不能及时到位，造成资产配置不均。二是部门所有的意识很强，跨部门调拨资产的机制不健全、资产合理流动很难实现，致使国有资产闲置浪费与资产短缺并存。

（三）资产使用管理处置不规范

一是领用资产时不履行手续或领用手续不完善，没有完整地登记所领资产的详细情况。二是资产使用人工作变动时没有办理资产移交手续。三是资产维护维修不履行手续或丢弃不用又重新购买。四是出租出借资产随意、收入不入账、对租借资产不闻不问。五是房屋、土地等资产不办理产权证书，资产登记、变更、注销手续办理不及时，国有资产登记年检不及时。六是资产报废时有账无物，处置净收益不按规定上缴国库，未经批准擅自处置。

（四）公共基础设施等行政事业性资产管理混乱

一是部分单位对承担的公共基础设施、保障性住房、政府储备物资、文物文化等项目建设十分重视，但对建成后的资产是否纳入单位管理的重视不够。二是部分公共基础设施等行政事业性资产免费服务于社会公众，没有资产保值增值的压力、没有后期管理和考核的要求。三是部分项目的建设单位与建成后的管理单位不一致，部分项目存在多头管理的情况，部分项目由临时建设指挥部或企业代建后存在资料不完整、未办理移交、未办理产权等情况。四是由于资产存量巨大、投资主体多、时间跨度长、历史资料不全、产权不明等原因致使清查核算成本和难度极大。五是资产价值评估专业性强、费用高，单位对清查和评估缺乏积极性和主动性，大量资产仍游离于账外。六是没有按照“谁承担管理维护职责由谁入账”的要求对公共基础设施、保障性住房、政府储备物资、文物文化等资产分类登记入账。

（五）国有资产管理基础薄弱

一是部分单位没有设置资产管理部门、没有明确资产管理的职能职责、没有设置资产管理岗位、没有配备专人管理资产，特别是基层单位的资产管理人员身兼数职，资产管理只是兼职工作。二是部分单位没有制定专门的国有资产管理制度，其制度没有明确资产配置、验收、移交、领用、保管、处置、核销、登记、清查、核算、报告的要求和管理流程，没有实现资产管理信息化。三是部分单位没有建立资产管理决策机制，资产管理中的不相容岗位没有做到有效分离，没有梳理资产管理风险点，没有细化资产管理流程。

二、加强国有资产管理的举措

（一）明晰主体责任，健全制度机制

（1）落实主体责任。国有资产管理的主体责任由行政事业单位承担，将资产管理的责任落实到单位负责人、资产管理人和资产使用人，切实做到责任到人。

（2）健全完善制度。针对资产配置、验收登记、核算入账、领用移交、维修保管、清查盘点、出租出借、对外投资、回收处置、绩效管理等重点环节健全完善制度，做到操作规程明确、管理流程清晰、管理程序规范、管理责任可查。

（3）构建管理机制。建立资产管理决策、配置、使用、处置、报告机制，强化对资产配置、使用、处置等关键环节的管控。加强资产管理部门与采购、财务、人事等部门的沟通协作，形成管理合力。

（二）强化管理基础，确保家底清晰

（1）规范资产核算。按政府会计制度要求设置资产账簿，对资产增减变动及时进行会计处理，定期与实物资产进行核对，确保账实相符。对已投入使用但未办理竣工决算的在建工程，应按规定及时转入相应资产。按“谁承担管理维护职责由谁入账”的要求对公共基础设施、保障性住房、政府储备物资、文物文化等资产进行分类核算。

（2）规范登记管理。规范资产卡片登记管理，做到有物必登、登记到人、一物一卡、不重不漏。对权证手续不全、单位长期占有并实际控制的资产，应建立并登记资产卡片；对租入的资产，应当单独登记备查。资产卡片应载明资产基本信息、财务信息、使用信息，并随资产全生命周期管理动态更新，在国有资产年度报告中如实反映。

（3）做细清查盘点。定期或因需要对管理的资产进行清查盘点，每年至少盘点一次，全面掌握并真实反映管理资产数量、价值和使用状况，确保账账相符、账实相符、账卡相符。盘盈的资产按规定合理确定价值，按权限报批后登记入账；盘亏的资产应查明原因、及时规范处理。

（4）做好权属管理。及时办理土地、房屋和承担管理责任的公共基础设施等行政事业性资产的权属证书；资产变动应及时办理权证变更登记；涉及产权纠纷或不清晰的资产，应厘清产权关系并办理权属证书。

（三）规范管理行为，提升使用效能

（1）合理配置资产。在摸清资产存量的基础上，结合本单位履职需要和事业发展需求，严格按配置标准、本着过紧日子的要求，合理提出资产配置需求，编制资产配置预算。单位内部的资产能通过调剂、收回出租出借等方式解决的一般不重新购置、建设、租用。

（2）规范使用资产。落实内部领用制度，合理使用、妥善保管，出现损坏及时报修，避免闲置浪费或公物私用；建立离岗归还制度，发生岗位变动应及时办理移交，移交后方可办理相关手续。资产出租出借、对外投资要严格执行审批程序。承担管理责任的公共基础设施等行政事业性资产应分类建立管理使用维护制度。

（3）推进调剂共享。单位内部应建立资产调剂共享制度；政府资产管理部门应建立资产调剂和共享共用机制，提升资产使用效益；高校、科研机构等事业单位要将符合条件的科研设施与科研仪器纳入政府网络管理平台，将仪器开放共享情况作为新增资产配置的重要参考因素，推进资产开放共享和高效利用。

（4）规范资产处置。明确资产处置程序，严格按规定权限报批，及时处置报废资产；对长期积压的未使用资产，按“三重一大”事项进行集体决策，在规定权限内处置。出售、出让、转让资产应进行评估，有条件的通过市场交易、拍卖等公开方式处置；对不具备使用价值的资产，通过网络拍卖等方式公开处置。资产处置收入扣除相关税金、评估费、拍卖佣金等费用后，按规定及时缴入国库，实行“收支两条线”管理。

（四）加强监督检查，建立追责机制

（1）常态化监督检查。单位内部的纪检部门、审计机构每年对资产管理的制度建设、使用情况、资产收益等开展检查并形成报告；主管部门对下级单位的资产管理制度是否完善、基础工作是否扎实、使用是否高效等方面开展监督检查。财政部门对资产管理不到位、造成资产损失浪费的单位进行通报。

（2）建立追责机制。建立健全资产损失追责制度，严格落实损失赔偿责任。对因使用、保管不善等造成的资产丢失、损毁等情形，按规定进行责任认定；对隐瞒不报、故意损毁、违规违纪违法行为、造成国有资产重大流失的单位或责任人依法追究责任。

（3）开展绩效管理。建立资产全过程绩效管理机制，对资产管理机构人员设置，账实相符情况，资产配置效率、使用效果、处置以及收入管理、信息系统建设和应用等情况开展绩效评价。

三、国有资产管理的内部控制应用

（一）建立资产管理内控机制

（1）确定内部控制目标。通过内部控制和规范资产管理达到经济活动正常开展、资产安全有效使用、资产信息真实完整、防范舞弊和预防腐败、提高公共服务效率和效果的目标。

（2）进行风险控制评估。梳理资产管理过程找出风险点、开展风险评估，评估的主要内容包括：是否实现归口管理；是否明确管理使用责任；是否按规定程序配置；是否定期或因需要对资产进行清查盘点；是否对账实不符的情况及时处理；是否按规定处置资产；是否按规定管理对外投资、出租出借资产；是否按规定管理公共基础设施等行政事业性资产。

（3）制定内部控制方法。针对资产管理的风险点制定控制方法，控制方法主要包括：集体决策、预算管理、账实核对、清查盘点、内部公开。

（4）落实内部控制措施。根据资产管理要求落实内部控制措施。主要控制措施包括：合理设置岗位，实施分离措施，形成相互制约、相互监督的工作机制；明确岗位权限、审批程序、相关责任，在授权范围内行使职权、办理业务；实行归口管理。

（5）开展内控监督评价。设置专门机构或配备专人对资产内部控制工作进行监督和评价。监督和评价的主要内容包括：资产管理活动的决策、执行和监督是否实现有效分离；资产管理岗位和人员是否相互制约；资产是否实施归口管理；资产记录、实物保管、定期盘点和账实核对等资产保护措施是否建立并实施；资产管理追责机制是否建立和实施。

（二）梳理资产管理业务流程

（1）决策环节。建立健全集体研究、合法性审查和内部会签相结合的资产管理决策机制，严格落实“三重一大”集体决策制度，保证决策民主化、科学化，有效防范风险。

（2）预算管理环节。实行全过程控制，严格编制资产配置预算，做到应编尽编、按标准编，确保资产配置预算的准确性；预算执行实行过程控制，确保预算的严肃性；预算执行结束开展绩效评价，实现预算绩效。

（3）资产配置环节。严格按政府采购法、政府采购实施条例规定的采购方式和采购程序开展采购活动，完成采购事项，确保采购过程规范。

（4）资产验收交付环节。采购活动结束后，采购人组织相关人员根据合同约定开展履约验收、办理资产交付，确保采购结果真实。

（5）资产使用环节。落实“谁使用、谁负责”的资产管理使用责任，将资产管理使用的责任落实到人头，确保发挥使用效益。

（6）资产处置环节。明确资产处置程序、处置权限，确保资产处置规范有序、公开透明。

（三）实施资产管理内部控制

（1）落实不相容岗位相互分离制度。资产管理过程中以下职责不能由同一人办理。一是办理货币资金业务的全过程；二是无形资产的研发与管理；三是资产配置与使用；四是资产处置的决策与执行；五是资产配置、使用、处置决策、处置执行与监督。

（2）落实资产管理授权审批制度。对资产配置计划、资产预算、资产采购、资产验收、资产保管、资产使用、日常管理、资产维修维护、资产处置等岗位应采取分级授权的审批制度，明确资产管理层级和工作岗位的权限，防止授权不当、越权办事。

（3）落实资产归口管理制度。资产应归口管理，资产的账面价值一般由财务部门归口管理、单位使用的实物资产应指定归口管理部门、公共基础设施等行政事业性资产应明确归口管理部门。归口管理部门应对资产的配置、核算、使用、保管、处置等实行统筹管理。

（4）落实资产保护控制制度。建立资产日常管理制度和清查机制，确保资产安全完整。做好资产购置、领用、处置等记录，做好实物资产保管工作、防止遗失或因保管不善而损毁，定期盘点、账实核对、实时掌握资产的现状和使用情况。

（5）落实资产管理信息公开制度。单位应建立资产管理信息内部公开制度，定期在单位内部公开资产的配置、领用、盘点、处置情况，接受内部监督。对管理的公共基础设施等行政事业性资产的信息要定期在公共媒体上公开，接受社会监督。

（四）实施内部控制报告

根据资产内控制度建立和实施的情况编制资产内控报告。内控报告的主要内容包括：内控制度的建设情况，关键岗位设置或轮岗情况、管理环节的流程控制情况等内控制度，执行情况，内部控制取得的经验、做法和成效。内控报告完成后应向单位内部公开。

（五）实施内控监督和评价

建立健全资产内部控制监督检查和自我评价制度，通过日常监督和专项监督，检查内部控制实施过程中存在的突出问题、管理漏洞和薄弱环节，改进和加强内部控制；通过评价内部控制的全面性、重要性、制衡性、适应性和有效性，改进和完善内部控制机制和制度。并将内部监督和自我评价结果在内部公开，促进自我监督、自我约束机制的不断完善。

四、结语

行政事业单位国有资产是单位履行职能、保障单位运行以及提供公共服务的物质基础。全面规范和加强行政事业单位国有资产管理形成完善的资产管理体系，是建立其与国家治理体系和治理能力现代化相适应的必然要求。加强国有资产内部控制，建立健全内控机制，梳理资产管理流程、找准风险点，提出风险控制措施、制定内部控制方法，实施内部控制，切实做到资产配置科学、使用高效、流动合理、处置规范、监管到位，提高国有资产使用的规范性、安全性和有效性，才能真正发挥行政事业单位肩负的社会职能，推进社会经济稳定增长，最大限度地维护人民利益。

参考文献：

［1］陈青松. 行政事业单位国有资产管理问题及对策探讨［J］. 行政事业资产与财务，2020（6）：2.

［2］任伟唯. 关于行政事业单位加强国有资产管理的思考［J］. 财经视野，2020（13）.

［3］朱冬妮. 浅析行政事业单位固定资产管理中运用内部控制制度的价值［J］. 商讯，2020（26）.

当前医院资产管理现状的思考

黄思煜

[摘要] 医院资产是医院生存与发展的重要物质基础，它直接反映了医院的经济实力与医疗水平。因此，医院资产管理是医院整个管理体系中不可忽视的重大环节之一。本文将对当前医院资产管理现状进行详细且深入的分析与探讨，并基于此现状提出一些有针对性的思考性对策，以期能够不断完善医院的资产管理，强化医院资产管理效果，提升医院资产管理的整体水准。

[关键词] 医院 资产管理 管理现状 完善对策

一、前言

我国加入 WTO 之后，其卫生系统也开始面向全球开放，这就造成了行业竞争愈发激烈，出现了多元化的竞争格局。医院要想提高自己的市场竞争力，就应该从医院自身发展最为关键的资产管理入手，尽可能地使用最低的物质消耗来获得最大化的经济效益，在保障国民身心健康的基础上，为我国卫生事业的进一步发展提供可靠的物质保障。

二、当前医院资产管理现状分析

当前，很多医院都在努力挖掘自己的经营有效之道，提高自己的资产管理水平。事实上，所谓医院资产主要就是医院所拥有的可以用货币计量并可以为医院带来经济效益的各种资源的统称，主要包含流动资产、固定资产与无形资产等几种类型的资产。从本质上来说，医院资产在很大程度上是医院办院规模以及医疗状况的主要反映。然而，当前，我国医院资产管理现状不容乐观，还有一些不容忽视的问题存在。具体分析如下：

（1）缺乏健全的资产管理制度。医院管理工作中，很多医院都存在着对资产管理不够重视的情况，从而导致了很多医院的资产管理现状不容乐观，尤其是并没有配备较为健全完善的资产管理制度体系。比如说，在一些医院的资产管理过程中，只是由一个或几个人做出管理决策，但是，却并没有一个较为系统化的管理方案或政策来提供科学有效的指导，从而使得医院的资产管理工作容易陷入盲目性与随意性，一些资产管理制度还有很多漏洞，这就使得医院资产管理工作无法取得预期的管理效果。

（2）缺乏高素质的财务人员。我国不少医院的财务人员整体素质并不是很高，这是因为医院将更多的精力放在提升医护人员的素质方面，而对于医院里的财务管理人员的素质提升却较为忽略，从而导致了医院中的一部分财务人员对于医院资产管理工作不够重视，认为只要做做账就可以了，根本没有形成一种资产管理工作中的经费控制理念，更谈不上控制行为了。还有一些财务人员不能跟上时代发展的步伐而进行对新知识、新业务的学习与实践，从而无法有效解决出现的新问题与情况，甚至有些财务人员的工作责任心严重不足，导致了医院资产的流失或损失。

（3）缺乏科学的固定资产评估体系。当前，我国不少医院资产管理工作中的固定资产这一块显得有些混乱，这主要是由于相关的固定资产管理制度本身就不够严谨与规范，还有不少漏洞存在，导致了医院的固定资产管理流程缺乏较为严格的程序。具体来说，在一些医院的固定资产管理过程中，并没有对固定资产的变动等进行明确的规范化管理，从而使得医院无法对固定资产的增减情况进行有效的评估，让医院无法准确把握自身的固定资产实际情况，在进行会计核算时无法提供准确的会计信息，容易造成资产浪费，相关责任无法落实到位。

三、当前医院资产管理现状的改善措施

既然我们知道了医院资产管理工作的现状不容乐观，还有不少问题存在，如资产价值虚增导致资产不实，管理意识不强导致责权划分不清晰，缺乏有效的监督约束机制，会计账与资产账完全分开，医疗设备的盲目投资、重复投资，资产清理报废和处置不规范等。针对这些问题，我们认为，必须尽快找到合适的应对措施来改善当前医院的资产管理现状，从而切实提升医院资产管理质量与水平。具体的改善措施主要有如下几个方面：

（1）建立健全医院资产管理制度体系。医院资产作为医院生存与发展的重要物质基础所在，其管理的过程中应该要严控每一个环节，即要建立较为科学、合理且完善的资产购置、接受捐赠、内部转移以及资产处置审批制度。这就是说，医院应该充分重视资产管理这项工作，成立专门的资产采购招标工作委员会，对于医院资产的采购情况进行详细的调查与讨论，然后把相关采购意见上报给上级部门的采购办公室。在对医院资产进行相关处置的时候，医院应严格遵循相关的资产管理制

度，选择合适的方式进行资产处置，最大限度地防止医院资产的浪费或流失。同时，医院还应建立健全相关的资产财务管理信息系统，从而为医院的财务管理人员提供可靠的资产状况，并为医院相关部门提供及时有效的沟通依据，有利于进一步提升医院内部管理的效率与效果。这是因为医院的财务信息系统可以为医院资产管理人员提供一个全面的资产与财务信息状况，让相关信息数据快速地实现部门之间的传递与共享，从而切实提升医院资产管理的效率与水平。

（2）加强医院资产管理中的内部审计工作。医院资产管理工作现状的改进与完善，在建立了健全相应的资产管理制度体系基础之上，医院还应切实加强内部的审计工作，从而强化对医院内部固定资产的有效控制与管理。具体来说，医院应该采取能够控制到自我评价的管理流程及方式，认真细致地分析医院资产管理工作的现状，努力发现存在的各种问题与困境，做到及时发现与纠正，并建立相应的责任制度来明确医院资产管理工作中的相关职责与权利。然后，医院还要加强自身对于资产管理工作的监督环节，根据已经发现的实际问题，及时制定出合适的改进措施与方案，让问题能够得到及时有效的解决，最大限度地提高医院资产管理的整体性效率，促进医院的健康稳定发展。当然，医院还可以外聘专业管理人员对自身的资产进行合理且有效的评估，及时发现资产管理中的缺陷与问题所在，并采取积极有效的解决对策。医院资产管理工作只有在切实有效的监督机制下才能真正取得较为高效的管理成果。

（3）提高财务管理人员的资产管理意识。医院资产管理工作的效果与效率提升，还应该从医院的财务管理人员的立场出发，因为他们是医院资产管理工作中不可或缺的重要执行者和参与者。因此，医院应该充分重视财务管理人员的整体素养提升问题。医院应严格选拔出具有会计执业资格证书的人员担任资产管理中的财务管理人员，并切实重视对财务管理人员的培训工作，实施医院领导负责制的资产管理工作机制，做到职责分明，权责到位，有利于医院领导真正重视资产管理工作。事实上，医院从领导层面就应重视资产管理工作，并督促财务管理人员积极主动地参与到资产管理工作当中去，并引导基层员工也积极参与，提高医院全员的资产管理意识与理念，让所有的医院员工自上而下、全方位的认识到，每一个员工都是医院资产管理工作的真正主人。同时，医院应制定实施相关的资产管理考核机制，配备相应的奖惩制度，在不断提高医院员工的资产管理积极性与主动性的同时，推动医院的资产管理工作走向正规、科学以及规范的发展道路。

（4）健全医院的固定资产登记制度。医院资产管理中的一个重要且关键的地方就是固定资产管理工作。从目前来看，我国医院的固定资产管理工作成效并不是十分有效的。因此，医院应该尽快建立健全相应的固定资产登记制度，弥补原先固定资产管理工作中存在的各种问题与不足。具体来说，医院应该对固定资产实行严格的登记制度，明确记录固定资产的购置时间、使用途径等，并把相关的固定资产管理人员登记在册，做到权责明确清晰，尽可能地保障医院固定资产管理中的账物相符、账账相符。此外，医院还应该在登记制度基础上，建立健全相关的固定资产入账制度，完善清查盘点制度，尤其是涉及固定资产转移、变更或调拨的时候，一定要根据有关规定办理相关的手续，从而做好资产管理中医疗设备的计提折旧和报废淘汰工作，有利于医院年末的资产评估工作顺利开展，尤其是能够保证医院年末资产数据的准确性和完整性。当然，医院在当前信息化时代背景下，也应该充分利用现代化的网络设备与技术来定期对资产进行核对和检查，加强资产管理网络维护，注重资产业务管理的连续性，从而让清产核资工作成为医院的一项常规性工作，全面提升医院的资产管理水平。

参考文献：

[1] 陈晓芳. 新医院会计制度下医院固定资产管理的加强 [J]. 中国管理信息化，2012 (20)：2.

[2] 李瑛，陈晓丽. 浅谈新《医院会计制度》下医院固定资产的核算及管理 [J]. 中国医疗前沿，2013，8 (14)：3.

[3] 郝亚冰. 医院固定资产管理存在的问题与建议 [J]. 江苏卫生事业管理，2009，20 (5)：60-61.

基于全面预算管理下医院合同管理融合方法探讨

杨莉

[摘要] 医院经济合同可以有效维护医院的合法权益、防范与控制风险，合同管理成为医院内部控制建设的重要组成部分。全面预算管理以医院发展战略为目标，科学合理配置医院资源，提高资金使用效率，成为医院高质量运行的有力支撑。作为管理方法和手段，要达到全面预算管理目标，必须做到业财融合。本文以合同管理为切入点，探讨基于全面预算管理下的医院合同管理融合方法，提出增强融合意识，提高管理人员业务素质，构建全面预算管理与合同管理一体化信息系统，设置可操作绩效考核指标等措施促进医院合同管理与全面预算管理的融合，探索更符合现代医院管理要求的预算管理模式。

[关键词] 公立医院　预算管理　经济合同　业财融合

一、前言

深化医药卫生体制改革，对公立医院规范化、精细化管理提出了更高要求，公立医院需要通过制定制度、实施措施、优化执行程序，进一步强化内部控制，有效防范风险，保证医院资产资金安全，提高资源配置和使用效益，建立起维护公益性、调动积极性、保障可持续运行新机制。全面预算管理作为医院经济活动的龙头与抓手，以医院战略目标为导向，对所有经济活动实行全面管理，全部纳入预算管理范围，实行全口径、全过程、全员性、全方位预算管理，覆盖人、财、物全部资源，贯穿预算编制、审批、执行、监控、调整、决算、分析和考核等各个环节。作为一项科学的控制行为，全面预算管理将医院的战略规划，各职能部门的业务计划，财务部门的资源配置以预算的方式加以量化、整合。为夯实预算编制基础，提高预算编制规范化、标准化水平，需要实现三个融合：业务和财务的融合、预算和战略的融合、预算与内控的融合。

经济合同是医院与外部单位发生经济业务往来的重要依据，经济合同的管理是促进医院对外经济活动的开展，规范对外经济行为的管理方法，它将经济业务的执行控制在合同约定范围内。作为公立医院内部控制管理的重要部分，要重点加强经济合同风险点的管控，完善医院内部控制制度[1]。经济合同的签订有预算资金作为保障，经济合同的履行通过预算执行得到落实。在全面预算管理下，将经济合同管理作为业财融合切入点，从不同角度对医院使用资金进行管控，既能提高预算管理水平，又能减少医院经营风险的发生，推动医院更好地实现发展战略目标。所以，本文对加强预算管理与合同管理业财融合，预算管理与内控管理融合提出参考建议具有十分重要的意义。

二、经济合同管理与预算管理融合的难点

（一）融合意识淡薄，缺乏主动性

全面预算管理的组织体系由全面预算管理委员会、全面预算管理办公室、预算归口管理部门和预算科室组成，工作流程是“上下结合、分级编制、逐级汇总”。经济合同管理由签订、执行、归档、考核构成合同全生命周期，并对其进行事前、事中、事后管控。两套体系表面上互不相通，工作流程没有交叉之处，执行者很难将两项业务的内容主动融合。

（二）合同签订与执行缺乏严谨性

经济合同签订审批流程不规范，参与审批部门不齐，可能无法及时发现合同内容存在的疏漏。例如编制预算时，对合同履行情况没有数据支撑，导致预算额度不够，合同履行没有足够的资金保障；合同标的、数量、质量、价款、履约方式、合同期限以及支付方式等基本要素不明确，导致预算执行依据不明；签订合同的归口管理部门与临床科室缺乏沟通，合同签订脱离实际，购买的服务或商品与业务发展不匹配，导致成本费用与业务收入倒挂；履约时为了加快工作推进进度，忽视医院的规范管理，往往出现流程倒置、手续不全的管理漏洞，进而滋生审计风险[2]。

（三）融合缺少一体化信息系统支撑

预算管理系统的自动化与集成化程度低，不仅增加了预算编制的工作量，也增加了预算执行中履行合同的风险，预算无法对合同履约情况跟踪，导致预算执行与合同管理脱节[3]，产生诸如付款金额、付款期与合同不一致，重复付款的问题；合同执行无法在部门间共享信息，合同临近到期无预警，甚至发生合同已过期，付款仍继续，导致医院经济利益受损等。

（四）没有可操作的绩效考核指标

新颁布的《公立医院全面预算管理制度实施办法》明确了全面预算管理的绩效性原则，要求建立预算绩效管理机制。将经济合同管理融入全面预算管理中，没有落实到个人的责任目标，没有可操作的考核指标，无助于全面预算管理水平的提升。

三、基于全面预算管理下医院合同管理融合方式的探讨

（一）提升融合理念的共识

将融合理念根植于业务全流程，只有当管理者从医院的整体利益出发，以长远目标来思考问题，才会使预算管理和经济合同管理工作这两项原本业务属性完全不同的工作产生交互性。在经济合同的签订和履约过程中，自觉从预算管理的角度对合同进行审视，在预算管理中，自觉对纳入合同管理的业务依法履约，达到业务融合的更高层次，才能推进预算管理与医院经济合同管理有效融合。

（二）提高管理人员业务素质，加强部门间协作能力

在全面预算管理下融合经济合同管理，管理人员的综合素质至关重要。作为财务人员既要有过硬的财务会计知识，还要具备管理会计知识，主动向业务部门学习，走到业务前端，了解和熟悉合同法、政府采购法、招投标法等法规；业务部门管理人员除了要掌握合同管理的相关知识，还要学习预算理论，以理论指导实践，科学合理编制预算。

（三）建立健全预算与合同管理的一体化系统

将合同管理嵌入预算管理系统，建立预算管理信息与合同管理的全链条管理机制，动态反映合同履约情况。

为强化预算约束，厘清相关经济合同内容，提供预算编制基础，部门在编制经济合同相关的预算项目时，需要梳理经济合同签订信息；在申请预算执行时，通过预算管理系统中集成的合同信息，对于所属经济业务，按照合同要素内容，即合同签订日期、生效日期、有效期、标的物及质保期等重要信息审核预算支出；并对符合付款条件的经济业务建立执行情况的动态反映和监督管理机制，使每一笔预算在执行时都有对应的合同编号、付款额、付款所属期间、付款进度等信息，防止超合同期限和范围的付款行为，提高审核效率及准确度；同时通过预算编号实现预算、合同、支付管理的整体协同，在一套系统中同时留下业务及会计记录，有利于跟踪预算执行情况及合同履行情况，不仅可以加强医院预算管理，还是完善内部控制，防范风险和提高财务安全的重要手段[4]。

（四）设置可以量化的绩效考核指标

对预算编制、执行、分析，考核全流程，探索构建以数量、质量、经济效益、社会效益、满意度五个维度构成的绩效考核指标体系，利用考核工具将管理责任落实到责任人。对照工作目标和绩效指标，科学评定责任人的履职情况和发展程度，并将结果反馈给员工，以激励手段兑现考核结果，促进事后考核与改进。做到"预算编制有目标、预算执行有监控、预算完成有评价、评价结果有反馈、反馈结果有应用"的全过程预算绩效管理机制，促进预算效益效果提升。由于预算是以战略目标为导向，对工作任务的具体量化，责任人的履职情况直接与医院总体目标结合，从而建立起个人业绩与医院总体目标之间的联系。

四、结语

党的十九大提出建设健康中国，我国医疗卫生事业也迎来了前所未有的发展机遇，同时也面临日趋激烈的竞争，传统的会计核算已不能满足现代医院管理的要求，全面预算管理以医院战略目标为导向，是贯彻和落地医院经营战略的重要管理工具[5]，以全面预算管理为核心的管理会计必将取代原有的会计核算职能，而预算与合同管理的业财融合是加强预算的精细化，提高预算管理规范化、科学化、标准化水平的重要方法。

参考文献：

[1] 金文姬. 医院经济合同管理的探索与实践［J］. 财会学习，2020（6）：196-197.

[2] 倪珍芳. 浅谈如何有效推进企业业财融合管理［J］. 当代会计，2021（1）：179-180.

[3] 陈宏志. 基于 HRP 系统的医院经济合同履行环节内部控制探讨［J］. 卫生经济研究，2019（1）：69-71.

[4] 黄慧妮. 基于 PDCA 视角的医院经济合同管理研究［J］. 大众商务 2021（1）：132-134.

[5] 闫彦彦，段绪坤，王海涛. 基于内部控制视角的公立医院经济合同管理研究［J］. 财会学习，2021（9）：179-180.

公立医院预算管理运行环境研究

——公立中医医院预算管理内控建设应用研究之一

李俊忠　赵超

[摘要] 预算管理既是一种管理方法，也是一种控制手段。预算管理是所有管理会计中最具有平台性、可拓展性的“超级工具”——管理平台/管理体系，在资源配置、内部控制、风险管理、提高经营效率和效果、推动实现内控目标等方面具有特殊的、不可替代的重要作用。

本文结合当前国家有关政策趋势，探讨和分析了公立医院全面预算管理的行业特征和现实困境，为建立和完善公立医院预算管理全过程的运行机制和风险控制机制及其应用研究提供了理论参考。

[关键词] 预算管理　内部控制　控制环境

2020年年底到2021年年初，国家卫健委和中医药管理局先后联合印发了《关于加强公立医院运营管理的指导意见》《公立医院内部控制管理办法》《公立医院预算管理办法》《关于印发公立医院成本核算规范的通知》等文件，推动公立医院加强内部控制和经济运行管理。2021年又印发的《国务院办公厅关于推动公立医院高质量发展的意见》，提出公立医院高质量发展的总体要求是“力争通过5年努力，公立医院发展方式从规模扩张转向提质增效，运行模式从粗放管理转向精细化管理，资源配置从注重物质要素转向更加注重人才技术要素”，重点任务之一是“健全以经济管理为重点的科学化、规范化、精细化运营管理体系，引导医院回归功能定位，提高效率、节约费用。加强全面预算管理，完善内部控制制度，提高资源配置和使用效率”，将全面预算管理和内部控制作为提升公立医院高质量发展新效能的重要举措。

预算管理是指企业以战略目标为导向，通过对未来一定期间内的经营活动和相应的财务结果进行全面预测和筹划，科学、合理配置企业各项财务和非财务资源，并对执行过程进行监督和分析，对执行结果进行评价和反馈，指导经营活动的改善和调整，进而推动实现企业战略目标的管理活动。“是为数不多的几个能把组织的所有关键问题融合于一个体系之中的管理控制方法之一”。“预算管理则是所有有关管理会计知识中最具有平台性、可拓展性的‘超级工具’——管理平台，与其说它是工具方法，倒不如说它是一个体系。具体地说，预算管理是组织管理的平台，借助于这一平台，可进一步拓展延伸到经营预测、盈利模式优化、客户分析与评价、价值链重构、成本管理、供应商评价、责任中心管理、多维业绩评价等方面，从而形成更为合理的管理体系”。预算管理既是一种管理方法，也是一种控制手段，在COSO报告、《企业内部控制基本规范》以及《行政事业单位内部控制规范（试行）》中，预算管理都是最重要的内部控制措施。预算管理是企事业单位财务管理活动的基础和平台，是战略管理和经营计划、外部环境与内部目标、长期目标与短期目标之间的桥梁，在资源配置、内部控制、风险管理、提高经营效率和效果、推动实现内控目标等方面具有特殊的、不可替代的重要作用。

但是预算管理在公立医院的实践效果并不理想。2020年8月国家卫生健康委员会体制改革司司长梁万年在第八届中国市县医院云论坛主论坛中说“全面预算管理提了很多年，但没有真正落地”。本文结合当前国家有关政策趋势，分析了公立医院的行业特征和现实困境，研究了公立医院全面预算管理的运行环境，为后续预算管理的风险控制、运行机制研究以及应用实践提供了理论参考。

一、行业特征导致对预算管理认识上存在误区

（一）通常认为预算不准确，对实际工作没有什么指导意义

公立医院的发展要“符合卫生计生部门及相关部门区域的卫生规划……严禁公立医院举债建设和超标准装修”。公立医院不仅在发展方向上要符合区域卫生规划，缺乏足够的自主性和灵活性，而且发展方式也受到了限制，禁止公立医院通过财务手段来进行外延式快速扩张。因此公立医院发展战略只能适应政府的规划，满足社会医疗需求的变化，是适应性战略而不是预谋战略，据此编制的预算就只能被动反映实际情况的发展，把预算变成了预测。

同时，公立医院业务发展和运行情况受政策、社会等外部环境和内部管理、人员和设备配置等多种因素影响，准确预测各种影响并编制预算非常困难。据此许多管理人员认为预算编制通常都不够准确，对实际工作没有什么指导意义。

但是以实际结果来评判预算的准确性可能掩盖了预算执行上的偏差。同时，以准确性不足来否定预算管理的价值，其实就否定了预算的规划性，大大降低了预算管理在推动实现组织目标方面的作用，就如同船只失去了动力和方向，把航行变成了自然漂流。

（二）一般认为预算管理的财务指标与公立医院公益性的定位不符

预算管理中最重要的财务目标和指标被视为是逐利的，在实践应用上医院管理层非常谨慎，担心不符合公立医院公益性的定位和方向。

虽然财务目标常常是经济活动的目的和工具，但公立医院预算管理中的财务指标只是工具而不是目的。相关的财务指标应该并且可以紧密围绕着公立医院更好地履行在国家医疗卫生事业中的职能和定位这个根本目的，作为一种经济管理工具去调动员工的积极性，合理高效配置资源，推动实现医院提高效率和高质量发展。当然，这在实践中比较难以准确把握。

（三）简单认为预算管理就是控制成本，相对来说没有那么重要。

医疗服务固定投入大，服务场地建设、医疗设施设备购置和运营成本都非常高。同时医疗服务的边际成本很低，业务发展服务规模提高了自然就能够充分利用医疗资源，提高服务效率，降低运行成本。因此规模经济和范围经济是医疗服务的显著特征，业务规模是医院发展的重中之重。一方面服务量的增长与降低成本、提高效率的要求是统一的，而且发展业务是做增量管理，在发展中进行调整是我们改革的传统方法，更容易被人接受。另一方面医院间接成本和运行成本高，业绩评价难，精细化管理和控制的难度也很大，而且精细化的管理和控制主要关注存量的优化，某种程度上是自我革命，推进起来比较困难。因此发展业务规模是医院经济运行和管理的内在要求，也是管理层的首要任务。同时，由于公立医院不能以财务目标作为管理目标，因此许多管理人员认为预算管理就是精细化管理和控制成本，相对来说这处于次要地位。

但是，预算管理不仅是加强成本管理和控制、提高经营效率和效果的措施，也是公立医院财务管理的基础和平台，是内部协调和沟通的平台，在统筹资源配置，加强内部控制和风险管理，推动实现业务发展目标方面同样具有特殊的、不可替代的重要作用，是公立医院提升新效能的重要保证。

二、医疗服务的经济特性给预算管理增加了困难

首先，医疗服务的收入和成本都不是标准化的。医疗服务主要面向个人，患者及其需求是非常多元化的，其服务过程及相应的成本也不是标准化的，尤其是中医辨证施治，同一病种对不同个体特征又有不同的方案，即便国家颁布了部分病种的临床治疗路径，其收入和成本仍然很难准确量化，并且收入和成本之间的相互关系也不确定。

其次，同时满足成本控制、医保定价和绩效评价等不同需求的标准化成本方案也尚在探索中。医疗服务专业面非常广，技术跨越大，各临床专业和辅助专业既相

互关联、相互协作，又可独立运营，各专业间的业务边界和成本边界并不都是非常清晰，成本核算的对象难以合理确定：按部门、医生、患者、病种、DRG、人次、床日等，都不能确定成本最根本的驱动要素以及与成本对象相关的数量关系，给精细化的成本预算和管理带来了极大的挑战；按病种、DRG相对合理，并且可直接用于业绩评价，但应用复杂目前实践上仍然在探索中。理论上医疗服务项目才是成本核算的理想对象，并以作业成本为基础来进行成本核算和管理，但作业成本核算和控制的复杂程度远远超过了绝大部分医院的现实基础。

另外，客户极其分散，从成本效益的角度难以按客户进行精确的成本核算和控制。即便药品和部分耗材实际耗费可以直接量化和精确到客户，但与病种、床日，包括患者数量等成本对象的数量关系仍然只能事后确定，难以事前测算和事中控制。

三、业绩评价及绩效管理给预算管理带来了挑战

医疗服务既需要专业的设备，也依赖高度专业的人才。专业人才既是单位最重要的资源，同时也会产生高昂的人力成本。对这些医务人员一方面要予以适当的政策激励以推动业务发展，提高其业务水平和服务效率，提高社会满意度；另一方面对医务人员的激励还应符合公立医院公益性定位并有利于公立医院的职能履行，同时还要控制人力成本，提高运行效率。因此业绩评价和绩效管理对医院管理显得尤为重要，是公立医院各级管理者始终关注的重点工作，也是预算管理有效运行的重要保证，直接决定了预算管理的运行效果。实践中，业绩评价和绩效管理常常取代了全面预算管理成为公立医院经济管理活动中最核心的内容。

但是，公立医院的业绩评价和绩效管理是一项复杂的系统工程，牵一发而动全身。

首先，医疗行业人才培养周期长、职业风险高、技术难度大、责任担当重，医务人员薪酬既应体现医疗技术和劳务的价值，又要正确引导，使医疗活动符合公益性导向，严禁给医务人员设定创收指标。为了正确引导医疗行为，激励医疗人员，薪酬绩效需要考虑的因素非常多，包括服务的工作量、服务质量、行为规范、技术能力、医德医风和患者满意度等各种因素，同时还要提高效率，控制人力成本，这给医务人员的薪酬绩效设计和实践带来了极大的挑战。

其次，管理会计是服务于管理者的会计，医院管理层才是预算管理的核心应用主体。全面预算管理无论是“一把手工程”还是“二把手工程”，都不应成为一种外力要求或者中层管理者的诉求，而是高管团队的管理自觉性。但是，公立医院在应用预算管理时不单单要考虑管理层受托责任的约束和管理自觉性的要求，还要考

虑对管理层的组织激励这一要素。长期来看，若没有足够的组织激励，或者约束与组织激励不对称、不相容，则无法保证管理层应用管理会计的驱动力。因此，管理会计应用本身是一个组织激励的问题，既要让管理层通过应用管理会计取得预期效果，又要让管理层通过正当方式分享其管理效益。缺乏组织激励的管理会计应用是一时、一地的，也是不可能预期、长久的。从这一层面上理解，管理会计应用本质上是一种组织行为。因此公立医院对管理层的绩效激励措施也是必须要考虑和衡量的。

另外，业绩评价模式也尚在探索和研究中。目前公立医院的整体业绩评价有多种指标体系，比如：《国家三级公立中医医院绩效考核操作手册》有医疗质量、运营效率、持续发展、满意度评价四个方面的指标体系；还有引入平衡记分卡思维，重点关注财务、顾客、业务流程、学习与成长四个方面并进行实践应用；以及各医院自行设计的综合目标考核，从医疗质量与医疗安全、医德医风、护理质量与安全、院感、科研教学以及其他职能管理等方面进行评价，等等。这些评价指标体系比较复杂，主要应用于公立医院的整体评价或者部门评价，不如财务指标那么客观、量化、易于获得，将其直接应用到管理层激励和个人绩效的薪酬绩效管理中还存在困难。

四、预算管理对组织模式和运行机制提出了很高的要求

医疗服务与大多数服务业一样，具有服务行业普遍的无形性、差异性、易逝性等特点，生产（即提供服务）即消费，医疗服务过程与质量管理、成本控制和品牌建设等过程相互融合难以分离。医疗服务的提供过程就已经决定了服务质量、患者满意度和服务成本，因此对临床医疗服务人员提出了非常高的要求，要求一线医护人员要“十八般武艺样样精通”，他们不仅是医疗服务的专家，也要熟悉质量控制和成本管理方面的法规、制度、流程以及方法，还要保证服务态度和质量使患者满意。

这给临床医疗人员提出了很大的挑战，同样对预算管理部门和人员综合能力也提出了非常高的要求：①熟悉政策法规，熟练掌握和运用有关财务管理知识；②了解行业的发展状况和模式；③熟悉医院业务情况，对单位发展战略有比较准确的理解和把握；④有较强的专业能力，了解医院不同专业的不同发展方式和特点，熟悉业务管理流程，熟悉业务的关键领域和关键环节；⑤熟悉单位各项内控制度和管理要求；⑥有很强的综合组织和协调能力，建立各临床科室和职能部门（医疗护理、运营、科研教学、基本建设、对外合作、资产管理、药品耗材物资以及后勤等部门）之间沟通协调的桥梁和机制。

同时也给预算管理的组织模式和运行机制提出了更高的要求，要求财务管理要与临床一线有更深入的融合机制。预算管理作为财务管理的基础平台和重要手段，更需要与业务有较好的融合，业财融合是全面预算管理天然的内在要求。只有财务与业务紧密的融合，对未来的预测和计划才具有合理性和可操作性，对业务和经济活动的控制才有效，业绩评价和考核运用才适当，进而推动预算管理的持续改进。这需要医院建立财务部门（以及其他职能部门）与业务部门之间的协调沟通机制，将分工明确的职能管理转变成临床医疗团队的自我管理，或者赋予临床医疗团队具备一定的财务管理能力，或者财务人员深入到专业科室和临床业务中成为临床医疗团队中的一员，同时保留职能管理的专业化。

五、预算管理对信息化水平要求较高

公立医院患者数量大、药品耗材物资等品种多、供应商多、大型专业设施多、临床科室多、医疗服务人员多，与经济活动有关的数据量非常大，庞大的数据量和复杂的数据关系没有高效率的信息系统支撑则难以科学合理的分析应用。信息技术虽然已在医院管理中广泛应用，已开始从“信息化”向“智慧化”过渡，面向患者的智慧服务和面向医务人员的智慧医疗已经比较成熟，但是面向医院管理者的，满足医院运营管理、成本控制、绩效管理等的智慧管理尚在探索中。

面向医院管理者的智慧管理涉及物资管理、科研教学、后勤管理、运营管理、人力资源等环节，目前大部分医院的信息化管理系统比较分散，顶层设计不足，难以满足医院全面预算管理的要求：比如：①政策、社会等外部环境变化对医疗业务量的影响；②患者人数、来源、病种、床日等业务数据与财务数据之间的数量关系；③患者就医、设备运行、物资供给、后勤保障、人员调配等运营情况；④设备利用、物资耗材领用、能源耗费等情况，以及按患者、病种、项目、部门、区域、责任人员等多种成本进行管理的情况；⑤工作量、工作效率、工作质量、医德医风、患者评价等业绩相关情况。

此外，信息系统对业务、运营和成本等数据的综合利用和分析不足，影响预算编制的科学性和合理性，影响预算编制和控制的效率和效果，也影响考核评价的客观公允。缺乏信息系统的支持，预算管理的能力和水平也很难得到突破提升。

六、结论

全面预算管理是每一个公立医院管理者都了解的管理方法和控制措施，但真正的实践效果并不理想。医疗行业的一些特定的行业特征和经济特性，导致在预算管理的认识上存在诸多误区，也给预算管理带来了困难和挑战，同时对预算管理部门的运作机制、管理人员的综合能力以及信息化水平提出了较高的要求。本文分析了公立医院预算管理的行业特征和现实困境，提出了需要重点关注和优化的内部环境相关问题，为下一步就有关问题的深入分析，并帮助在实践中改变观念认识，提高预算编制水平，建立财务管理与业务活动的融合沟通机制，提高信息系统的数据分析能力以及完善业绩评价和考核体系等，推动公立医院建立和完善预算管理全过程的运行机制和风险控制机制奠定基础。

参考文献：

[1] 王斌. 论管理知识与管理会计应用 [J]. 财会月刊，2020 (3)：5-6.

[2] 王斌. 论业财融合 [J]. 财务研究，2018 (3)：3-9.

川渝高校内部控制与财务风险预警耦合研究

齐思　熊梦倩

［摘要］自党的十八届四中全会明确提出强化内部控制的要求以来，一系列规范高校内部控制建设、提高风险管理水平的文件相继出台。如何才能有效加强高校内部控制，降低高校财务风险成为高校发展面临的重要问题。内部控制与风险预警均是现代管理的重要手段，对高校治理发挥了积极的作用。通过建设高校内部控制系统，规范高校运行，减少风险产生；通过构建安全有效的财务风险预警机制，警示风险后果；构建内部控制体系与财务风险预警机制相互耦合的全面风险控制系统，展现出“1+1>2”的协同效应，是本文对川渝两地高校发展实施内部控制与财务风险预警耦合的重要尝试。

［关键词］内部控制　财务风险预警　耦合

自党的十八届四中全会审议通过的《中共中央关于全面推进依法治国若干重大问题的决定》中明确提出加强内部控制的要求以来，《财政部关于全面推进行政事业单位内部控制建设的指导意见》《教育部直属高校经济活动内部控制指南（试行）》等一系列规范高校内部控制建设、提高风险管理水平的文件相继出台，川渝两地也纷纷根据西部省市实际情况制定了《四川省省级行政事业单位内部控制建设指引》《四川省财政厅关于进一步推进我省行政事业单位加强内部控制建设的意见》《重庆市行政事业单位内部控制操作指引》《重庆市财政局关于进一步加强行政事业单位内部控制建设的通知》等规范性文件。两地高校已按相关要求开始了以经济活动层面为主要控制对象的内部控制建设，正在逐步迈向以全部业务活动和内部权力运行为控制对象的新阶段。从合规性向有效性跨越的这一时期，高校的财务风险预警正在发挥不可或缺的重要作用。内部控制和财务风险预警作为现代高校治理的两大重要手段，只有有机协调共生，才能减少熵增。使两者耦合而内聚，发挥出“1+1>2”的协同效应，对此进行重要的尝试，可促进西部高校转型升级跨越式发展并产生内生动力，成为川渝两地高校发展中重要的助推力。

一、高校内部控制与财务风险预警耦合的可行性

（一）高校内部控制与财务预警结合的可行性在于不完全契约理论

徐光华、沈弋认为，无论是内部控制还是财务危机预警，其作用对象均为企业所面临的风险，风险的主要成因是契约的不完全性。同时，由于契约几乎不可能达到“完美契约”这一程度，因此，企业的风险也只可能在一定范围内加以防范，不可能完全消除。社会活动中“不完美契约”是必然的，主要原因是：其一，活动主体的有限理性以及信息的不对称性，诚然，任何组织中的人由于认识的限制不可能对每一事件做出完全理性的判断，只可能达到“有限理性”；其二，经济活动双方在契约缔结时获取的信息不一定是完全对称的，甚至即使可能做到信息一致，但由于掌握所有信息成本太高，从成本效益原则放弃了信息的完全性；其三，契约签订的客体，也就是交易事项本身就存在不确定性，契约签订时无法考虑所有可能的情况；基于此，社会经济活动中几乎所有的契约都是不完全契约。从不完全契约这个角度来说，无论是内部控制系统还是财务风险预警机制，都不能将高校风险化解为零，两者都只干预了不完全契约的特定方面，都只能从相应的角度减少和控制财务风险，只有二者耦合才能更多地化解风险，减少不确定性。

（二）高校内部控制与财务预警结合的可行性还在于协同理论

通过高校不同部门、不同院系、不同处室之间的协同作用，可自发地形成一种适应于特定时空的有序结构，强化对风险的对抗。内部控制和财务风险预警均在各自的领域中防范风险，如果两者覆盖领域存在一定的重叠，则不仅会浪费有限资源，还有可能形成内耗，造成熵增，相互削弱对风险的控制能力。而如果两者对风险的管控领域都不全，单独看任何单项都是防范不力，但两者相耦合后不但能够补齐风控短板，扩大风控范围，因协同效益的产生还有可能达到更好的风险防范效果。所以提升高校的风险防范能力，仅单方面强化内部控制或者单方面完善财务风险预警，都是不够的，需要两者协同演进发展，动态整合内部控制和财务风险预警，驱动两者协同效应的产生，优化高校风险管理机制，不断提升高校的风险管控能力。

二、高校内部控制与财务风险预警耦合的必要性

（一）风险的复杂性和不确定性要求二者耦合

随着我国高等教育事业的长足发展，高校资金体量越来越大，已经成为社会重要的经济体，高校风险管控的目标从单纯服务于人才培养，已经扩展为保证学校经济活动合法合规、资产安全和使用有效、财务信息真实完整、有效防范舞弊和预防腐败，提高资源配置和使用效益。风险来源的增加，内容的复杂，单一采取内部控制系统或仅依靠财务风险预警系统，都无法保证风险防控切实有效。随着教育事业的发展，一些以前并不纳入风险管控范围的事项，也开始被管理者意识到会对高校发展产生负动能，逐渐可能会演变为较大的风险项。高校目前开始逐步重视通过强化内部控制进而管控风险，但及时的风险示警，精确的警兆、警度的度量和反映，还很缺乏，还需一个可以对内、外部环境有及时、敏锐反应的财务预警系统发挥作用。而该预警系统不仅可以在内控体系暂未涉足的区域发挥自身优势，还能较为迅速地反馈现有内控体系的缺陷，是对内部控制系统的重要补充。如极端情况下内部控制失效，仍然有风险预警机制起兜底作用。

（二）内部控制和财务预警的固有缺陷要求二者耦合

由于资源的有限性，出于效益和效果的成本考量，内部控制一定程度上始终存在不足，而财务风险预警系统也存在自身固有盲区。两者各有缺陷，仅仅依靠一方并不能满足全面风险管理的要求，客观上要求高校在设计风险管理系统时，需要将内部控制与财务风险预警相结合，由此协同，互补增效，规避固有缺陷，将风险管理覆盖面延伸至高校当前或未来可能预测的各项风险中。

（三）川渝高校的发展现状要求二者耦合

川渝两地高校众多，近年来从国家到地方都加大了投入，增强了管理。但是必须意识到川渝两地高校作为西部高校，与发达地区高校的财政投入水平、发展水平仍然有不小的差异。教育投入作为各级政府力保的重要责任，为了达到高校生均投入要求，在未来一段时期必将迎来川渝两地高校高速发展阶段，其风险也将急剧扩张。同时也必须意识到川渝两地高校的风险管控水平与发达地区相比仍有不小差距。一方面是更高的风控要求，另一方面是更低的风控能力，必须同时结合使用内部控制和财务风险预警两大抓手，有机耦合，才能弯道超车，满足高校治理的要求。（见图 1）

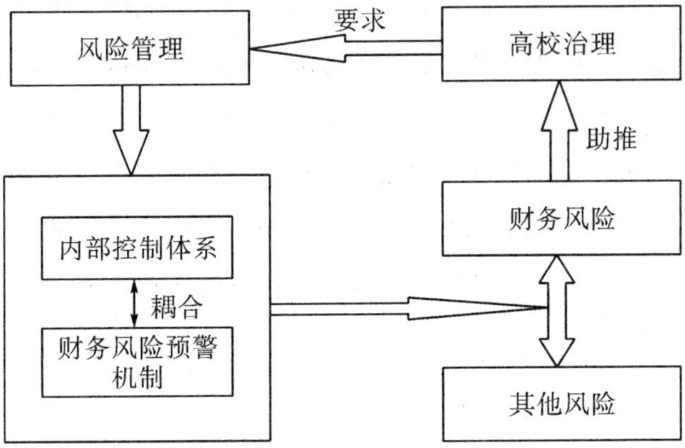

图 1　川渝高校内部控制和财务风险预警耦合

三、高校内部控制与财务风险预警耦合的实现途径

（一）在单位层面进行高校内部控制和财务风险预警的耦合

在单位层面上进行二者耦合，从工作机制上来说首先要建立良好的构架，明确重大事项议事决策机制、权责利分配机制、不同层级沟通协调机制、不同岗位职责权限运行规则、不相容岗位互相分离、监督和制约机制等。体制机制的顺畅，正向激励和负向处罚的施行，确保风险防控系统的全面性、制衡性、有效性，不断优化高校财务的风险预警能力和风险防控能力。一方面内部控制下的高校财务风险预警系统建设，管理人员的业务水平和专业判断能力也是耦合成功的关键因素，需要在风险管控专业能力上不断提升，还可以将风险管控的执行情况纳入干部考核体系、将结果与个人绩效考核挂钩，提升应对效率，一旦系统出现财务风险预警，风控人员迅速触发，精准应对，统一行动，快速控制。另一方面财务风险预警系统下的内部控制建设则需要更强的沟通协调，用更高的效率、更强有力的执行力去对应各种非标准情况。

（二）在业务层面中进行高校内部控制和财务风险预警的耦合

需要在预决算管理、收支管理、合同管理、招投标管理、基建管理、合同管理等具体业务中形成一套规范的工作流程，细化各项 KPI 考量，减少高校财务管理中的不确定性，提升高校财务风险预警的可靠性，全面降、管、控风险。《部属高校经济活动内部控制指南》中指出：高校应当建立健全“以预算为主线、资金管控为核心”的业务流程协同机制，资金管控是财务风控的重点，做好内部控制和财务风险预警的耦合，必须严格执行资金动用的内控流程，采用合理的风险预案来分散财务风险。也必须明确不同层级、不同范围、不同流程的风控人员权责利范围，当财务风险出现较大的不确定性时，风险预警系统及时示警，内部控制系统加强数据流、业务流、资金流的管控，有效预警，切实降低财务风险。

（三）依靠内嵌式的风控触发系统实现高校内部控制和财务风险预警的耦合

川渝高校可以更好地利用数据挖掘和数据分析，加强信息化建设，细化数据颗粒度，优化系统配置，把风控触发系统嵌入经济活动全流程，并确保各重要信息系统之间的互联互通、信息共享和业务协同，以减少或消除人为操纵，提高运行效率和风控水平，扩大信息公开的范围和程度，增强经济活动处理过程与结果的透明度和公正性。

四、结语

内部控制的运行可以拓宽财务预警的视野，增强财务预警系统的敏感度和警度；财务预警系统的建立可以促进内部控制系统的完善。只有让内部控制系统和财务预警系统相互藕合、相互配套，共同发挥出控制和防范高校风险的潜能，才能更好地为川渝两地高校财务高质量发展保驾护航。

参考文献：

[1] 王迪迪. 内部控制与财务预警有效结合防范商业银行的财务风险 [D]. 成都：西南财经大学，2011.

[2] 教育部. 直属高校经济活动内部控制指南（试行）[Z]. 2016.

[3] 徐光华，沈弋. 企业内部控制与财务危机预警耦合研究：一个基于契约理论的分析框架 [J]. 会计研究，2012 (5)：72-76.

[4] 四川省财政厅. 四川省省级行政事业单位内部控制建设指引 [Z]. 2019.

[5] 游桂云. 内部控制视角下的高校财务风险预警研究：评《高校财务风险预警与防范策略研究：基于内部控制视角》[J]. 高教探索，2018 (11)：15-16.

[6] 唐平. 企业内部控制与财务风险预警的耦合 [J]. 财会学习，2018 (1)：1-3.

[7] 许晶. 内部控制视角下的高校财务风险预警指标体系构建及完善策略 [J]. 财会学籍，2018 (4)：37-38.

[8] 马秀萍. 浅析高职院内部控制体系建设 [J]. 经济师，2019 (12)：23-25.

[9] 黄青山. 基于内部控制的高校经济合同管理研究 [J]. 商业会计，2020 (15)：16-18

[10] 管永昊，贺伊琦，赵婷婷. 基于内部控制框架的我国税收执法风险影响因素研究 [J]. 审计研究，2015 (6)：11-13.

事业单位成本核算的问题及对策研究

程皖川

［摘要］政府财政拨款是事业单位大部分管理、发展资金的来源。但是，资金利用不合理、效率低下和成本浪费的问题在我国很多事业单位都存在。这些问题既是对纳税人缴纳的公用资金的浪费，也极大地阻碍了事业单位的发展。因此，努力提高事业单位的资金利用效率和资金管理水平，提高事业单位的内部控制和成本控制能力，优化事业单位的资源利用效率和管理势在必行。

［关键词］事业单位　成本核算　对策

一、引言

2019 年《政府会计制度》正式实施以前，事业单位的会计核算采用收付实现制，《政府会计制度》实施以后，事业单位同时运用权责发生制进行财务会计核算、运用收付实现制进行预算会计核算，这为事业单位成本核算创造了很好的条件。

2021 年 1 月 1 日《事业单位成本核算基本指引》（以下简称《指引》）正式执行，《指引》对事业单位的成本核算从成本对象、成本项目、成本范围、成本归集和分配四个方面给出了具体的指引和规范。

国家财政体制预算绩效管理的推进，对事业单位的成本核算要求日渐提高。由于事业单位核算涉及范围广、行业多且每个行业的业务运行、经济活动开展各具特色、管理要求各不相同，在目前国家尚未建立事业单位成本核算操作规范的情况下，导致在实际中事业单位的成本核算存在一些问题。本文尝试去发现这些问题并提出解决的建议。

二、《指引》 对事业单位核算的相关规定

（一）对事业单位成本核算的基本要求

《指引》根据《中华人民共和国会计法》以及政府会计准则制度制定。制定的目的是为了夯实事业单位绩效管理基础、提升事业单位内部管理水平和运行效率、加强事业单位进行成本核算的正确意识。其基本要求是：其一，事业单位的成本核算应符合事业单位的核算；其二，事业单位进行成本核算应当满足内部管理和外部管理的特定成本信息需求。

（二）事业单位与企业成本核算的区别

1. 概念不同

事业单位的成本核算是指对事业单位日常工作或经营中所产生的费用进行统计和核算。核算内容包括办公用品的消耗、差旅费以及餐饮费等。事业单位的成本核算要从分配、总结和管理等方面结合实际情况开展，对各种费用进行管理控制、提高资源的使用效率，保障事业单位财政拨款的有效利用和可持续发展，反映了事业单位的综合管理水平。

企业成本核算是以会计核算为基础、以货币为计算单位、按照相关对象实施分配和归集，对企业生产经营全过程发生的所有耗费来计算单位成本和总成本。企业成本核算是企业成本管理的重要组成部分，对企业的经营决策和成本预测产生着直接影响。

2. 成本核算的对象不同

事业单位是指从事教育、科技、文化、卫生等活动的社会福利组织。事业单位的生产行业较少，产生的业务大多都是国家机关为了社会公益目的举办，或者委托其他组织利用国有资产举办上述社会福利公共服务活动。

《指引》第二章第九条明确规定：事业单位可以根据其职能目标、所处行业特点以及不同的成本信息需求确定成本核算对象。

可以按照维度和层次确定成本核算的对象。如：为满足成本控制的需求，可以将业务活动的类型、项目、内部组织部门等作为成本核算对象；为满足公共服务或产品定价需求，可以以公共服务或产品作为成本核算对象；为满足内部绩效评价需要，可以以项目、内部组织部门、业务团队等作为成本核算对象；为满足外部绩效评价需要，也可以按政策以及项目、单位整体等作为成本核算对象。

但是，在企业的成本核算中，成本核算对象通常根据企业的经营特点和管理要求加以确定。在工业企业中，成本核算通常有三种基本成本核算对象：一是全厂某月份生产的某种产成品；二是全厂某月份生产的半成品或产成品；三是全厂某一生

产周期生产的某批（件）产成品。

3. 成本核算的管理要求不同

事业单位的成本核算要满足内部管理和外部管理的特定成本信息需求。其成本信息包括（但不限于）以下三个方面：

（1）严格控制成本

为满足该要求，单位对特定对象的成本发生和形成过程要完整、准确核算，才能严格掌握和管控影响成本的各种因素、条件，在预期目标内控制实际成本。

（2）核算公共服务或产品的定价

该定价是事业单位为政府定价机构、有关单位提供制定相关价格或收费标准的依据和参考。

（3）绩效评价

事业单位必须设置与成本相关的绩效指标，并加以准确核算，以衡量事业单位内部组织部门以及整体运行的效率、核心业务的实施效果，以及项目资金的使用情况。

企业的成本核算在满足国家有关规定的同时，只要能满足企业自身的生产经营具体情况以及管理需要即可。

4. 成本核算的基本原则不同

《指引》第八条明确指出：事业单位进行成本核算时必须遵循以下六条原则：相关性、可靠性、适应性、及时性、可比性和重要性。

对于企业而言，核算成本除了应遵循事业单位会计成本核算以上六条原则之外，还需要遵循分期核算原则和权责发生制原则。

三、事业单位成本核算的意义

（一）提高事业单位资源的分配和使用效率

过去，财政资金拨付到事业单位后，缺乏成本管理相关制度和经验、缺乏相关的成本核算和监督方法，导致财政资金在使用的过程中产生很多浪费。《指引》的出台，将促进事业单位尽快建立内部成本会计核算和成本管理机制，防范各种潜在风险的发生，将更科学地规范事业单位的资金耗用和成本控制的流程。

（二）完善事业单位的绩效评价方法

在《指引》实施之前，我国事业单位绩效评价大多以“政绩”作为考核重点。2018 年《中共中央国务院关于全面实施预算绩效管理的意见》的发布，行政事业单位的预算绩效管理被提升到更高的层面。2019 年颁布了《政府会计制度》，所有事业单位已经先后执行。

但是，预算绩效管理需要成本类指标作为评价体系，成本核算才能弥补当前绩效评价体系中的缺陷和不足。因此，在2021年开始执行的《指引》文件中，绩效的评价和管理引入了成本核算指标，以促进事业单位在绩效管理的理念下，投入较少的成本带来尽可能多的产出。但是考虑到不同类型的事业单位，其所提供的社会公共服务的性质和特点不同，因此不能单纯的以“低成本高产出”作为唯一的成本评价指标，需要政府在进行绩效评价时，充分考虑某些“高投入、产出滞后”类型的事业单位的情况，建立多维度的绩效和成本评价指标。

四、事业单位成本核算面临的问题和困境

（一）成本核算的管理理念相对滞后

《政府会计制度》和《指引》出台之前，我国事业单位内部管理将领导者的业绩作为干部考核的主要标准，更多强调的是“政治业绩”。为了实现优良的政绩而忽略付出的经济成本，更往往忽略成本核算的专业常识，导致不将成本控制纳入考核的范围，这对行政事业单位的发展以及资源的有效利用都非常不利。这样的一种考核“思维定势”惯性，将在一定时间内成为滞后于《指引》要求的成本核算管理理念。

（二）成本控制和管理的水平低下

长期以来，源自财政拨款的事业单位工作人员成本核算及控制的意识薄弱，对成本管理的重要性认识不足，成本核算的模式相对落后。对员工进行绩效考核也只看重员工是否在规定的时间内完成工作量，并未将员工取得的成就与所耗费的成本纳入考核范围中。在《政府会计制度》出台之前，大部分事业单位在日常的经费管理中，只关注预算收支的情况。对于不同种类的支出应当依据怎样的标准进行分摊？在分摊的过程中应当采用哪种成本核算的方法？这些都不明确，在一定程度上反映了成本控制和管理水平低下的普遍现象。

（三）成本核算对象及范围不明确

如前所述，与生产型企业成本核算不同的地方在于：事业单位主要提供的社会公共服务及相应服务活动，不具备企业的“营利性”。且这些社会公共服务的内容复杂、缺乏统一的成本核算标准，成本核算对象的确定比企业更复杂。加之不同职能的事业单位，其成本核算的对象也较复杂多元，不同职能的事业单位及业务所需要采用的成本归集与核算方法也有不同，需要对其业务进行功能区分和定位，才能确定业务的核算方法和范围。因此，事业单位成本核算的对象及范围具有不明确性。

（四）成本核算基础不一致

《指引》中提出：事业单位可以按照相关性原则记录成本费用的发生情况，并对相关成本信息进行整理；也可以根据不同事业单位的业务内容和信息需要来确定核算周期。这就使得事业单位进行成本核算的基础产生了不一致性。

（五）成本核算的实现路径不统一

《指引》中规定：如果成本核算对象为公共服务或产品、项目、内部组织部门等，则可以采用制造成本法进行成本核算。但是由于《指引》发布至今时间太短，大部分事业单位尚处于摸索阶段，各事业单位的成本核算方法和评价体系的实现尚无统一路径，导致不同事业单位之间的成本核算方法不能进行对比分析。

（六）成本核算信息不准确

在《政府会计制度》实施之前，大部分事业单位将提供服务所耗费的资源价值都采用历史成本进行计量，一次性计入支出，后续很少对资产进行评估，管理手段比较粗放，信息的准确度不高。由此核算出来的事业单位成本缺乏现实意义，不利于单位进行成本的分析控制。

（七）成本核算信息化程度不高

目前，适应《指引》要求的事业单位成本核算的技术手段、配套软件开发、以及信息化程度还不匹配，远远不能满足对事业单位成本核算进行管理和控制的要求。

五、提升事业单位成本核算质量和效率的对策思考

（一）提高事业单位成本控制的管理理念

事业单位要提高成本控制的管理理念，还需要改变过去以“政绩”为主的评价体制，建立健全科学全面的员工绩效评价体系，采用更合理、全面的评价标准，将成本控制纳入绩效评估的评价标准中，帮助提高员工的工作业绩。同时还需要制定成本管理的各种规章制度和考核标准，明确单位、部门及个人的的成本职责，实行有效的奖惩制度，促进事业单位提高成本控制的理念。

（二）提高事业单位成本控制和管理的水平

事业单位要提高成本控制和管理的水平，首先需要抓好关键环节，提前做好成本预测工作，在项目实施过程中做好成本控制和监督，项目结束后也要针对成本控制进行复盘和分析，以清楚该项目成本控制的优劣。另外，还需要有意识地提高员工的成本管理和控制的意识，除通过专业技能培训来提高员工的工作能力外，还应进一步强化事业单位员工成本管理的意识，提高成本控制水平。同时企业还可以通

过创建单位的文化氛围，提高事业单位员工对成本控制的认知程度，有意识地避免浪费。

（三）明确成本核算对象及范围

由于事业单位主要提供社会公共服务及相应服务活动，且由于自身的性质特征导致在进行成本管控的过程中，需要对成本开支的范围进行严格准确的划分，按照企业产品的成本核算。企业产品的成本包括直接材料、人工和制造费用，公司经营过程中形成的管理、销售、财务费用按照我国的会计准则体系不能计入产品成本当中。《指引》指出成本费用归集的范围取决于成本对象，而食品药品的抽验单位作为事业单位，也需要根据相关文件，明确成本核算对象，这也是开展成本核算工作的一个先决条件。由于被核算的食品药品组成比较复杂，因此也应该呈现《指引》中的“多维度、多层次”的要求。

（四）成本核算基础不一致

各事业单位需要尽快建立起成本核算的质量标准和框架，明确以“事业单位提供的社会公共服务”作为成本核算的对象。另外还需要合理界定不同的事业单位及部门的开支范围，并非所有的支出都能形成成本，而应当按照成本核算对象的不同，以及核算的目的以及成本核算结果的不同，来界定成本的开支范围。

（五）提高成本核算信息化水平

事业单位的成本核算是一项较复杂的系统工程，除了需要专业的会计核算数据之外，还需要很多非财务数据进行支撑。因此需要单位各个部门协同完成各项成本核算和统计的工作，为了提高各个部门的成本核算效率和准确性，需要积极依托现代化的网络信息工具。

六、结论

综上所述，在事业单位中进行成本核算时，应明确其核算的任务，对事业单位的成本核算进行检查的同时也要按《指引》的原则施行。其核算人员应当明确核算对象以及科目，对不同类型的支出进行合理分类，促使事业单位在《指引》的指导下，尽快强化和提高成本管控的能力。

参考文献：

[1] 罗玉珠.《事业单位成本核算基本指引》的成本核算的思考 [J]. 财会学习，2021（6）：113-114.

[2] 博雅. 行政事业单位成本核算研究 [J]. 会计师，2020（6）：29-30.

[3] 华欣锋. 会计核算与成本核算的一体化的探讨 [J]. 财经界，2010（10）：166.

[4] 韩梅. 会计核算与成本核算的一体化的探讨 [J]. 现代商业，2013（17）：235.

[5] 孟欣. 政府会计制度下高校成本核算浅析 [J]. 当代会计，2020（12）：42-43.

[6] 王留根. 行政事业单位会计政策变更核算解析 [J]. 预算管理与会计，2021（2）：27-30.

[7] 赵莉薇. 行政事业单位固定资产管理风险与内部控制分析 [J]. 财经界，2020（34）：121-122.

《政府会计制度》下高等学校固定资产及往来款项核算的业务探讨

江楠

[摘要] 2019 年 1 月 1 日开始，《政府会计制度》对全国高等学校固定资产的折旧计提、固定资产的新增、处置都有了新的规定，这些规定的变化给高校固定资产的管理指明了新方向，提出了新的要求。针对《政府会计制度》实施后，高校面临的各种问题，本文以××高校为例，选取××高校固定资产及往来款核算两个方面进行分析，再结合业财融合，提出高等学校财务工作的发展方向。

[关键词] 政府会计制度　高校　固定资产　往来款

一、引言

我国高等学校一直以来实行的是以收付实现制为基础的高等学校会计制度，这一体系为财政资金的运行管理和宏观经济决策发挥了重要的基础性作用。但是，随着经济社会发展，传统的预算会计体系已难以适应社会经济新形势新发展的需要，主要反映在三个方面：一是不能如实反映高等学校的实际财政状况，不利于高等学校加强资产负债管理；二是不能客观反映高等学校的运行成本，不利于科学评价高等学校的运营绩效；三是缺乏统一、规范的会计标准体系，不能提供信息准确完整的财务报告。

党的十八届三中全会提出了“建立权责发生制的政府综合财务报告的制度”的重要战略部署，打造服务型、绩效型政府的改革理念。随后一系列改革方案与政府会计准则相继出台，政府会计制度的框架逐渐建立，形成了财务会计与预算会计适度分离并相互衔接的“双基础、双报告、双体系”的政府会计核算模式，新的《政府会计制度》于 2019 年 1 月 1 日在全国推行实施。

《政府会计制度》的核心内容是重构了政府预算会计与财务会计适度分离又相互衔接的政府会计核算模式。预算会计是以反映预算执行情况为目的的会计核算，满足预算管理与资金管控的实际要求，实行收付实现制，由预算收入、预算支出及预算结余三要素构成，并通过预算会计生成的数据为基础编制政府决算报告；财务会计是以全面反映财务状况为目的的会计核算，满足成本核算、绩效管理、政府综合财务报告的要求，实行权责发生制，由资产、负债、净资产、收入和费用五要素构成，并通过财务会计核算生成的数据为准编制政府财务报告。

预算会计和财务会计相结合的记账模式，体现了财务会计和预算会计相结合的“二元结构”，提高二者间的衔接性和对比性，为信息使用者提供财务形势、运行结果和财务状况的完整信息。两者在收入与预算收入确认标准上的不同，决定了高校财务核算上具有其独特性和差异性。单位对于纳入部门预算管理的现金收支业务，在采用财务会计核算的同时应当进行预算会计核算；对于其他业务，仅需进行财务会计核算，即“平行记账”。财务会计与预算会计之间相互衔接、互相补充，两套报表共同反映了政府会计主体的财务状态和预算执行情况，并通过附注编制“本期预算结余与本期盈余差异调节表”来揭示两套报表的内在联系。

二、《政府会计制度》对高校会计的影响分析

以往高校会计工作主要以《高等学校会计制度》为导向实施，但《高等学校会计制度》在部分环节上存在着一些缺陷，例如绩效评价不合理、资产负债管理不健全等。高校执行《政府会计制度》后，有利于弥补上述缺陷，进一步提升会计工作质量。政府会计制度的改革对高校财务的影响主要体现在以下四个方面：

第一，高校会计执行《政府会计制度》有利于促进不同行政事业单位之间的信息交互、横向对比，促使高校会计规范化实施。

第二，采用平行记账方式，即单位在反映现金收支业务时，对于纳入部门预算管理的部分，应该同时采用财务会计和预算会计进行核算；对于未纳入部门预算管理的现金收支业务或者非现金业务，一般情况下应该只使用财务会计进行核算来实现两者之间的有效结合，从而更加有效地保障各项工作的开展。在会计核算基础方面，财务会计一般为权责发生制，而预算会计则采用收付实现制。会计业务处理在同一张凭证上通过预算会计与财务会计两大体系同时反映，财务会计与预算会计之间相互衔接、互相补充，两套报表共同反映政府会计主体的财务状态和预算执行情况。

第三，高校执行《政府会计制度》能够进一步强化财务会计功能，并扩大资产负债核算范围，有利于增强高校资产及负债管理的控制能力。政府会计制度改革

的目标之一是能够使会计更好地反映政府的资产负债情况，从而可以帮助相关部门根据具体的实际情况进行相应的调整。因此，在《政府会计制度》下，针对高校以及其他企事业单位的会计核算都新增了会计核算科目，扩大了其核算的内容范围，增加了对资产折旧的核算，有利于如实反映高校的实际资产状况。

第四，高校执行《政府会计制度》能够对基建会计核算进行并账，无需单独列账，这种大账的核算模式能够明确基建会计核算的收支，完善财务报表结构，更为准确、真实地反映出高校财务实际运行状况。

从总体上来看，高校执行《政府会计制度》，能够消除以往会计核算当中存在的部分漏洞，可进一步提升单位内部财务管理能力，为单位开展内部治理工作奠定良好的基础。

三、高校会计核算存在的问题

目前来看，虽然《政府会计制度》为高校会计执行提供了导向作用，但在《政府会计制度》的执行方面，高校在具体实施会计核算工作的过程中，还存在着一些问题。

（一）会计核算基础有待完善

一直以来，高校行政管理政策氛围较为浓厚，会计核算工作受传统理念影响较大，导致会计科目设置方面偏向于预算管理需求，但对会计核算方面的需求有所忽视，导致会计核算整体效能不够理想。同时，在收入类科目与支出类科目配比方面问题较为突出。通常情况下，收入类科目划分标准以资金来源渠道为主；支出类科目主要以学校相关业务内容作为标准进行划分。会计科目划分科目配比设计不当，会影响高校会计信息质量，会出现会计信息披露不全面的情况。

（二）教育成本核算不够规范

高校教育成本与会计成本存在着较大差异，高校教育成本核算范围主要是与高等教育相关的收支活动。从本质上来看，高校是相对独立的经济主体，其经济活动主要涵盖科研活动、教育活动以及其他经营活动等。高校教育成本核算内容既涵盖了各类教育活动产生的成本费用，也涵盖了由教育活动所承担的其他费用支出。但在具体会计核算实施过程中，教育相关费用以及其他费用之间的界限并不清晰，部分内容存在重叠，会对成本核算工作产生一定的阻碍。

（三）会计人员能力有待加强

会计信息化的普及以及高校会计轮岗制的实施，对高校会计人员实际工作能力提出了更高的要求。高校会计人员除了要具备良好的财务会计、管理会计能力外，也需要具备网络信息技术以及软件操作能力。然而，部分高校会计工作者业务知识以及工作技能不够全面，在网络信息技术以及计算机操作方面有所欠缺，无法适应新的形势要求，其综合能力素养有待提升。

四、针对制度实施过程中具体会计核算问题的解决对策

政府会计制度的改革，对于单位的业务流程再造及信息化水平有较高要求，但是有些单位的资产管理、科研与合同管理、内控流程建设跟不上形势的发展，财务人员对制度的理解不全面，财务软件设置不到位等原因导致实际执行中出现变形或者走样的问题。以××高校为例，针对该校在实际操作中发现的问题，主要选择了两个方面进行分析：

第一，不同性质的往来款项，例如“预付账款”和“其他应收款”等对预算会计的影响如何？

第二，固定资产的入账、计提折旧、处置等业务在各高校仍然进行项目核算的情况下，怎么做才能既符合制度规定，又能避免计提折旧、处置需对应所有的出资项目的烦琐问题？

（一）往来款项重分类及后续核算

1. 往来款项重分类

“预付账款”为实际预付但尚未结算的款项，需要设置收支类型。预付时生成预算会计，实际报销时预付部分不再生成预算会计，如果之前预付时经济科目与报销时不一致，预算会计会自行调整；“其他应收款”借方发生时不生成预算会计，待实际核销时按计入费用的经济科目再生成预算会计，故不需要设置收支类型；单纯周转类的暂付款，例如质量保证金、履约保证金等是不纳入部门预算管理的，不需要生成预算会计。

××高校在2018年年末对原计入“其他应收及暂付款”的往来款项进行重分类，借款属于明确支付给对公单位并且未来将取得发票报销形成费用或资产的，主要针对附有合同的借款重分类为“预付账款”。其中设置“1214.1”为“预付账款——有票”科目，主要用于核算分期付款的资产类合同，分期付款提供了相应金额的发票的合同资产；设置“1214.2”为“预付账款——无票”科目，主要用于核算分期付款的资产类合同，分期付款时未提供相应金额的发票，仅为暂付款支付的合同资产。对于周转类的暂付款（包括预借的差旅费等报销金额不确定的）则重分类为“其他应收款”。

2. 预付账款及其他应收款的后续核算账务处理

（1）“预付账款”的会计处理（见表1）：

表 1 “预付账款”的会计处理

序号	摘要	科目	经费来源/项目号	借方金额	贷方金额	核销代码
1	××借版面费	1214. 2. 3020202	12050205XX102/YXXX2021XX	1 000	0	33333
2	××借版面费	1011. 1. 1	12050205XX102	0	1 000	
预算会计						
3	××借版面费	7201. 1. 3020202	12050205XX102/YXXX2021XX	1 000	0	
4	××借版面费	8001. 1	12050205XX102	0	1 000	

（2）“其他应收款”的会计处理（见表 2）：

表 2 “其他应收款”的会计处理

序号	摘要	科目	经费来源/项目号	借方金额	贷方金额	核销代码
1	××借差旅费	1218. 1. 3029999	12050205XX102/YXXX2021XX	1 000	0	33333
2	××借差旅费	1011. 1. 1	12050205XX102	0	1 000	
无预算会计						

（二）固定资产购入和计提折旧、处置业务核算

1. 固定资产计提折旧

《政府会计制度》对固定资产核算的重要突破是对固定资产计提折旧。要求将对各项固定资产计提的折旧计入相应的成本费用中，有助于真实反映高校各项业务活动的成本费用，能够提升高校的成本管理水平，完善高校的固定资产绩效评价体系。另外，对固定资产实提折旧，可以相对真实地衡量高校所拥有的固定资产价值，改变以往高校固定资产“只增不减”的情况。

2. 固定资产折旧核算

《政府会计制度》对固定资产折旧核算涉及的几个指标如何确定进行了明确规定，例如折旧年限和折旧计提时点的确定、折旧方法的选择，并明确在计提折旧时不考虑净残值，这些都使得高校在计提折旧时有据可依。在对折旧年限的规定上分为四大类并进行了明确规定，体现了《政府会计准则》与《企业会计准则》的趋同性。但是，在折旧计提时点的规定上，《政府会计制度》与《企业会计准则》是有差异的，《政府会计制度》对当月新增的固定资产要求计提折旧，对当月减少的固定资产要求不计提折旧；而《企业会计准则》要求当月新增的固定资产不计提折旧，下月开始计提，当月减少的固定资产当月仍需计提折旧。在折旧方法的选择上，《政府会计制度》规定可使用年限平均法或工作量法。《政府会计制度》对固定资产折旧核算方面的规定，一方面减少了高校财务部门在计提折旧时的疑点，提高了工作效率；另一方面折旧核算标准的统一性增强了固定资产信息的对比性，提高

了会计信息的质量。

3. 不计提折旧的固定资产

《政府会计制度》虽然要求对固定资产全面计提折旧，但是对一些特殊的固定资产明确规定不进行折旧计提，分别是文物和陈列品，动植物，图书、档案，单独计价入账的土地，以名义金额计量的固定资产。这些固定资产不计提折旧的原因，一方面可能是固定资产的原值无法确定，例如以名义金额计量的固定资产；另一方面是这些固定资产可能与一般固定资产的价值变动规律不一致，一般固定资产随着使用时间的增加其价值逐步降低，而某些特殊的固定资产随着时间的增加，其价值会逐步增加，例如文物等。高校一般存在为数不少的文物、陈列品、珍贵植物及图书档案等，针对这部分固定资产不再计提折旧，也减轻了实际工作中的工作量和难度。

4. 固定资产管理和核算模式

实施《政府会计制度》后，××高校改变了原有固定资产管理和核算模式，实现了资产系统与财务系统实质性数据对接，固定资产信息通过资产系统同步进入财务预约系统，从财务系统制单界面直接转入生成记账凭证。具体操作步骤如下：

第一步，对于新购入的固定资产，验收入库后，由各使用部门的资产管理员通过资产系统录入设备名称、品牌型号、技术规格、数量、单价、供应商名称、采购方式、经费项目、申请单位、供应商银行账号、联系人等信息，同时上传设备实物照片、合同、发票等信息至资产管理系统，等待资产管理部门审核。

第二步，资产管理部门接收到资产信息，审核通过后建账，包括资产编码、领用人、资产管理员电子签名、资产部门项目负责人电子签名等信息。根据资产的性质不同，开头代码分别为：S 为设备类，J 为家具类，R 为软件、无形资产类。

第三步，经办人对于已审核通过的资产业务进行操作，生成财务预约报销单，并在财务预约报销单中体现资产的名称、编号、数量、单价及总价。

第四步，经办人将设备购置发票、合同、财务预约报销单等附件提交财务部门，财务人员在系统中导入该预约单，转入资产后，生成记账凭证。在财务会计下增加固定资产，同时在预算会计下列入事业支出。

5. 固定资产购置的账务处理

实施《政府会计制度》后，××高校以前年度的固定资产及无形资产购置一直通过费用科目列支来过度，对于当期购置完成的业务没有不妥之处，但对于分期付款且跨年后才能办理资产入账的业务，涉及财务报告费用明细披露时该类费用当期存在未冲销的情况，不符合《政府会计制度》要求。为使固定资产资产及无形资产购置业务严格按照制度要求执行，××高校于 2021 年更改了固定资产资产及无形资产购置业务的入账方式。以固定资产购置举例如下：

（1）一次性付款购置固定资产时（见表3）：

表3　一次性付款购置固定资产

序号	摘要	科目	经费来源/项目号	借方金额	贷方金额	核销代码
1	××报××班台报增固定资产	1601.4.31002	1205XXXX102/YXXX2021XXXX	1 000.00	0.00	
2	××报××班台报增固定资产	1011.1.1	1205XXXX102	0.00	1 000.00	
预算会计						
3	××报××班台报增固定资产	7201.3.31002	1205XXXX102/YXXX2021XXXX	1 000.00	0.00	
4	××报××班台报增固定资产	8001.1	1205XXXX102	0.00	1 000.00	

（2）分期付款购置固定资产。分期付款购买固定资产又分为两种方式：一是本次付款部分发票已开具，固定资产在付尾款时报增；二是本次付款部分发票未开具，未开具的发票金额按照正常预付账款业务处理，固定资产在付尾款时报增，同时冲销预付款。

第一种情况具体账务处理如表4所示：

表4　分期付款购置固定资产（1）

第一次付款时						
序号	摘要	科目	经费来源/项目号	借方金额	贷方金额	核销代码
1	××报××班台报增固定资产	1214.1.31003	1205XXXX102/YXXX2021XXXX	1 000.00	0.00	111111
2	××报××班台报增固定资产	1011.1.1	1205XXXX102	0.00	1 000.00	
预算会计						
3	××报××班台报增固定资产	7201.1.31003	1205XXXX102/YXXX2021XXXX	1 000.00	0.00	
4	××报××班台报增固定资产	8001.1	1205XXXX102	0.00	1 000.00	
第二次付款，报增固定资产时						
1	××报××班台报增固定资产	1601.1.31003	1205XXXX102/YXXX2021XXXX	3 000.00	0.00	
2	××报××班台报增固定资产	1214.1.31003	1205XXXX102/YXXX2021XXXX	0.00	1 000.00	111111
3	××报××班台报增固定资产	1011.1.1	1205XXXX102	0.00	2 000.00	
预算会计						
4	××报××班台报增固定资产	7201.1.31003	1205XXXX102/YXXX2021XXXX	2 000.00	0.00	
5	××报××班台报增固定资产	8001.1	1205XXXX102	0.00	2 000.00	

其中“1214.1”为“预付账款——有票”，用于反映分期付款中次付款部分发票已开具的金额。假如预付款时经济科目选择有误，在第二次付款时按照资产分类选择正确的经济科目后，预算会计会根据更新的经济科目进行调整。

第二种情况具体账务处理如表 5 所示：

表 5　分期付款购置固定资产（2）

序号	摘要	科目	经费来源/项目号	借方金额	贷方金额	核销代码
第一次付款时						
1	××报××班台报增固定资产	1214. 2. 31003	1205XXXX102/YXXX2021XXXX	1 000. 00	0. 00	22222
2	××报××班台报增固定资产	1011. 1. 1	1205XXXX102	0. 00	1 000. 00	
预算会计						
3	××报××班台报增固定资产	7201. 1. 31003	1205XXXX102/YXXX2021XXXX	1 000. 00	0. 00	
4	××报××班台报增固定资产	8001. 1	1205XXXX102	0. 00	1 000. 00	
第二次付款，报增固定资产时						
1	××报××班台报增固定资产	1601. 1. 31003	1205XXXX102/YXXX2021XXXX	3 000. 00	0. 00	
2	××报××班台报增固定资产	1214. 2. 31003	1205XXXX102/YXXX2021XXXX	0. 00	1 000. 00	22222
3	××报××班台报增固定资产	1011. 1. 1	1205XXXX102	0. 00	2 000. 00	
预算会计						
4	××报××班台报增固定资产	7201. 1. 31003	1205XXXX102/YXXX2021XXXX	2 000. 00	0. 00	
5	××报××班台报增固定资产	8001. 1	1205XXXX102	0. 00	2 000. 00	

其中“1214. 2”为“预付账款——无票”，用于反映分期付款中次付款部分发票未开具的金额。

（3）2021 年之前已经付过款，现在才办理实物资产入账并付尾款业务。针对在分期付款以前年度已经支付部分，在财务系统中新设“3001. 7 资产基金”科目，该科目采用项目、资金来源核算，收支核算为支出，经济科目只关联 310 类的经济科目，专门用于核算此类特殊分期付款已支付部分金额。该科目采用项目为资产类归集项目“Z160101”。具体账务处理如表 6 所示：

表 6　已付款，现办理实物资产入账

序号	摘要	科目	经费来源/项目号	借方金额	贷方金额	核销代码
本次付款金额						
1	××报××班台报增固定资产	1601. 1. 31003	1205XXXX102/YXXX2021XXXX	2 000. 00	0. 00	
2	××报××班台报增固定资产	1011. 1. 1	1205XXXX102	0. 00	2 000. 00	
2021 年前已付款的金额						
3	××报××班台报增固定资产	1601. 1. 31003	1205XXXX102/Z160101	1 000. 00	0. 00	
4	××报××班台报增固定资产	3001. 7	1205XXXX102/Z160101	0. 00	1 000. 00	
预算会计						
5	××报××班台报增固定资产	7201. 1. 31003	1205XXXX102/YXXX2021XXXX	2 000. 00	0. 00	
6	××报××班台报增固定资产	8001. 1	1205XXXX102	0. 00	2 000. 00	

（4）资产金额高于需报销金额的业务。在实务中经常出现因网络支付或网络购物产生的小金额的销售折扣，这种折扣往往不在发票中反映而是在支付时直接减

少支付金额，针对这种销售折扣，以往核算时没有单独进行反映，是不符合《政府会计制度》的要求。对××高校来说这种小金额的销售折扣，可以理解为购货方对××高校的捐赠，因此专门采用“4603.3 非现金资产捐赠收入”用以反映该部分折扣金额。具体账务处理如表7所示：

表7　资产金额高于需报销金额的账务处理

序号	摘要	科目	经费来源/项目号	借方金额	贷方金额	核销代码
1	××报××班台报增固定资产	1601.4.31002	1205XXXX102/YXXX2021XXXX	1 999.50	0.00	
2	××报××班台报增固定资产	1011.1.1	1205XXXX102	0.00	1 999.50	
3	××报××班台报增固定资产	4603.3	1205XXXX102/S199523	0.50	0.00	
4	××报××班台报增固定资产	1601.4.99998	1205XXXX102/Z160101	0.00	0.50	
预算会计						
5	××报××班台报增固定资产	7201.3.31002	1205XXXX102/YXXX2021XXXX	1 999.50	0.00	
6	××报××班台报增固定资产	8001.1	1205XXXX102	0.00	1 999.50	

（5）科研经费中所有权归对方的资产的处理。科研合作中经常会出现经费负责人出资购买了固定资产，但该固定资产的所有权不属于××高校，而属于项目合作单位，针对这种固定资产，××高校在2021年核算时新设“3029919——不入固资产经济”科目，核算该类业务，在科研经费预算模板中放在设备费预算项内。具体账务处理如表8所示：

表8　科研经费中所有权归对方的资产处理

序号	摘要	科目	经费来源/项目号	借方金额	贷方金额
1	×××报自动化××软件	5001.2.3029919	220502051901，LR01XX06	2 000.00	0.00
2	×××报自动化××软件	1002.1.1.1		0.00	2000.00
预算会计					
3	×××报自动化××软件	7201.2.3029919	220502051901，LR01XX06	2 000.00	0.00
4	×××报自动化××软件	8001.2		0.00	2000.00

（6）使用受托代理资金购置固定资产。高等学校用接受委托方管理的资金购置固定资产，入账流程与其他资金一样，都须在资产部门办理入库手续后再进行账务处理。因受托代理资产不归高校所有，预算会计下不做处理。

（7）××高校在2021年高校校办企业的改制。原校办企业中部分固定资产将转回学校管理，因此这部分资产按照制度要求计入“无偿调拨净资产”。

第一步，按照该项固定资产原值计入固定资产，不生成预算会计（见表9）。

表9　按固定资产原值计入固定资产入账

序号	摘要	科目	经费来源/项目号	借方金额	贷方金额
1	××经办电脑调拨入账	1601. 3. 2. 9998	2205XX01，Z160101	2 000	0
2	××经办电脑调拨入账	3401		0	2 000
无预算会计					

第二步，根据该项资产原账面中已提折旧的金额计入累计折旧，不生成预算会计（见表10）。

表10　按固定资产原已提折旧的金额入账

序号	摘要	科目	经费来源/项目号	借方金额	贷方金额
1	××经办电脑调拨入账补提折旧	3401		1 000	0
2	××经办电脑调拨入账补提折旧	1602. 3. 99901		0	1 000
无预算会计					

6. 固定资产计提折旧的账务处理

《政府会计制度》要求高等学校按月计提固定资产折旧，并根据资产用途记入费用，如教育费用、科研费用、行政管理费用等。××高校先将固定资产从不同支出项目归集至“1601”科目及“1701”科目，再根据使用方向不同分别计提折旧，这样就避免了繁复出资项目的影响。因不涉及现金收支，预算会计下不做处理（见表11）。

表11　固定资产计提折旧的账务处理

序号	摘要	科目	经费来源/项目号	借方金额	贷方金额
1	固定资产折旧	5001. 1. 99901	2205XX01，Z160101	2 000	0
2	固定资产折旧	1602. 1. 99901	2205XX01	0	2 000
3	无形资产摊销	5001. 1. 99902	2205XX01，Z170101	3 000	
4	无形资产摊销	1702. 1. 99902	2205XX01		3 000
无预算会计					

7. 固定资产处置的账务处理

（1）结转固定资产账面价值。固定资产累计折旧经济科目应与原记入固定资产的通用设备、专用设备等经济分类科目对应，并按照申请时的用途区分教育支出、科研支出、行政支出等。

（2）经批准处理时，借方记入“资产处置费用”科目，贷方记入“待处理财产损溢”税目，收到变价收入时记入“待处理财产损溢”科目。

（3）处置收支结清，根据国家相关规定分为处置净收入留归学校和上缴国库两种情况，分别进行账务处理。通过“待处理财产损溢”科目进行核算。

（4）固定资产盘盈和盘亏也通过“待处理财产损溢”税目核算，经批准后，盘盈冲减“以前年度盈余调整”税目，盘亏转入“资产处置费用”税目。

（5）高等学校固定资产处置按照《教育部直属高等学校国有资产管理暂行办法》规定，包括无偿调拨、出售、出让、转让、置换、对外捐赠、报废、毁损等处置形式。会计核算处理时可分为不通过“待处理财产损溢”科目核算的资产处置和通过“待处理财产损溢”科目核算的资产处置两种情形。

①会计核算处理不通过“待处理财产损溢”科目核算，且没有残值收入的固定资产处置。在结转处置固定资产账面价值时，应结转处置固定资产的账面价值转入“资产处置费用”税目。

例：××高校 2020 年 5 月处置了一批未达年限的设备类固定资产，设备原值 200 万元，累计折旧金额 150 万元。当月已办理完资产处置相关手续。

财务会计核算处理方式如下：

借：资产处置费用　　50 万元

　　固定资产累计折旧　　150 万元

　贷：固定资产　　200 万元

无预算会计

②会计核算处理不通过“待处理财产损溢”科目核算，且处置时有残值收入的固定资产。

根据教育部 2017 年 9 号文《教育部关于规范和加强直属高校国有资产管理的若干意见》规定，教育部对于部属高校固定资产处置扩大了高校资产处置权限，分为已达使用年限处置（处置净收入留归学校使用）和未达使用年限处置（处置净收入需按规定上缴国库）两种情况。

1）处置达到使用年限的固定资产（处置净收入留归学校使用）时，会计分录如下：

借：银行存款

　贷：待处理财产损溢

预算会计：

借：资金结存——货币资金

　贷：其他预算收入

2）处置未达到使用年限的固定资产（处置净收入按规定上缴国库）时，会计分录如下：

在收到处置固定资产的价款时财务会计核算处理方式：

借：银行存款金额

　贷：待处理财产损溢

上缴国库款时财务会计分录：

借：应缴财政款——应缴国库款金额

　贷：银行存款

在处置未达到使用年限的固定资产（处置净收入按规定上缴国库）时，预算会计均不需要进行相关账务处理。

五、添加业财融合接口，加速高效财务转型

随着高校财务信息化水平的不断提升，××高校已经开始探索更加智能化的财务服务。“互联网+”“云平台”“OCR 识别”“财务流程再造”等举措加速了业财融合进程，整合了现有分散的系统，统一了数据口径、搭建了统一的数据平台，解决了“信息孤岛”问题；运用手机 APP 进行经费管理、日常报销，突破了报销时间和空间的限制。以××高校现有的业财融合平台及即将建设上线的各类平台为例，主要介绍了三个方面的业财融合情况：

（1）上线“智能报销系统”。通过上传电子发票文件原件及拍照上传纸质发票，系统可以自动对发票验真验重及识别发票信息，并将发票汇入“发票池”，提取购汇单位名称、账号、开户行等核算需要信息；经办人通过勾选“发票池”中的发票，系统自动生成预约单；系统还可以识别机票、火车票甚至长途汽车票，按照出差人员的不同分别形成行程信息，由系统自动生成预约单；提供报销业务影像查询服务，使科研人员或管理人员随时查询到以往报销业务的具体影像，全面信息化、自动化、电子化，实现“信息多跑路，职工少跑路”，提升财务服务质量。

（2）与教育部高校大数据监控系统对接。大数据监控系统现阶段只能起到事后监督的作用，根据系统设置规则，设置红色预警、黄色预警及蓝色预警，根据预警的层级不同、预警的问题严重性逐步增加；设置“疑似异常负责人预警数据”，对疑似恶意拆分合同的行为进行警示；设置科研合同关联交易预警等。

（3）与合同管理系统对接。通过与招投标的合同系统及科研合同管理系统的对接，实现合同的线上线下双重管理，有效避免在报销环节上重复和多次提交合同的问题，减轻财务人员及经办人员的工作量，提高报销效率。

（4）推进全面预算管理体系建设。预算要从整个学校的层面出发进行管理，

管理层需要进一步重视预算管理工作的重要性，通过完善预算管理体系，促进战略目标实现。在预算编制过程中，财务部门通过邀请科研人员、预算专家共同探讨、共同编制的方式，提高科研人员的参与度。

业财融合接口设计上，要预留足够的接口和空间，随时更新和新部门的链接，避免阶段性重复建设。通过打造互连互通接口，业财深度融合，有效维护各部门间的合作，减少报销环节人力物力的浪费，简化报销流程，解决人工多次登录不同系统平台进行经费报销流程烦琐的问题，提高报销效率。

财务信息化建设是一项系统性的工程，建设过程是循序渐进的，无法一蹴而就，除了需要高校领导的高度重视和大力支持，还需要各部门通力协作、共同参与建设。

六、结语

政府会计制度改革不可能单凭一个权责发生制就能解决所有的问题，更多的问题反映在配套改革是否到位。具体对高校来说有三大要求：第一，要求高校必须尽快制定完善科研管理、合同管理、资产管理等相关的配套制度，理顺内部管理流程，防范财务风险和会计核算的相关风险；第二，要求高校财务信息系统与其他系统相关数据必须高度共享，打通数据盲点，实现业务、财务、战略的高度有效融合；第三，要求财务人员必须适应新变化，加强理论学习和软件操作能力，提高数据处理和分析能力，提高发现问题、提炼问题和思考解决问题的能力，在变化中不断探索新的高校财务发展模式。

《政府会计制度》是财务信息产生和传递的基础，《政府会计制度》必须在实际执行的过程中不断修订和完善，才能产生高质量的会计信息，保证会计信息的可比性、可理解性、可使用性，才能更准确反映高校的运行成本，更好地实施绩效管理和科学评价绩效，科学地优化资源配置。

参考文献：

［1］裴丽新．新政府会计制度下高校固定资产管理研究［J］．财会学习，2020（8）：151-153.

［2］吴永谦，张颂华．政府会计改革后资产折旧与摊销相关问题的思考［J］．财会学习，2019（36）：108-109.

［3］王伟娣．新政府会计制度背景下高校固定资产核算与管理分析［J］．财会学习，2020（8）：136，138.

［4］刘畅，刘大鹏．基于业财融合视角的高校财务管理探讨［J］．会计师，2019（18）：25-26．

［5］贺燕楠．政府会计制度下事业单位固定资产精细化管理［J］．现代营销（经营版），2021（1）：154-155．

浅谈基层医疗机构存货内部控制制度

陈晓聪

[摘要] 自2011年医疗改革以来，基本医疗药品实行零差价。面对广大病人日新月异的需求，基层医疗业务更加灵活多样，并要应对来自各方面的考核与检查。而存货作为支撑一个医疗机构经济业务活动的主要供给物，有着种类繁多、存放地点比较分散、流动性大、存货计价方法多、生命周期短、变现速度快等特点，也是医疗机构聚集资金的重要来源。因此，有必要建立医疗机构的存货内部控制制度。本文浅析了基层医疗机构的财务管理现状，财会人员的业务能力不足，内部控制制度不健全等特点。为顺应时代发展的要求，基层医疗单位有必要建立内部控制制度。对存货的管理和风险的控制，有利于医疗业务活动的内部控制制度的改善。

[关键词] 基层医疗机构　存货　内部控制

自2011年医疗改革以来，基本医疗药品实行零差价。2019年《政府会计制度》的执行，基层医疗机构受到了社会各界的广泛关注。医疗机构的存货包括：药品（西药、中草药、中成药）、医疗耗材（棉签、酒精、注射器等）和各类医疗器械（价值低于固定资产），以及各类办公用品。如此多种类的存货，很有必要建立内部控制制度，加强基层医疗机构的管理。

一、基层医疗机构的存货内部控制的内容

存货内部控制是医疗机构内部控制的重要环节，是内部控制中的应用控制，是医疗机构实现经营目标，贯彻经营方针和决策，维护流动资产安全与完整，保证财务收支合法、会计信息真实性的一种内部自我协调、制约和监督的控制系统。

医疗机构的存货业务包括存货采购、存货验收、存货保管、存货出入库、存货盘点、存货报损处置等。

（一）存货采购

基层医疗机构的采购有政府集中采购和自行采购两种方式。无论是以哪种方式采购回来的存货，均应填报请购申请单、审批单、供应商的送货单方能入库。

（二）存货验收

无论是购买回来的存货还是接受捐赠的存货，都须经库房保管员验收入库。如是购买回来的物资在验收入库时，需在供应商的送货单上签字表明已收到相应的货物，并填制入库单（含供应商名称，入库日期、品名、规格、数量、单价、金额、生产批号、效期、生产商等），经财会审核人员审核签字后方可认定此项货物已经验收入库。如是接受捐赠的物资，能确定相应价值的按确定的价值填制相应的入库单；不能确定的，按同类物资最近的价值填制相应的入库单；如果按同类物资最近的价值都不能确定其价值的，按单位“1”填制入库单。

（三）存货保管

货物经验收入库后，保管人员应根据物资的性能特点，结合仓库的实际自然条件，采取不同的、科学的方法进行保管和保养。要做到防腐、防锈、防毒、防虫、防冻、防火、防潮、防盗。对于特殊的物品，医疗机构需按特殊物品的保管方法保管，比如精神药品杜冷丁，需要保险柜保管，并回收其空瓶（也按同样的保管要求）；某些营养药品比如脂肪乳需冰箱冷藏保存，各类二类疫苗需冰箱冷藏保存。

（四）存货领用、发放和退库

存货领用、发放和退库应保证货品无误，手续齐全，严禁无单、无手续的物品入库和发放；办妥物品进库和发放等相关手续后，应及时依据相关的凭证，登记实物库存保管账，并定期进行库存物品的账实核对盘点工作。各库房保管员对所保管的实物库存接近或达到最低库存储备量时，应及时主动地提出采购（领用）申请计划。

（五）库存盘点和报损处置

存货应保证账实相符。库房保管员应定期盘点库存，编制存货盘点表，并提出处理意见。财会人员应定期和不定期抽查存货盘点，对于每次清理出的过期物品，应报相关领导批准作为报损处理，同库房保管人员共同调整存货账务，以确保账实相符。

二、基层医疗机构的存货业务风险及控制目标

基层医疗机构对存货的管理和控制的主要目标是：保证存货的安全完整，提高存货运营效率，保证合理取得存货和确认存货价值，防止并及时发现和纠正存货业务中的各种差错和舞弊。

（一）存货业务的风险

存货业务主要存在下列风险，应重点关注：

（1）存货业务违反国家法律法规，可能遭受外部处罚、经济损失和信誉损失。

（2）存货业务未经适当审批或超越授权审批，可能因重大差错、舞弊、欺诈而导致资产损失。

（3）请购依据不充分，采购批量、采购时点不合理，相关审批程序不规范、不正确，可能导致企业资产损失、资源浪费或发生舞弊的行为。

（4）验收程序不规范，可能导致资产账实不符和资产损失。

（5）存货保管不善，可能导致存货损坏、变质、浪费、被盗和流失等。

（6）存货盘点工作不规范，可能由于未能及时查清资产状况并做出处理而导致财务信息不准确，资产和利润虚增。

（二）对重点存货或者关键环节应强化控制

通过强化控制，达到下列目标：

（1）职责分工、权限范围和审批程序应当明确规范，机构设置和人员配备应当科学合理。

（2）存货请购的事项应明确，请购的依据应充分适当。

（3）存货管理控制流程应清晰严密，存货管理原则及程序应明确规范。

（4）存货的确认、计量和报告应符合国家统一的会计准则制度的规定。

三、基层医疗机构存货内部控制中存在的问题

内部控制制度是现代管理理论的重要组成部分，是强调以预防为主的制度，目的在于通过建立完善的制度和程序来防止错误和舞弊行为的发生，提高管理的效果及效率。严控则强，失控则弱，无控则乱。目前，基层医疗机构存货内部控制中存在的问题主要有：

（1）内部控制意识较薄弱，特别是“一把手”的内部控制意识淡薄

许多基层医疗机构的“一把手”，因不是经济类专业出身，对财务方面的知识不了解，总认为财会人员仅限于记账、报账、编制报表等，更别说对内部控制知识的了解，因此对建立健全单位内部控制的重要性和现实意义的认识不够，抱着有与没有无所谓的态度。有的“一把手”简单地将财政的部门预算控制等同于内部控制，认为有了部门预算就无所谓内部控制体系了，还有的医疗机构干脆拒绝进行内部控制制度的建设。

（2）财务管理制度不健全

有效的管理控制需要坚实的基础，但大部分基层医疗机构财务会计基础工作仍

较薄弱，需要进一步的强化。有的基层医疗机构没有单独制定内部的财务管理制度，管理的随意性较大。就是有财务管理制度，也多是流于形式，没有切实的按财务管理制度明确岗位责任制度，财务人员岗位职责内容不详、职权不明确、责任不清楚、程序不规范，造成会计工作秩序混乱和财务管理失控。主要表现在：缺乏明确的岗位责任制度、财务制度不健全、印鉴保管上的漏洞较多。

（3）资产管理和控制制度有待加强

基层医疗机构的财务部门通常只起到“核算”“付款”的作用，对业务来龙去脉，对单位重要事项的决策、实施过程和结果均不了解。基层医疗机构的债权、债务不像企业那样经常核对，会计人员只是在业务发生时将其登记入账，但后期是否发生坏账，减值等很少了解。另外管账不管物，管物不管账的现象严重。

（4）财务人员的业务素质普遍较低

基层医疗机构的财务部负责人大多是跟师学艺，没有专业基础，财经法规意识淡薄，新进入单位的会计专业人员受外行人的指导，也造成他们对业务管理的茫然和不知所措。同时，财务职责权限不分，财务负责人集权于一身，使得专业人士好的建议得不到采纳，从而内部控制制度难以施行。

（5）岗位设置不够合理

由于基层医疗机构编制有限，人员紧张，岗位安排不合理，许多单位存在一人多岗，不相容岗位兼职的现象。记账人员、保管人员、经济业务决策人员没有很好地分离和相互制约，存在出纳兼复核 、采购兼保管等现象，管理漏洞百出。

四、加强医疗机构存货的内部控制及措施

（一）加强管理，积极完善存货管理制度

要提高基层医疗机构存货的管理水平，首先就要提高基层医疗机构所有资产管理人员的认识水平，让所有人都认识到做好存货管理对于医院发展的重要性。并且在资产的申请、调配、使用、调拨以及处置等环节进行强有力的管控。通过对现有管理制度进行完善使基层医疗机构存货相关制度能够真正实现规范化、精细化的目标。对于基层医疗机构存货的特点，基层医疗机构管理部门应该应用现代先进的计算机等技术对这些资源和数据进行管理。通过利用信息化、自动化手段对品种繁多的存货进行有序化、精细化、科学化管理。并且要求在管理过程中，管理部门、使用部门以及财务部门等要做好交流和沟通，尽可能协调和明确各自的任务和责任，实现目标责任制，确保所有账户都能够账实相符。

（二）医疗机构应建立存货业务的岗位责任制

基层医疗机构应明确内部相关部门和岗位的职责、权限，科学合理地设置机构

和配备人员，确保办理存货业务的不相容岗位相互分离、制约和监督。存货业务的不相容岗位至少应包括：

（1）存货的请购、审批与执行；

（2）存货的采购、验收与付款；

（3）存货的保管与相关记录；

（4）存货发出的申请、审批与记录；

（5）存货处置的申请、审批与记录。

（三）基层医疗机构应当对存货建立严格的授权批准制度

基层医疗机构应明确审批人对存货业务的授权批准方式、权限、程序、责任和相关控制措施，规定经办人员办理存货业务的职责范围和工作要求。医疗机构内部除存货保管员外，其余部门人员要接触存货，需由相关部门授权。而对于贵重物品、危险品或需保密物品的存货，应规定更严格的接触限制条件。

（四）运用信息化手段加强存货内部控制制度建设

基层医疗机构应运用内部控制信息技术将内部控制理念、控制流程、控制方法等要素，通过信息化手段固化到信息系统中，从而实现内部控制的系统化与常态化。要想达到上述目的需借助外力（软件公司）共同完成。

五、结语

基层医疗机构要建立存货内部控制制度，要增强各部门人员的思想意识，转变旧有的观念，顺应时代的潮流，运用信息化手段来推动内部控制制度的建设，以便更好的满足人民日益增长的需求。

参考文献：

［1］刘树林. 企业内部控制配套指引解读及应用指南［M］. 北京：中国商业出版社，2010：133-134.

［2］朱荣恩. 企业内部控制规范与案合例［M］. 北京：中国时代经济出版社，2009：84-87.

［3］骆蓉. 行政事业单位内部控制规范及相关制度应用指南［Z］. 2010：19-21.

疫情下的企业逆境生存之道

曾薇名

［摘要］2020 年暴发的新冠疫情，给会计工作按下了“暂停键”。虽然复产复工重新启动，但疫情对于企业的影响仍在持续，不同行业、不同性质的企业都受到前所未有的挑战。面对新冠疫情给企业带来的财务风险和给会计人员带来的工作困难，企业所有财务人员共同努力，使得企业仍在逆境中不断壮大和发展。

［关键词］财务风险　对策　成效

一、引言

2020 年新冠疫情全面暴发，给会计工作按下了“暂停键”。虽然复产复工重新启动，但疫情对企业的影响仍在持续，不同行业、不同性质的企业都受到前所未有的挑战。面对史无前例的新冠疫情，全国人民守望相助、风雨同舟，勇敢前行，在疫情防控中国家采取了果断的有效措施，尽最大可能降低了疫情对企业带来的损害。

二、新冠疫情给企业带来的财务风险

（一）成本增加带来的财务风险

（1）防护用品费用的增加。随着企业的生产经营逐渐恢复正常，新冠疫情防控需要企业配备消毒液、温度计等防疫设备；需要向员工普及相关防疫知识；需要定时定点按照国家要求进行消毒防范；需要向各部门提供口罩、手套等防疫用品。这些防疫中必不可少的用品将增加企业的支出，提高企业的成本。

（2）人工成本方面的增加。根据国家政策文件，对于受新冠疫情影响延迟返岗或因新冠疫情严重不能返岗的员工，企业需要承担相应的工资或生活费用，这无疑增加了企业的劳动力成本。由于控制新冠疫情的需要，一旦员工有外出或感染的风险均需进行检测、隔离，员工在新冠疫情防控方面的支出将大大增加企业的人工成本。

（3）运输成本方面的增加。由于企业复工的情况不同，许多企业已经开始正常的生产运营，但由于疫情严重地区的企业未能复工或即使已经复工但受到交通运输管制的影响，导致原来的线路无法正常正点运送原料物资到现场，因此增加了企业的运输成本费用。

（二）增加企业现金流的负担

虽然医药、在线教育、办公软件等行业在新冠疫情中获得了较高的收入，但多数行业都存在收入下降或入不敷出等现象。在疫情的冲击下，与实力雄厚的大企业相比，中小企业收入减少，疫情期间积累的应付账款增加，企业的现金流出现严重的入不敷出的现象。

（三）外部因素增加财务风险

面对新冠疫情，我国实施了严格的交通管制，这也使得企业在进货方面存在诸多困难。市场的关闭也使得许多中小企业面临着倒闭破产的风险，导致企业短期内找不到货源或替代品，影响其正常生产运营。比如在企业盈利的项目中，要一定量的原材料，长期合作的单位由于新冠疫情使得其产量下降，导致采购难度增加，企业极易处于被动状态，不利于价格的稳定，更使得成本增加。尽管随着国家管控的加强，使疫情得到了控制，但市场仍无法像往年一样生机勃勃、一片繁荣。由于销货方需求降低，将导致企业产品存在积压情况，不仅使收入减少、资金短缺，也使得企业无法支付相关费用。

（四）增加企业会计人员的压力

整体来看，疫情对会计人员工作情绪也有一定的影响，会使会计人员产生焦虑情绪。究其原因，这主要源于高级会计人员面对管理层方面的压力较大，初级会计人员面临未来企业会计数字化发展加快的趋势，有被淘汰的风险。

三、解决新冠疫情给企业带来财务风险的对策

（一）政府方面

在新冠疫情暴发后，国税总局和财政部联合出台了一系列财税优惠政策，相关优惠政策的施行减少了企业因税收所造成的现金流出，让更多的资金留在企业内部支撑日常运营。同时，各地政府也纷纷出台了多项措施稳定当地企业发展。这些普适性政策的出台及时缓解了企业的资金压力，此时企业财务人员应做的是及时更新信息，了解和利用好最新政策，并将相关证据如发票、合同、签收单、税金计算表等资料留存备查，在帮助企业渡过难关的同时保证财税操作的合法性。同时，政府

鼓励居民消费，提高企业收入。一些地区和机构邀请一些优秀主播，采取线上直播的方式推销当地特产，以此促进本地经济增长降低企业运营成本。

（二）企业方面

（1）节约成本，尽量减少不必要的人工成本。新冠疫情期间，多数企业调整了员工的休假方式，把员工的带薪休假提前在疫情期间休，能采用线上办公的在家线上办公，在一定程度上减少了办公成本、员工交通费补助、员工用餐补助等人工成本。人工成本的减少将为企业节约更多的现金流，缓解企业用工负担，减少企业运营压力。新冠疫情期间，由于要保持社交距离，减少了企业的招待费、差旅费、培训费等开支。

（2）完善供产销渠道。为了保证稳定的供货来源，企业应提前建立预警机制。企业可以扩大供应渠道，预防突发情况下因供应不足而导致无法生产的风险。同时增加供应渠道，货比三家，在前期尽量降低采购成本。在市场和销售方面，新冠疫情期间还可以寻求多种销货渠道，拓展原有业务、挖掘潜在客户、降低企业的库存，实现企业的盈利目标。

（3）在新冠疫情期间，由于全国人民都处于自我隔离状态。因此大家对疫情防护用品的需求大大超过往年。除了日常生活用品需求较稳定，很多其他商品的需求下降，若企业想要继续保持较高收益，企业可转换思维，调整原有的生产线，转型生产防疫防护用品。在新冠疫情开始阶段，我国的医疗用品极为短缺，不仅普通民众的需求无法得到满足，甚至医务工作者的卫生防护需求也存在缺口，由于新冠疫情是全球性的，国外市场在防护用品方面也存在巨大需求。因此生产防护用品一方面可拓展企业的现金流，另一方面也体现了一个企业家的职责担当。

（4）提高财务人员的综合能力。人才是企业发展的根本，企业财务部门应注重培养管理会计人才队伍，加强财务人员战略决策等综合能力的培养，提高其危机应对能力。

四、疫情防控取得卓越成效

（1）疫情使企业的会计工作颠覆了传统的办公模式，摆脱了地域限制，使信息更加自由的流通；提升了沟通效率，消除信息不对称；避免了团队沟通中不必要的干扰，这也形成了对传统会计工作最直接、最有影响力的冲击。远程办公模式的探索，加强了信息共享平台建设，推动了对企业财务共享服务平台建设的积极性。进一步推动业财一体化信息系统的建立，有助于实现企业业务财务、内部外部的大数据整合，实现会计工作全流程自动化。

（2）在疫情防控期间，首先，国家采取了统一指挥、统一调度、统一治疗标准、统一行动的管理措施，取得了良好成效。这种上下统一、全国一盘棋的做法，就是社会主义制度优越性的体现。在制度化的管理下，全国人民才能共同行动，产生巨大的社会凝聚力，从而迅速控制病毒的蔓延，打赢这场疫情防控战。其次，信息的透明化。国家每日对全国疑似、确诊以及死亡病例进行公布，向全社会公开疫情的防控信息，为舆情提供了积极的引导，避免了社会混乱甚至动荡的发生。再次，全民化的参与。这次我国的疫情能够被迅速控制，全民的参与和支持发挥了重要作用，各级社会组织、团体、个人都主动配合政府的管理，该检测的主动检测，该治疗的积极治疗，更多人主动放弃了春节的各项活动，宅在家里不出门，为疫情防控做贡献。最后，奖惩的明确化。在疫情防控过程中，政府及时对表现突出的管理人员进行了重用，对医护人员给予了表彰，同时对指挥不力的政府官员、不配合防控工作的任性群众、肆意妄为的入境人员进行惩戒。奖惩分明，对公民的道德和行为规范起到了很好的引导作用，有效保障了疫情防控长效机制的建立。这四个显著特征，充分展现了我国政府在社会管理事务中的进步和成熟。

五、结束语

面对新冠疫情，中国人民的智慧是无穷的。战胜疫情，我们一直在行动，我们每个人都是“战士”，我们万众一心、共渡难关的中国力量可以战胜一切困难。新冠疫情对企业发展有着不同程度的影响，只有增强自身抵御风险的能力才是自我救赎的正确之道。对于未来，这句话对笔者印象深刻——“这是结束，这是开始”。

参考文献：

刘璐．疫情下企业财务风险及对策探究［J］．企业财务论文，2021（2）．

管理会计篇

成都市管理会计的应用分析

——基于48家单位的调研数据

李玉周　伍锐

[摘要] 按照财政部的规划和学术界的构想，管理会计在我国历经了几十年发展，当前应该进入全面推广时期。管理会计关系会计工作升级，对新时期中国经济高质量发展至关重要。作者对成都市不同体制单位的管理会计应用情况进行了调研，本文报告了成都市管理会计推广滞后、应用不充分的现状，梳理了成都市管理会计推广的影响因素，并针对推广态度不积极、应用效果不佳的问题提出对策。

[关键词] 管理会计　应用研究　问卷调研

一、问题的提出

打造中国会计工作“升级版”的重点就在于大力培育和发展管理会计。在国家相关部委的高度重视下，我国管理会计指引体系已细化落实，“4+1”中国管理会计体系基本建成，全国各单位的管理会计理念不断深化。但我国目前管理会计应用到何种程度，还缺乏实证研究。本文以成都市48家单位的管理会计应用情况为调查对象，对当前管理会计的应用现状做调研分析。

（一）我国管理会计应用的发展过程

管理会计诞生于19世纪初的美国。管理会计引入我国后不断变迁以适应本土经济的发展，其变迁在我国主要分为四个阶段：第一阶段（19世纪50—70年代）以内部责任为主要特征[①]；第二阶段（1978—1989年）以控制为主要特征；第三阶

① 郑鹏，孙美霞. 新常态下管理会计发展与创新［J］. 会计之友，2017（5）：27.

段（1990 年至 21 世纪初）以工具整合与创新为主要特征；第四阶段（21 世纪初至今）则体现出“互联网+”与“全面推进”的特征。我国管理会计应用的发展过程体现了“一元观”向“二元观”转变的规律，即一元的管理控制转变为管理控制与信息支持的二元结合①。

在当前业财融合的背景下，管理会计的应用同时面临机遇与挑战。一方面，业务与财务的融合为管理会计的推广提供了契机，实务人员从管理会计理论中寻找、应用提高管理水平的方法，有助于解决以往理论与实践脱节，管理会计未得以重用的问题②；另一方面，管理会计的应用受到多重因素的掣肘，以至于不能在现实中发挥出理想效果，如管理会计信息化水平比较低、管理会计人才的综合素养有待提升等问题。可见，我国管理会计的应用进入了改革与创新的发展阶段。

（二）我国管理会计应用调研的综述

以“管理会计”为关键词在知网检索，现有文献从研究群体来看，实务发展超过理论研究的速度③。从研究内容来看，实务研究文献关注管理会计应用体系建设与工具创新（冯巧根，2020；马世永，2020）；实务研究文献聚焦于某行业具体管理会计技术和工具的应用（田俊丽，2014；江书军，2020）。从研究方法来看，以理论研究与案例研究居多，调查研究的比例极小。

本文采用问卷形式对成都市管理会计应用进行研究，因此整理出五篇调查研究文章。孟凡利对 107 位会计人员进行问卷调研，结果显示 1997 年山东省某城市的企业管理会计应用处于起步阶段。陆玉文对 163 家企业的管理会计应用率和应用效果进行调研，对具体管理会计工具的应用作出量化分析。李月平对某市中小企业的调研发现，中小企业管理会计应用中存在管理会计岗位缺失、管理会计工具运用不足、绩效考核不够等问题。刘冠雄对某省企业管理会计应用的成本习性的划分和应用、短期经营决策和长期投资决策全面预算的编制、责任会计的建立和执行进行问卷调查。佟成生采用调查问卷方式对《管理会计基本指引》提出的管理会计四要素即应用环境、管理会计活动、工具方法、信息与报告问题进行了调查分析。先前的研究为本文提供了问卷设计思路，进而对管理会计应用做拓展研究，不同时间的调研结果也可作为本文调研结果的比较对象。

---

① 冯巧根. 改革开放 40 年的中国管理会计：导入、变迁与发展［J］. 会计研究，2018（8）：16-17.

② 杜红莉. 从业财融合视角看管理会计在企业中的应用［J］. 商业会计，2017（8）：59.

③ 佟成生，等.《管理会计基本指引》在企业中的应用研究：基于管理会计要素的调查证据［J］. 财政研究，2017（5）：101.

二、管理会计应用的现状

（一）问卷调查概况

在问卷设计上，首先对问卷问题先行测试，其次根据初步反馈修订样题，最后才定题进行问卷收集。在问卷发放上，以问卷星为平台，共计发放问卷 48 份。由于不能控制被访单位的行业、性质等差异因素的比例，本次调查难免存在个案现象。但 30 份样本在统计学上即为大样本，因而此次调查的成都市管理会计的应用情况具有一定的普遍性和代表性。

此外，本次调查重点关注不同性质的单位对管理会计的应用差异。被访单位中，国有企业 21 家，占比 43. 75%；民营企业 17 家，占比 35. 42%；事业单位 8 家，占比 16. 67%；政府部门 2 个，占比 4. 17%。访问对象涵盖四种不同性质的单位，具有全面性和广泛性。本次问卷突破了现有文献中分别调查企业、事业单位、政府部门的局限，在研究内容上呈现出创新性。但被调查的两家政府部门均没有采用管理会计，因而后文不对此作过多分析。还应说明的一点是，虽然调查单位比例分布与成都市实际单位比例不一定全部吻合，但在问卷调查时严格确保了财务人员填写信息的真实性。

（二）成都市管理会计推广现状

1. 管理会计的推广态度

调查数据表明，成都市各单位对管理会计的推广态度并不如预期的积极。关于“所在单位对管理会计推广的态度?”这一问题的回答，仅有 25%的单位愿意适应改革，积极推广。在不愿意推广的原因中，50%的单位表示仍然以财务会计为主，25%的单位表示推广应用难度大或者应用效果不明显。前者体现出重视财务会计的传统观念，后者则反映了各单位对管理会计的畏难情绪和认知的局限。

不同体制下，企业的推广热情比事业单位和政府部门高。民营企业“适应改革，积极推广”的比例比国有企业高，但同时“仍然以财务会计为主”的比例也比国有企业高，反映出民营企业推广态度两极分化更明显。这一现象可以从企业规模上得到解释，企业规模越大，企业管理越复杂，单纯的财务会计难以满足企业经营管理；企业规模越大，企业越能够以战略眼光和资源投入的角度支持管理会计的应用。不同单位对管理会计应用推广的态度比较如表 1 所示。

表 1　不同单位对管理会计应用推广的态度比较

态度	所有单位		国有企业		民营企业		事业单位		政府部门	
	数量/家	比重/%	数量/家	比重/%	数量/家	比重/%	数量/家	比重/%	数量/家	比重/%
仍然以财务会计为主	24	50.00	10	47.62	9	52.94	4	50.00	1	50.00
推广难度大，不愿意推广	4	8.33	2	9.52	0	0	1	12.50	1	50.00
应用效果不明显，不愿推广	8	16.67	4	19.05	2	1.76	2	25.00	0	0
适应改革，积极推广	12	25.00	5	23.81	6	35.29	1	12.50	0	0

此外，实务界对管理会计推广的态度也可以从应用预期中略知一二。在“您认为未来五年内管理会计的应用趋势”这一问题上，54.17%的财务人员认为管理会计普及率会缓慢提高。其中，民营企业的财务人员对管理会计普及率的预期比其他类型单位人员的预期更高，47.06%的民营企业财务人员预计管理会计普及率会以较快的速度发展，反映出民营企业在观念上容易接受会计应用的变革。不同单位财务人员对管理会计应用的预期比较如表 2 所示。

表 2　不同单位财务人员对管理会计应用的预期比较

管理会计普及率预期	所有单位		国有企业		民营企业		事业单位		政府部门	
	数量/家	比重/%	数量/家	比重/%	数量/家	比重/%	数量/家	比重/%	数量/家	比重/%
无明显变化	4	8.33	1	4.76	3	17.65	0	0	0	0
缓慢提高	26	54.17	13	61.90	6	35.29	5	62.50	2	100.00
较快提高	14	29.17	6	28.57	52	29.41	3	37.50	0	0
快速提高	4	8.33	1	4.76	3	17.65	0	0	0	0

2. 管理会计的岗位设置

关于管理会计的岗位设置，本部分从有无岗位、设立时间、培训频率、软件投资四个方面展开阐述。在岗位设置上，52.08%的单位没有管理会计岗位，25%的单位设有管理会计岗位，还有 20.83%的单位目前靠分散的财务信息进行管理。在设有管理会计岗位的单位中，民营企业和事业单位设立时间较早，体现出自发性与主动性。设立管理会计岗位的国有企业在 2017 年后有大幅的增长，反映了《管理会计基本指引》政策的引导作用。不同单位是否设立管理会计岗位与设立时间的比较如表 3、表 4 所示。

表 3　不同单位设立管理会计岗位的比较

管理会计岗位	所有单位		国有企业		民营企业		事业单位		政府部门	
	数量/家	比重/%	数量/家	比重/%	数量/家	比重/%	数量/家	比重/%	数量/家	比重/%
有	13	27.08	7	33.33	5	29.41	1	12.50	0	0
没有	25	52.08	9	42.86	10	52.82	4	50.00	2	100.00
靠分散的财务信息进行管理	10	20.83	5	23.81	2	11.76	3	37.50	0	0

表 4　不同单位设立管理会计岗位时间的比较

时间	所有单位		国有企业		民营企业		事业单位		政府部门	
	数量/家	比重/%	数量/家	比重/%	数量/家	比重/%	数量/家	比重/%	数量/家	比重/%
2014 年以前	7	30.43	2	16.67	3	42.86	2	50.00	0	0
2014—2017 年	8	34.78	3	25.00	3	42.86	2	50.00	0	0
2017 年以后	8	34.78	7	58.33	1	14.29	0	0	0	0

管理会计培训和学习频率、管理会计软件投资则进一步反映单位在设立管理会计岗位后，对管理会计的推广力度与重视程度。从调查数据来看，事业单位对管理会计培训和学习的情况普遍较好，国有企业在培训和学习上表现得温和与保守。民营企业再次呈现出两极分化现象，即不重视管理会计培训和学习的企业比例较大，但是也有一部分企业格外注重管理会计的培训和学习。这些企业每年组织管理会计培训和学习的次数在 4 次以上，换言之，平均每季度都要进行管理会计的培训和学习。不同单位每年管理会计培训和学习次数的比较如表 5 所示。

表 5　不同单位每年管理会计培训和学习次数的比较

次数	所有单位		国有企业		民营企业		事业单位		政府部门	
	数量/家	比重/%	数量/家	比重/%	数量/家	比重/%	数量/家	比重/%	数量/家	比重/%
从不	17	35.42	6	28.57	9	52.94	0	0	2	100
1~2 次	26	54.17	14	66.67	5	29.41	7	87.50	0	0
3~4 次	2	4.17	1	4.76	1	5.88	0	0	0	0
4 次以上	3	6.25	0	0	2	11.76	1	12.50	0	0

管理会计软件的设置与投资方面，66.67%的单位没有独立的管理会计软件，且管理会计软件设置在不同单位中没有显著差异。在软件的投资上，55.17%的单位表示目前不考虑投资管理会计软件。其中，国有企业则表现突出，其自主研发和

外购软件的意愿都比其他单位高，充分说明单位财力对于管理会计软件应用的重要性。同时，接近20%的国有企业愿意自主研发软件，说明信息安全性也是国有企业考虑的一个重要因素。不同单位对管理会计软件的投资比较如表6、表7所示。

表6　不同单位有无独立的管理会计软件比较

管理会计软件	所有单位		国有企业		民营企业		事业单位		政府部门	
	数量/家	比重/%	数量/家	比重/%	数量/家	比重/%	数量/家	比重/%	数量/家	比重/%
有	12	25.00	6	28.57	5	29.41	1	29.41	0	0
没有	32	66.76	14	66.76	11	64.71	5	64.71	2	100
靠分散的财务信息进行管理	4	8.33	1	4.76	1	5.88	2	5.88	0	0

表7　不同单位管理会计软件投资的比较

管理会计软件投资	所有单位		国有企业		民营企业		事业单位		政府部门	
	数量/家	比重/%	数量/家	比重/%	数量/家	比重/%	数量/家	比重/%	数量/家	比重/%
自主研发	5	10.42	4	19.05	1	5.88	0	0	0	0
外购	17	35.42	9	42.86	5	29.41	3	37.50	0	0
目前不考虑这方面的投资	26	54.17	8	38.10	11	64.71	5	62.50	2	100

当前态度与未来预期的直接表现，有无岗位、设立时间、培训频率、软件投资的间接表现，都反映了单位对管理会计推广的态度。以上问卷数据说明成都市管理会计应用总体上处于推广不积极的现状。但对反馈数据进一步分析，也发现管理会计应用在成都市各大单位有巨大的推广潜能。一方面，国有企业与事业单位有较好的落地实施条件与动力；另一方面，民营企业有更加积极的预期，尤其是大型民营企业在管理会计应用的自发性和能动性上都表现显著。

（三）成都市管理会计应用效果

本部分对成都市管理会计应用效果从两方面进行分析。宏观上，考察管理会计在单位经营管理活动中的应用效果；微观上，考察不同单位应用管理会计工具方法的具体差异。

1. 管理会计应用效果

管理会计应用效果可以从两方面进行评价，一是经营管理活动的维度，二是不同单位类型的维度。从经营管理活动来看，成都市各单位管理会计在预算编制中发挥作用最好，成本控制作用次之，绩效考核和经济决策作用排在其后，在投资融资中发挥的作用最不理想。从单位类型来看，管理会计在企业发挥的作用普遍比在事业单位发挥的作用好，而民营企业的管理会计作用评价又比国有企业好。从关注点差异来看，所有的单位都重视管理会计在预算编制的应用。不同体制下，民营企业更关注成本控制和经营决策，国有企业更关注投资融资，事业单位更关注绩效考核。

在“发挥作用”的前提下，问卷继续对发挥作用大小设置问题，即由各单位财务人员对管理会计应用效果进行打分。应用效果分为差、较差、一般、好、很好，对应的分值是1、2、3、4、5。

整体上，各单位对不同活动的打分处于3~4分，反映出应用效果介于一般与好之间。从活动上看，决策活动、控制活动与评价活动得分均比规划活动得分高，反映出各单位更重视管理会计在预算编制、成本控制等具体业务方面的应用，而在战略规划上运用管理会计较少。从单位类型来看，民营企业对管理会计应用效果的打分仍然高出国有企业和民营企业，这从侧面说明了民营企业可能更注重管理会计的灵活使用以适应企业的内部环境与经济外部环境，从而取得了比较好的应用效果。不同单位管理会计发挥作用与应用效果的比较如图1、图2所示。

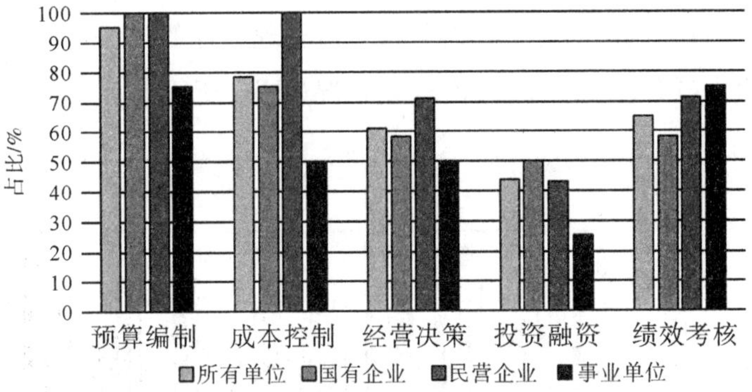

图1　管理会计在企业发挥作用的比较

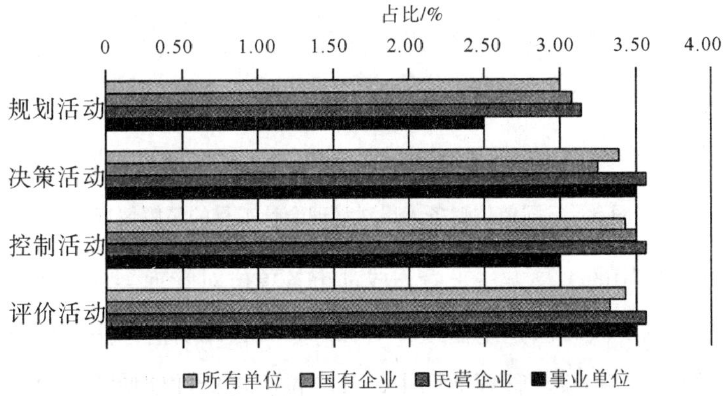

图2　不同单位管理会计应用效果得分

2. 管理会计工具方法的应用差异

在询问"单位使用了哪些管理会计工具方法"之前，先设置了"财会人员了解哪些管理会计工具方法"这一问题。因为财会人员了解的管理会计工具方法反映了会计人员的素质，而单位使用的管理会计工具方法则反映了单位对管理会计的实际需要。因此，两个问题的设置就将管理会计工具方法的应用环境做了区分。将图 3 和图 4 比较，财会人员对管理会计工具方法的了解程度显然比单位实际应用管理会计工具方法的程度高。

从人员素质上看，财会人员普遍对预算类、成本类管理会计工具方法以及 KPI 指标法更为了解。了解排名前三的管理会计工具方法是：全面预算（86.96%），变动成本法和 KPI 指标法（69.57%），滚动预算、弹性预算和本量利分析（65.22%）。在某些管理会计工具方法上，不同单位财会人员的了解程度存在较大的差距，如平衡计分卡、作业成本法和薪酬计划。这种差异与单位类型、所在行业不无关系，但成都市各单位的财务人员总体上对管理会计工具方法的认知程度还不够理想，除了对全面预算工具方法的了解程度超过 85%，对其他工具方法的了解程度均不足 70%。然而本问卷询问的管理会计工具方法均来自 2017 年发布的《管理会计基本指引》，这说明各单位财务人员对管理会计的学习是有选择性的学习。不同单位财会人员对管理会计工具的了解情况如图 3 所示。

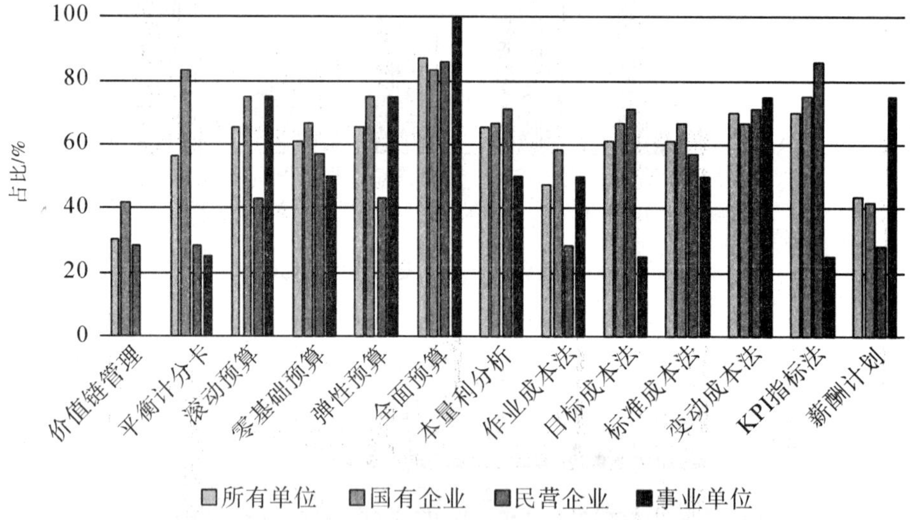

图 3　不同单位财务人员对管理会计工具的了解情况

从单位实际使用的工具方法来看，成都市各单位对管理会计工具方法使用程度较低，排名前三的工具方法是全面预算（82.61%），KPI 指标法（52.17%），目标成本法（47.83%）。在经营管理活动中，各单位有选择性地使用工具方法，如在预算编制中倾向于全面预算，在成本控制中偏向于目标成本法，管理会计工具方法在规划活动中仍然使用较少。在不同单位类型下，管理会计工具方法的使用也有所不同。如在薪酬管理方面，企业倾向于使用 KPI 指标法，而事业单位则更多地使用薪酬计划。不同单位对管理会计工具的使用情况如图 4 所示。

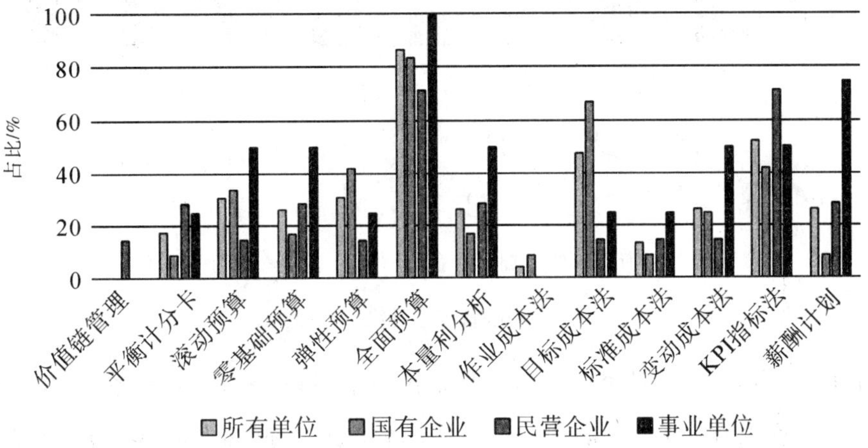

图 4　不同单位对管理会计工具的使用情况

三、 管理会计应用的问题

（一）管理会计推广的影响因素

为了找出管理会计推广的阻力，问卷设置了以下八个影响因素："单位领导不重视""领导对于管理会计了解不多""管理会计方法不适应公司发展的实际需求""现有的管理会计技术方法可操作性差""没有类似于管理会计软件的信息系统""财务会计核算资料不配套""业财难以融合""缺乏高素质的管理会计人才"。统计结果显示，对所有单位而言，领导不重视或领导不了解管理会计与管理会计软件信息系统的缺乏是影响管理会计推广的两大主要因素。具体而言，国有企业的财务人员认为业财融合的难度与高素质管理会计人才的匮乏是限制管理会计发展的重要因素。民营企业的财务人员则更多表示因管理会计方法不适应公司发展的实际需求而难以推广。事业单位表示受限侧重于基础信息不足，即管理会计信息系统缺乏和财务会计核算资料不配套的问题。影响管理会计推广的因素整理如图 5 所示。

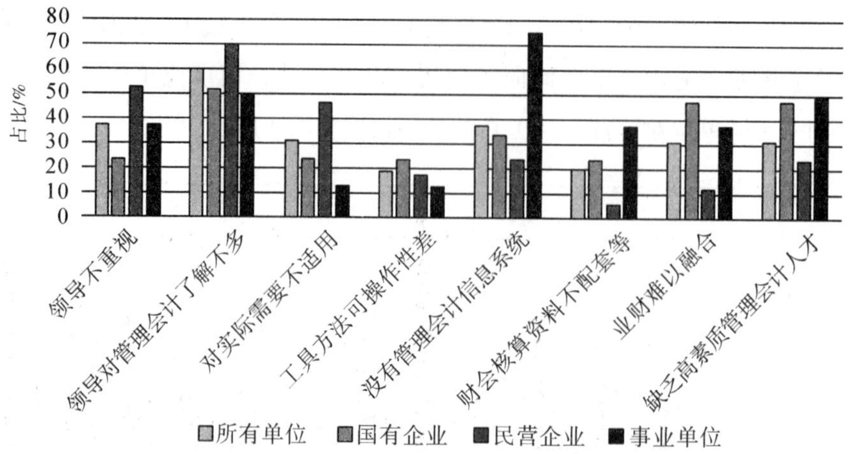

图 5　影响管理会计推广的因素

在以上影响管理会计推广的八个因素中，问卷特别关注了信息系统的问题，各单位使用信息程度由高到低排序是：内部财务信息、内部业务信息、行业信息、宏观环境。民营企业比其他单位更重视宏观环境信息。在信息影响因素方面，民营企业在应用管理会计时，信息因素对其影响较小，而事业单位则表现出对现有的信息基础不满意。不同单位管理会计的信息使用与信息影响因素如图 6、图 7 所示。

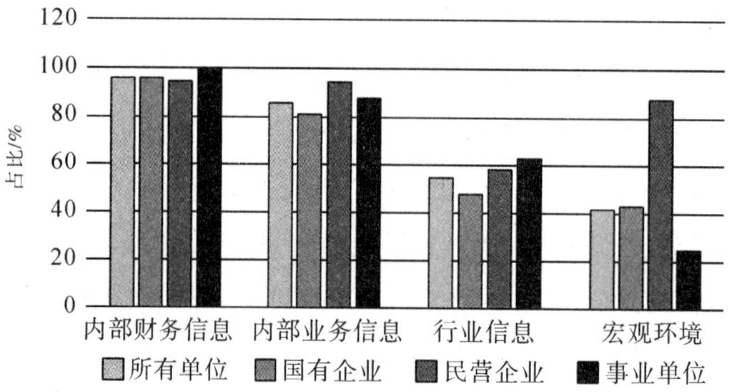

图 6　不同单位管理会计信息使用比较

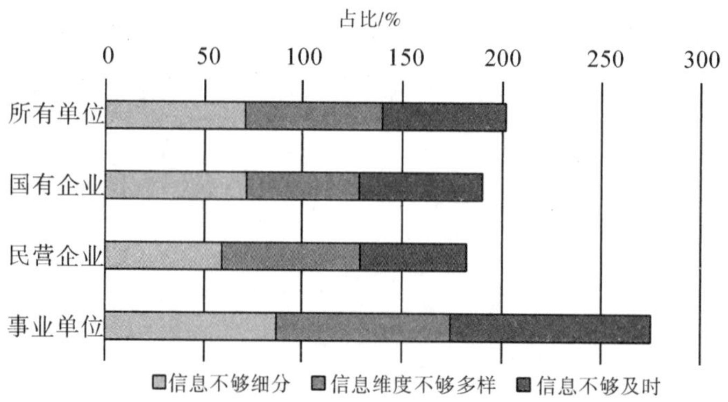

图 7　影响管理会计应用效果的信息因素

（二）管理会计推广的问题分析

由以上问卷数据可以总结出成都市管理会计的两大问题：①应用不广泛、不深入；②应用效果有待提高。

第一，成都市各单位更关注预算编制和成本控制的问题，管理会计的应用没有达到全面应用的水平。在应用工具方法上，成都市各单位采用的大多是诸如全面预算、本量利分析等比较传统的方法，一些比较现代的管理会计工具，例如价值链管理、平衡积分卡等，财务人员的了解程度仍然不够。对管理会计应用不广泛、不深入的原因进行分析，得到的反馈主要是领导不重视或领导不了解管理会计，以及管理会计软件信息系统的缺乏。

第二，成都市各单位对管理会计应用效果的评价集中在一般与好之间，民营企业对管理会计应用效果评价高于国有企业和事业单位。积极推进管理会计的民营企业，更能感受到管理会计为公司经营管理带来的改观。分析发现，管理会计的应用方法直接影响到应用效果，应用不当，则会给企业传达出管理会计技术方法可操作性差、管理会计方法不适应企业实际需求的信号，导致管理会计应用效果不明显成为管理会计推广的拦路虎。

四、管理会计应用推广的对策

（一）推广态度不积极的回应

1. 培养单位领导的管理会计意识

调查数据表明，影响管理会计应用的首要因素是“单位领导不了解管理会计”，其次的因素是“单位领导不重视”。单位领导的管理会计意识高低反映为不同体制下的单位、同一类型的不同单位的管理会计岗位设置、培训学习与系统投入水平存在明显差异。原因显而易见，单位领导缺乏管理会计的意识，就不会意识到管理会计在规划、决策、控制、评价活动中发挥的作用，就不会在日常经营管理中融入管理会计的应用，财会人员的管理会计才能也就无处可施。因此，培养和提高单位领导的管理会计意识成为管理会计应用推广的当务之急。孟凡利认为，培养单位领导的管理会计意识需要多管齐下①。政府有关部门组织单位领导培训时应加强管理会计的学习内容，会计人员在从业中也可以向单位领导宣传管理会计的理念与效用，领导本身要不断完善和及时更新对会计工作的认识，从多方面促使单位领导树立起应用管理会计的意识。

---

① 孟凡利，等. 管理会计应用：现状、问题与应有的改进：关于管理会计应用情况的一份问卷调查及其启示［J］. 会计研究，1997（4）：40.

2. 加大管理会计的政策引导

国家政策的引导效应在此次调研中有所体现，2017 年《管理会计基本指引》发布后，成都市国有企业的管理会计岗位设置大幅增加。可见，要形成全方位的中国特色管理会计体系，财政部仍需要大力推进和扶持，各级政府、各部门应做好管理会计意识宣传、引导工作。例如，2020 年 6 月，国资委发布《关于开展对标世界一流管理提升行动的通知》，要求国有企业在未来三年内开展对标管理。该通知发布后，实务界和学术界都开始探索如何应用管理会计加强企业的管理体系和管理能力，以此提升管理水平。

同时，我们还应对中小企业管理会计的应用加以重视。马世永指出，“如果中小企业不能使用管理会计，就谈不上管理会计在我国企业推广使用”①。因为中小企业在我国是数量最大的企业群体，中小企业对管理会计的使用将直接提升管理会计在整体企业的应用率与普及率。调研数据表明，中小企业对管理会计的接受度是很高的，但实际的推广情况却不尽如人意，很大程度上就在于中小企业没有获得国家政策的福利。如何让企业利用国家政策降低推进管理会计成本和难度，是我国全面推进管理会计必须应对的问题。

（二）应用效果不佳的回应

1. 加强管理会计的人才培养

管理会计人员的素质直接影响着管理会计的应用效果。对问卷分析发现，被调查的财会人员存在管理会计知识更新不及时，工具方法使用单一的问题。这与单位财会人员的结构有关，不少公司的管理会计人员是由财务人员同时兼任，其管理会计知识体系可能不够系统，工具方法运用比较落后。对此，单位要加强对财会人员的培训，及时了解国家管理会计的发展动态。财会人员自身也应加强学习，在理解管理会计的基础上才能正确地使用工具方法。此外，各大高校也应继续推进管理会计教育，为市场培养高素质的管理会计人才，增强管理会计应用的灵活性与创造性，实现管理会计的专业化发展。

2. 开发管理会计系统

没有类似于管理会计软件的信息系统是管理会计推广困难的第二大因素。对分散的财务信息进行管理，不仅对信息的整合有很高的要求，而且难以避免手工操作，从而影响管理会计应用的质量与效率。调研数据显示，成都市各单位中只有少数的大型国有企业和民营企业在自主开发管理会计系统。因此，国家应当鼓励和支持相关软件开发，管理会计系统的开发与普及将实现管理会计应用的跨越式发展。

---

① 马世永. 试论企业管理会计工具体系的构建［J］. 中国总会计师，2020（11）：100.

管理会计系统至少可以解决以下三方面的问题：①基础信息的准备；②与财务会计核算资料的衔接；③简化管理会计工具方法的操作。

信息是决策的前提。根据调研数据反馈，如信息不够细分、信息维度不够多样、信息不够及时将影响管理会计应用效果。通过提高信息系统的标准化、自动化，加速信息系统的集成，从而实现对信息系统的集中实施和集中管控，提高单位经营管理效率与内部管控。

内部财务信息是管理会计使用得最多的信息。财务会计核算资料与管理会计不配套，则需要对财务信息进行加工处理，管理会计工作因而更加烦琐。必须使财务会计核算资料与管理会计衔接，才能减少信息转化的内耗，实现信息的有效传递，提升管理会计的效率与质量。虽然财务会计核算资料与管理会计不可能完全衔接，但是管理会计信息系统在开发设计上应注意此问题。

管理会计工具方法的可操作性也影响着单位对管理会计应用的选择。管理会计工具方法的便捷使用，能推动管理会计应用的普及。将管理会计工具方法融入信息系统，不仅能提高信息的处理与分析能力，而且简化操作方法，降低了管理会计的应用门槛，吸引中小企业推广管理会计。

3. 推进业财融合工作

在问卷收集过程中，“部门、人员协调性差”的这一反馈信息应当引起注意。当前，我国正在推进业财融合，这也是管理会计推广的新契机。业财融合包含业务融合、工具融合、信息融合与人员融合。推进业财融合，要求财务人员在工作中要具备管理会计的意识，参与企业的经营管理，同时业务管理人员也要参与管理会计。由此，管理会计决策的效果也会有明显提升。管理会计是管理与财务会计的有效融合，符合业财融合的需要。业财融合的推进必然要求管理会计进一步的应用和推广，从而发挥出管理会计的实用功能，推动管理会计在经营管理中的实践。

五、结语

此次问卷调研，呈现了成都市各单位管理会计应用的大体情况。管理会计在成都市已经有了布局，但存在着应用不广泛、不深入的问题。当然，也很欣喜地看到有个别企业进行了积极的实践。本文对各单位管理会计应用情况进行分析后，发现不同类型的企业事实上都存在管理会计应用的潜能。为全面推进管理会计的应用，还需要政府、单位和财会人员多方发力，从政策引导、意识强化、人才培养、硬件条件等多方面为管理会计的应用推广注入动力。

参考文献：

[1] 郑鹏，孙美霞. 新常态下管理会计发展与创新 [J]. 会计之友，2017 (5)：26-29.

[2] 冯巧根. 改革开放 40 年的中国管理会计：导入、变迁与发展 [J]. 会计研究，2018 (8)：12-20.

[3] 张莉. 从业财融合视角看管理会计在企业中的应用 [J]. 财会学习，2019 (26)：3-4，11.

[4] 佟成生，等.《管理会计基本指引》在企业中的应用研究：基于管理会计要素的调查证据 [J]. 财政研究，2017 (5)：100-113.

[5] 孟凡利，等. 管理会计应用：现状、问题与应有的改进：关于管理会计应用情况的一份问卷调查及其启示 [J]. 会计研究，1997 (4)：38-42.

[6] 马世永. 试论企业管理会计工具体系的构建 [J]. 中国总会计师，2020 (11)：100-102.

[7] 徐玉德，俞盛新，徐菲菲. 国有企业管理会计应用变迁及展望 [J]. 会计之友，2019 (12)：12-18.

[8] 严永焕，吴杰，康玉梅. 国有企业管理会计应用文献综述 [J]. 财会通讯，2019 (6)：19-24.

[9] 王琼. 信息化时代业财融合模式下管理会计探讨 [J]. 中国市场，2020 (32)：134-135，138.

[10] 马贵兰. 从业财融合视角看管理会计信息质量 [J]. 财会月刊，2016 (35)：53-56.

[11] 孟焰，等. 中国管理会计研究述评与展望 [J]. 会计研究，2014 (9)：3-12，96.

[12] 王斌，顾惠忠. 内嵌于组织管理活动的管理会计：边界、信息特征及研究未来 [J]. 会计研究，2014 (1)：13-20，94.

银企直联下的资金结算业务研究

——基于资金效益与风险比最大化视角

梁安琪

[摘要] 随着国内疫情得到有效控制，国民经济加快恢复，经济发展对铁路运输的需求持续旺盛，人民群众乘坐高铁出行的意愿愈加强烈。铁路作为国民经济发展的重要支撑，自身的资本在加速扩张，但融资规模与国铁建设速度并不平衡，资金缺口日益增大。

为了推进铁路资金合理统筹运用，促进铁路资金运用效益风险比的进一步提升，中国铁路总公司推行新的资金结算子系统，新开发了银企直联功能，实现了铁路结算系统与银行系统的金融数据共享，大幅提升了铁路资金运用效率和效益，但同时也增加了资金流动的潜在风险。

本文对铁路资金结算系统以及铁路资金的银企直联模式、铁路结算机构监管方式等进行了探索，对如何提升铁路资金一体化管理效率，防控资金风险也进行了研究，提出了取得结算资金最佳效益风险比的措施以及对资金结算数据分析的衍生思考。

[关键词] 铁路资金　资金结算　银企直联　资金效益风险比

一、铁路发展现状

（一）经济发展要求铁路增加运能，建设规模巨大

根据中国铁路总公司“三个世界领先、三个进一步提升”的奋斗目标，铁路产业已逐渐发展为具有运输、工业、施工、物资、通信、多种经营服务结合的多元化业务产业，以铁路运输业为主线，将各种关联行业紧密联系起来，相关交易资金量巨大。

2020 年以来，全路投产新线 4 933 千米，其中高铁 2 521 千米，营业里程较 2019 年增长 3. 8%；建设规模逐年攀升，投入资金量增幅较高。高铁已成为国民出

行、旅游、商务的最主要的交通方式之一，铁路运输综合能力远超其他运输方式。

（二）铁路高速发展，资本需求增长受到制约

2021年在全国45万亿元“新基建”投资计划的影响下，铁路系统进一步建成发达完善的全国铁路运输网，实现运输能力的提升。在此条件下，负责基建及运营的铁路合资公司存在巨大的资金缺口。铁路相关财务部门通过提升资金运用效率，有效防范资金风险，成为支撑铁路发展的必不可少的动力之一。

二、铁路资金管理现状

铁路资金运用是指国铁集团为最大限度提高结算资金整体效益和价值增值，将结算资金通过各铁路集团公司及内部单位间划拨、调集、使用和外部市场间筹集、投资、回收等运作方式实现结算资金增值的过程。

（一）铁路资金现行结算模式

在国铁集团和各地方铁路集团公司二级法人管理体制下，铁路采用以地方集团公司为单位，通过内部资金管理机构——资金结算所，将集团内部各单位的资金集中起来统一管理、统筹运用，通过“大资金”的管理模式提高结算资金效率、防范资金风险（见图1）。

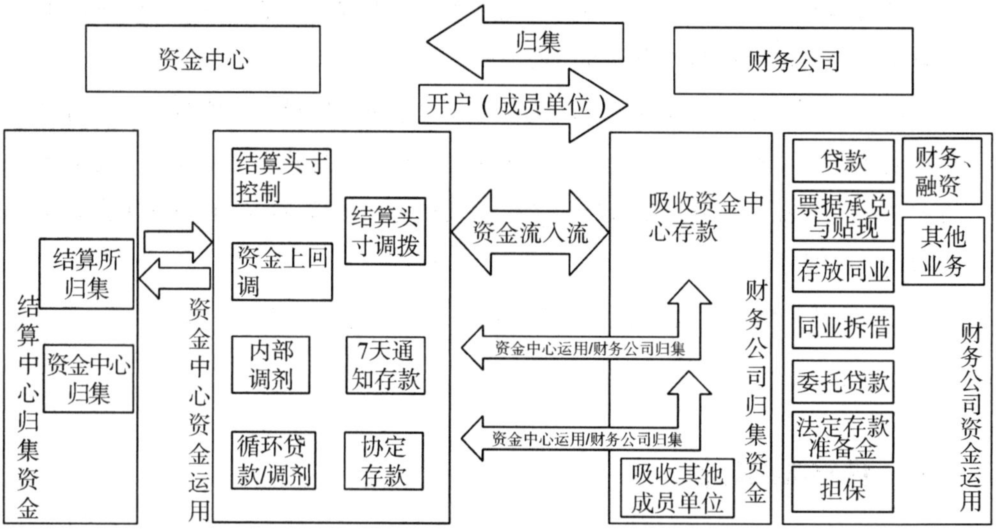

图1　铁路资金一体化运用及结算业务情况

（二）铁路资金结算管理系统

现有的铁路资金结算管理系统——V7.0于2020年10月正式上线，是由国铁集团资金清算中心、各地方铁路局集团公司结算所、各铁路站段通过合作银行与市场结算的生产系统。

铁路资金结算系统覆盖资金结算业务的全过程，可以实现快速办理结算业务，提供基础数据和分析，并在原有系统基础上升级，增加线上办理功能，增加与各合作银行（工行、建行、农行、中行、邮储银行）间的银企直联，实现网上收付功能，进而提高资金结算业务的信息化管理水平。

三、从铁路资金内部专网结算到银企直联的转变

随着科技的进步、网络银行的发展，“银企直联”系统产生并成为铁路资金集中管理的新模式。铁路企业无须登录网上银行，即可通过铁路专网财务系统的界面完成对自身银行账户以及铁路资金的集中管理。铁路资金结算系统还具有实时、动态账户查询、资金划转等诸多功能，可满足铁路集团日常资金账户管理、汇划支付等金融业务。

为实现银企直联，国铁集团从硬件、信息接口等方面进行升级重置，并与合作银行协商，以专用网络光纤为媒介，实现了铁路企业财务软件与银行业务系统间的无缝对接。

（一）硬件升级

中国铁路科学研究院通过升级技术架构，将铁路结算系统架构由传统的 C/S 升级为 B/S 架构；并调整原有资金专业运行网络（railway finance system）至铁路综合信息网内网，以保障资金结算系统满足业务扩展和管理的需求，实现图片、票据及附件传输。

新结算系统由国铁集团集中部署，构建统一的系统访问界面。其资金结算系统架构如图 2 所示。

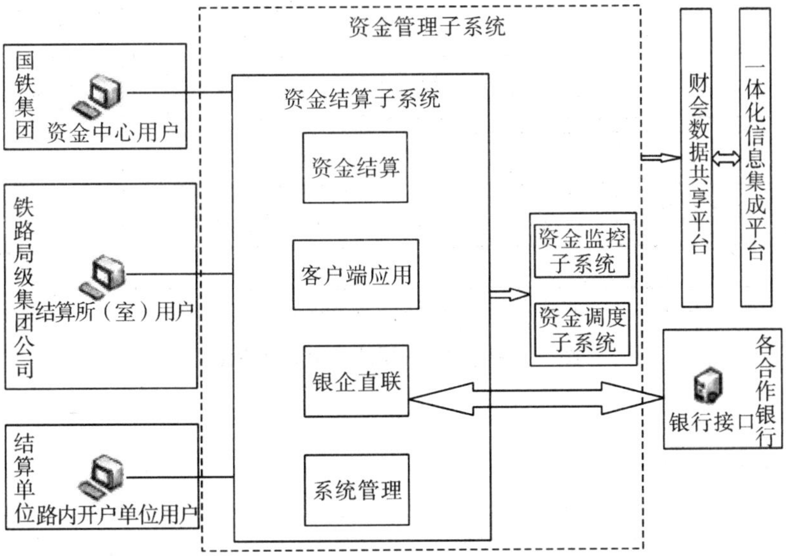

图 2　资金结算系统架构图

（二）软件功能升级

为满足各铁路站段结算业务的实际需要，结算系统开发人员对已有系统功能进一步完善，以提高资金处理效率。

1. 增加“资金计划管理”模块

按路内开户单位预约金额进行支付管理，强化头寸资金控制。结算人员可通过对内部账户、内外互通账户和归集账户实现资金按计划监控，实时反映路内开户单位账户资金变化，便于资金清算中心对头寸资金进行管理。

2. 增加网上业务办理功能

减少线下人工票据交换方式。该功能可满足铁路单位（特别是各客运段、高铁车站、货运车站等）的即时付款、实时收款。资金清算中心与直联银行之间不再进行手工票据交换，大大提高了工作效率。

3. 加强互联互通

实现资金结算系统相关信息与铁路其他财会信息系统的数据共享，建立资金数据共享中心。结算系统数据共享内容如图 3 所示。

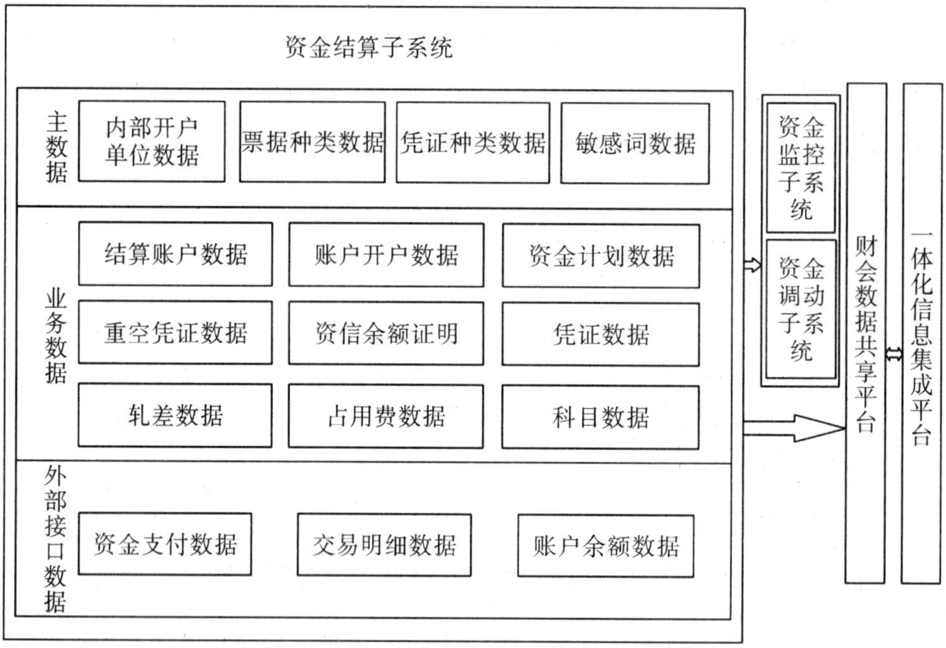

图 3　资金结算数据共享中心示意图

四、银企直联后的铁路资金结算业务

（一）资金归集

由于国铁集团合作银行现仅限于工、建、农、中、邮储银行，且受到中国人民银行和银保监会相关金融监管条件的制约。现阶段仍有相当部分铁路单位资金未能统一归集至铁路资金池集中管理。

近年来，各铁路资金结算所通过大力推进资金集中工作，优化资金归集挂接流程，提高挂接工作效率，统筹金融资源。银企直联上线后，结算所可进一步通过内部账户、银行账户、内外通账户三种方式，对铁路单位账户“应归尽归”，最大限度实现资金集中。

（二）账户管理

新资金结算系统上线后，各铁路单位增加了内外通账户模式的选择。内外通账户可开通银企直联功能，结算人员可直接利用银企直联实时操作内外通账户的资金调动，在单位办公室即可利用铁路专网进行资金收付、查账对账工作，大大提升了资金调动效率。

五、防范资金风险

长期以来，铁路企业的资金结算系统仍是一个封闭的内部循环系统，未能实现同银行数据的实时交互，在财务信息化、业财融合方面未能及时跟进，从而造成资金分散、利用效率低下的问题，极易形成各种隐患危及资金安全。

在实现银企直联之后，必须加强对资金的集中统一管理，充分利用电子商务及网络银行等先进管理理念对铁路企业的融资、投资等行为进行集中管理，整合铁路资源，发挥聚合效应。

（一）资金流动性风险

在资金中心和财务公司一体化管理模式下，资金中心是财务公司吸收客户存款的主要来源，两者之间存在着直接的流动性风险传导机制，需切实加强流动性风险管理，这是一体化管理必须坚守的底线，也是资金中心和财务公司开展各项业务的前提。

1. 明确各部门职责分工

制定流动性风险管理方案，并明确各业务部门是流动性风险管理的第一道防线，即风险管理的前台部门，对流动性风险管理承担直接责任。根据其报送的资金计划开展流动性指标的计算，实时预测、分析资金中心（财务公司）流动性及总户资金变动情况。风险控制部门为流动性风险管理的第二道防线，即风险管理的中台部门，对流动性风险管理承担牵头、监测和评估的责任。审计稽核部门为流动性风险管理的第三道防线，即风险管理的后台部门，对流动性风险管理承担监督、评价的责任。

2. 定期开展流动性压力测试

由于国铁集团财务行业的流动性比例普遍高于监管要求，通过定期开展流动性压力测试，能够推动财务部门持续完善风险管理政策和有关业务决策，根据流动性压力测试结果调整资产负债结构，包括增加流动性储备、调整风险偏好和风险限额以及完善流动性应急预案等。

（二）内部廉政风险

各铁路单位应定期组织从事资金结算的财务人员开展学习培训，提高结算人员素质。应防范廉政风险，督促结算人员加强金融知识学习，关注政策和市场变化，增强资金风险意识和法纪观念，提高专业素质。除此之外，各铁路结算中心应安排专门的稽核人员监控结算系统、检查结算系统生成的数据、凭证、账表的列账科目及平衡关系，关注结算系统运行状态，确保系统平稳和数据传输及时、准确、完整。

（三）物理环境风险

铁路结算系统银企直联设备部署于国铁集团，物理安全依托于国铁集团机房安全建设方案。全路铁路主数据中心机房的相关安全管理人员对服务器体系需定期进行安全防护设计，防止潮湿、温度过高、起火、鼠害等物理灾害对系统造成的损害。

1. 通信网络风险

铁路资金结算系统部署在中国铁路主数据中心专用应用类服务区，该区域与其他区域逻辑隔离，需增强网络安全防护。用户终端通过国铁集团、各铁路局集团公司及基层单位铁路综合信息网内网的终端接入区和专线接入区接入银企直联后，各铁路单位需根据网络安全相关标准和规范，定期派专人检查系统所在的网络区域、设备和链路的部署，防范单点隐患。

2. 区域边界风险

铁路资金结算系统边界包括同合作直联银行系统的边界、同其他铁路系统间的边界和同国铁集团、铁路局集团公司及所属单位各级用户终端间的边界。资金结算系统合作银行前置区域通过各银行专线与银行系统连接。该区域由专线路由器、专线交换机、专线防火墙、汇聚交换机、接入交换机、边界防火墙及核心交换机组成，连接银行及铁路综合信息网内网（见图4）。

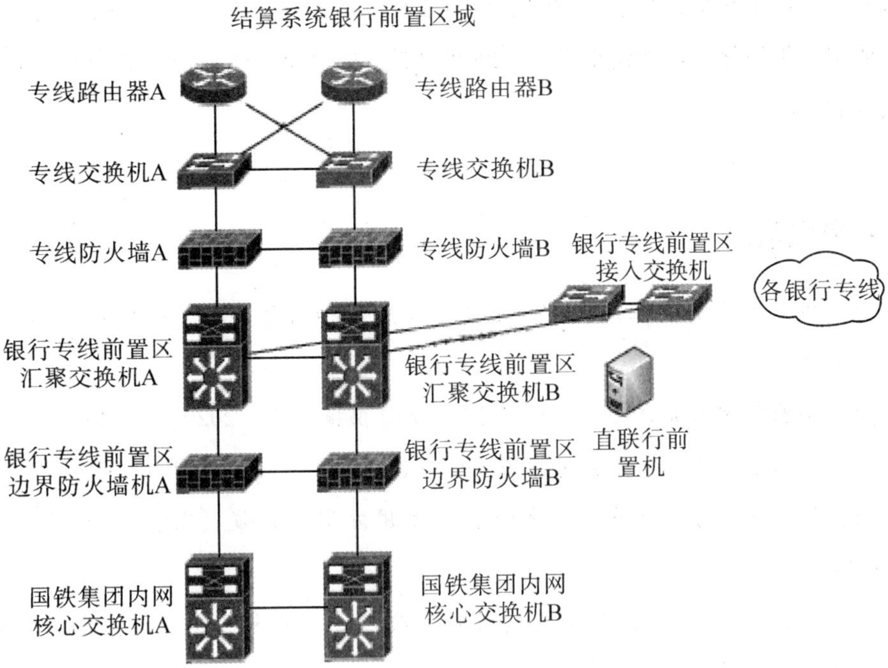

图4　铁路资金结算系统区域边界连接示意图

六、银企直连下资金结算面临的挑战及思考

（一）合作金融机构增多带来的挑战

随着资金结算中心和财务公司各项资金运用业务的逐步拓展，合作金融机构的数量将持续增加并呈现高度分散的趋势。搞好与各金融机构的关系及管理对国铁集团综合财务成本影响较大，资金中心（财务公司）应集中力量强化金融机构关系管理职能，结合国铁集团发展战略完善相关管理规则，优化金融资源配置。

（二）国铁集团需明确资金统筹运用目标和实现方式

铁道结算中心既是国铁集团资金集中管理平台，也是国铁集团综合性金融服务平台。国铁集团需理顺资金中心与其他铁路内部单位的关系。一方面与国铁集团本级之间，国铁集团资金管理政策实施平台和金融服务平台，是资金管理制度、方案、措施的建议者和执行者。另一方面，资金结算中心也是代表国铁集团向下实施资金集中管理的组织者，是对集中归集后的资金实施统筹运用的执行者。

新时代数据盛兴，信息数据已然成为新的生产要素。在信息技术的浪潮中，处理海量数据已不再遥不可及，数据分析必将从样本思维、自然思维向全量思维、智能思维转变，银企直联技术下的资金结算正跻身这波技术驱动的时代潮流之中。资金相关数据已进化成为组织的财务数据神经中枢，将组织各维度财务数据进行整合与挖掘，为管理者提供财务洞见，支撑决策层应对挑战、抓住机遇。只有全方位提升铁路资金运用水平，紧紧围绕国铁集团战略规划和发展需求，才能持续提升铁路资金运用的集约化、精细化水平，不断增强服务成员单位的金融需求能力和金融市场创效能力。

参考文献：

［1］中华人民共和国财政部. 管理会计应用指引第 702 号：风险清单［Z］. 2016：2-15.

［2］企业集团财务公司. 2019 年 12 月统计快报［Z］. 2020：11-23.

［3］中国企业集团财务公司行业发展报告（2018）［Z］. 2019：2-14.

［4］国家发改委. 推进财政资金统筹使用方案（国发〔2015〕35 号）［Z］. 2015：14-32.

［5］兰云升. 加强精细化管理提升财务公司运营效率［C］. 浦东干部管理学院培训总结系列. 2015：16-19.

［6］宋晓华. 银企直联系统下的集团企业资金集中管理研究［J］. 会计之友，2014（19）：25-30.

［7］苗海涛. 银企直联系统网络安全技术应用研究［J］. 河北建筑科技学院学报，2006（12）：42-45.

［8］石小明. 试论集团企业资金集中管理中存在的问题与对策［J］. 财经界（学术版），2011（10）：21-28.

［9］宋武. 改善企业集团资金管理策略探讨［J］. 经济与管理，2013（12）：9-13.

［10］章明. 企业集团优化资金集中管理框架的思考［J］. 财经视野，2018（16）：23-28.

电子信息业创新投入与财务绩效实证研究

刘蒙蒙　陈瑾瑜

[摘要] 本文选取2015—2018年电子信息业上市公司作为研究样本，采用实证分析法探讨企业创新投入与财务绩效之间的关系。实证结果表明：①企业创新投入要素对企业财务绩效的影响各有不同；②研发投入负向影响企业财务绩效；技术人员比率对财务绩效具有正向作用；③技术人员比率对财务绩效影响存在滞后性。因此，企业在进行创新活动时，应综合平衡企业绩效与创新力度，保证企业持续稳步发展。

[关键词] 创新投入　财务绩效

一、引言

“创新”概念在经济学家熊彼特代表作《经济发展理论》中被首次提出，之后一直备受关注。在国际经济竞争环境日趋激烈的当下，企业创新显得尤为重要。无论是技术创新还是企业产品创新都直接影响着企业的长远发展和竞争能力。加上近年来国际经济环境的不确定性和技术性贸易壁垒普遍存在，我国更加重视企业的创新研发。同时，党的十八大报告中也明确指出科技创新是提升综合国力与社会生产力的重要战略支撑，要求制定科技创新驱动发展的战略，提高我国的科技创新水平。电子信息业作为我国经济发展的朝阳产业，已经成为我国经济的重要支柱。其技术密集型高，产品更新迭代速度快都对企业创新能力提出了更高的要求。因此，本文选取电子信息业作为研究对象探讨企业创新投入与企业财务绩效之间的关系，为企业提供一些建设性参考意见。

二、理论分析与研究假设

目前，国内外学者对企业创新投入与财务绩效相关性研究结果并不一致。

Oswald（2008）以英国的企业为样本展开研究，发现创新投入的多少与企业价值之间并无显著的相关关系[1]。而 Kingsley Olibe（2010）以美国上市的所有制造和服务业为研究对象，认为研发投入对财务绩效具有正向影响[2]。反观国内，基于我国市场背景，徐欣（2010）深入探讨了研发活动与企业价值之间的影响，发现我国企业研发投入能为企业创造正向价值，两者间具有极强的相关性[7]。谢文刚（2017）对我国 A 股所有上市公司进行考察，研究发现创新投入越多越能提高企业绩效[4]。

由于每个行业的特性不同，企业创新活动和财务绩效之间的关系也可能因为其行业差异性而有所不同。熊朗羽（2018）在进行两者关系研究时，考虑到了行业特性，以我国创业板上市公司作为研究样本，证明了创新投入与财务绩效之间是存在正向关系的[6]。针对上述结论不一致的现象，笔者认为主要是因为每个行业都有其独特性，对企业创新的要求也不尽相同。而电子信息业正处于重点技术转型期，对技术要求较高，空间集聚效应强，企业的创新活动重要性不言而喻。基于此，提出如下假设：

假设 1：创新投入与财务绩效存在正向关系。

假设 1a：研发投入强度与财务绩效存在正向关系。

假设 1b：技术人员比率与财务绩效存在正向关系。

由于企业创新活动周期长，众多学者认为创新投入不仅会影响当年企业绩效，还会影响到企业的后期发展。杨鹏、高素英（2014）将高新技术企业作为研究样本，得出企业创新投入并不会对当年的绩效产生显著性影响，但会在次年产生明显的影响，即企业创新投入对财务绩效的影响具有滞后性[3]。罗婷（2009）发现研发投入对企业价值的影响存在较明显的滞后性且对企业未来一年的股价变动有显著性影响[5]。同时，熊朗羽对此的研究也证实了创新投入对滞后一期的财务绩效有显著正向影响。基于此，本文提出如下假设：

假设 2：创新投入与财务绩效关系存在滞后性。

假设 2a：研发投入强度与与财务绩效关系存在滞后性。

假设 2b：技术人员比率与财务绩效关系存在滞后性。

三、样本来源与变量选取

（一）样本来源

本文选取 2015—2018 年电子信息业上市公司为研究对象，数据来源于 Wind 数据库、巨潮资讯网，剔除无效值后，最终符合条件的有 90 家上市公司，共 360 个数据样本。

（二）变量选取

1. 被解释变量

企业财务绩效主要有四个维度的衡量指标，分别是盈利能力、偿债能力、营运能力、成长能力。盈利能力是判断企业是否成功的重要因素，企业发展的首要目标在于获得利润，因此本文主要选取 ROA 作为衡量企业财务绩效的指标。

2. 解释变量

（1）研发投入强度（RDC）

企业在进行创新活动时，必须投入大量资金，研发投入强度能很好地反映企业的创新研发活动力度，为避免企业研发投入的绝对差异性，采取企业研发支出金额与企业主营业务收入之间的比值来衡量企业研发投入强度。

（2）技术人员比率（RDS）

企业研发人员数量在一定程度上体现了企业对创新活动的重视程度。企业产品成果的创新更多地依赖研发人员的认知能力和智力活动，因此在企业中，人力、物力都是不可或缺的创新活动要素。同时，为避免不同企业技术人员数量的绝对差异，本文采用技术人员比率相对指标客观地衡量企业创新投入力度。

3. 控制变量

（1）企业年龄（AGE）

企业在不同的发展阶段对研发活动持有不同的态度，因此企业年龄会影响创新投入。在衡量方法的选择方面，由于考虑到企业上市前后在治理环境、组织经验等方面会发生重大变化，故采用企业上市至今的年限衡量企业年龄，用 AGE 表示。

（2）企业规模（SIZE）

为了控制企业规模对创新投入的影响，本文将其作为控制变量加入模型当中，采用公司年报所列示的总资产的自然对数来衡量，用 SIZE 表示。企业规模的大小会影响企业对创新的投入和企业的获利能力，本研究采用对数化的总资产（LNA）来衡量企业规模。

四、模型构建与实证分析

（一）模型构建

针对假设 1，构建如下模型：

模型 1：$\mathrm{ROA}_{it}=a_{it}+\beta_1\mathrm{RDC}_{it}+\beta_2\mathrm{RDS}_{it}+\beta_3\mathrm{AGE}_{it}+\beta_4\mathrm{SIZE}_{it}+\varepsilon_{it}$

针对假设 2，构建如下模型：

模型 2：$\mathrm{ROA}_{it}=a_{it}+\beta_1\mathrm{RDC}_{it-1}+\beta_2\mathrm{RDS}_{it-1}+\beta_3\mathrm{AGE}_{it}+\beta_4\mathrm{SIZE}_{it}+\varepsilon_{it}$

（二）实证分析

1. 相关性分析

相关性分析见表 1：

表 1　pearson 检验

	ROA	RDC	RDS	AGE	SIZE
ROA	1				
RDC	-0.109*	1			
RDS	-0.009	0.575**	1		
AGE	-0.092	-0.191**	-0.087	1	
SIZE	0.158**	-0.210**	-0.134*	0.356**	1

注：“*”在 0.05 水平（双侧）上显著相关；“**”在 0.01 水平（双侧）上显著相关。

从 pearson 相关系数来看，RDC 与财务绩效在 5%的显著性水平上负相关。初步表明，企业研发投入强度会负向影响财务绩效，进而降低企业盈利能力。RDS 与财务绩效虽然呈正相关关系，但影响不显著。且各变量相关系数均小于 0.8，说明不存在严重的多重共线性。

2. 回归分析

回归分析见表 2：

表 2　ROA 回归分析

Variable	Coefficient	t-Statistic	Prob.
C	5.820 244	0.535 367	0.592 8
RDC	-1.139 735	-5.353 364	0
RDS	0.283 298	4.142 78	0
SIZE	0.032 705	2.361 309	0.018 9
AGE	-0.687 388	-0.597 517	0.550 7

经回归分析后发现，RDC 回归系数为-1.14，p 值小于 0.05，因此 RDC 与财务绩效（ROA）在 5%显著性水平上与财务绩效负相关，假设 1a 不成立。RDS 回归系数为 0.28，p 值小于 0.05，故 RDC 与财务绩效（ROA）在 5%显著性水平上呈显著正相关关系，假设 1b 成立（见表 3）。

表 3　滞后一期回归分析

Variable	Coefficient	t-Statistic	Prob.
C	-0. 309 614	-3. 122 091	0. 001 9
RDC（-1）	-0. 130 491	-1. 359 633	0. 174 8
RDS（-1）	-0. 058 333	-1. 812 452	0. 070 8
SIZE	0. 018 325	3. 973 155	0. 000 1
AGE	-0. 003 002	-3. 641 427	0. 000 3

由表 3 可知，RDC 滞后一期回归后，回归系数为-0. 130，p 值大于 0. 1，说明滞后一期的 RDC 对财务绩效的影响并不显著，假设 2a 不成立。RDS 滞后一期的回归系数为-0. 058，p 值小于 0. 1，说明滞后一期的 RDS 与财务绩效在 10%显著性水平上呈显著负相关。

五、结论与启示

本文以 2015—2018 年电子信息业为研究样本，通过一系列实证分析后得出以下主要结论：

（1）企业当期的研发投入强度不利于当期财务绩效。企业在进行高风险的创新研发时，需要平衡好企业财务绩效与研发资金投入之间的关系，在保证企业一定的盈利基础上确保研发资金的投入，使研发活动能够持续进行。

（2）企业技术人员比率会提升财务绩效。这表明，企业技术人员在一定程度上会为企业绩效带来正向影响。企业在进行创新研发时，除了资金投入外，企业技术人员也成为企业创新的重要生产要素。因此，企业在进行创新活动时，除了增加创新资金投入外还要注重技术人才培养，想方设法留住技术人才，充分利用人力资源，提高创新效率，有利于企业长远发展。

参考文献：

[1] OSWALD. The determinants and value relevance of the choice of accounting for research and development ex-penditures in the United Kingdom [J]. Journal of Busi-ness Fïnance 8. Accounting, 2008, 35 (1): 1-24.

[2] KINGSLEY OLIBE. The effect of R&D investment on firm value: an examina tion of US manufacturing and serviceindustries [J]. International Journal of Production Eco-nomics , 2010, 128 (1): 127-135.

［3］杨鹏，高素英，刘琳. 高管团队特征与创业板上市公司绩效的实证研究［J］. 企业经济. 2014（11）：2-3.

［4］谢文刚. 创新投入、股权结构与企业价值［J］. 财会通讯，2017（12）：93-97.

［5］罗婷，朱青，李丹. 解析 R&D 投入和公司价值之间的关系［J］. 金融研究，2009（6）：100-110.

［6］熊朗羽，韩培培. 民营企业技术创新投入与企业绩效：基于风险承担的调节效应研究［J］. 吉林工商学院学报，2018，34（5）：35-41.

［7］徐欣，唐清泉. R&D 活动、创新专利对企业价值的影响：来自中国上市公司的研究［J］. 研究与发展管理，2010，22（4）：20-29.

绩效棱柱模型在建筑施工企业绩效评价中的应用研究

张东凤

[摘要] 随着建筑市场竞争的加剧，绩效评价对企业的发展越来越重要。面对新时期经济发展的新变化，满足相关利益者需要，增强企业竞争能力，对绩效评价的要求也越来越高。现有的关键指标法、经济增加值、平衡计分卡等绩效评价方法均没有充分考虑各相关利益者的诉求。绩效棱柱模型，通过将各利益相关者需求与贡献纳入绩效评价指标，建立了更为完善的体系，为企业绩效评价提供了新的管理工具和方法。本研究将绩效棱柱模型引入建筑施工企业的绩效评价，构建了基于利益相关者理论的棱柱模型绩效评价体系，探索新的绩效评价方式，引导棱柱模型在施工企业的应用研究，为改进绩效评价工作提供参考。

[关键词] 棱柱模型　绩效评价　利益相关者　建筑施工

一、绪论

2014 年 10 月财政部颁布了《关于全面推进管理会计体系建设的指导意见》（财会〔2014〕27 号），2016 年 6 月发布了《管理会计基本指引》，随后分三批陆续颁布了 34 项《管理会计应用指引》，其中包括绩效管理和绩效棱柱模型两项应用指引。2019 年 3 月 1 日，国务院国资委发布了修订后的《中央企业负责人经营业绩考核办法》（国资委令第 40 号），在中央近期开展的生态环境保护督查活动中部分央企因绩效评价未能发挥绿色发展“指挥棒”作用而受到问责。而企业在实施绩效考核评价过程中，评价指标单一，即便是应用平衡计分卡评价方法，也仅仅涉及股东、外部客户和内部员工的部分指标，未能将债权投资者、供应商、政府和社区等其他主要相关利益者指标纳入绩效评价体系，制约了绩效评价作用的发挥。

财政部、国务院国资委等部门从政策、管理工具的选择、绩效评价的执行等不同层面为企业提升管理水平，强化绩效管理提供了政策依据和应用指导。为此，开展新的研究和探索，是建筑施工企业贯彻落实新时期高质量发展的一项重要工作。

绩效评价是企业一项重要管理手段，建筑行业一直将绩效评价作为企业管控的重要抓手，并在实践中不断探索绩效评价的方式方法。但在实践中，绩效管理还存在着一些缺陷和不足，也成为影响和制约企业发展的主要因素。建筑类行业作为国民经济举足轻重的行业之一，面临的相关利益者较多，开展基于相关利益者价值取向的绩效评价对企业的战略实现和持续发展影响深远。在研究领域涉及建筑企业绩效评价的相关成果较少，缺少可资借鉴的成熟经验。相关利益者绩效评价是建筑施工企业亟待解决的重要难题，开展相关研究既有实践的迫切性也有理论的必要性。本文以建筑施工企业为例，研究将绩效棱柱模型引入企业的绩效评价实践，为企业改善绩效评价效果提供新的方法和思路，也为在绩效评价工作中探索其他企业管理创新提供借鉴。

二、主要绩效评价方法

（一）经济增加值（EVA）

经济增加值是20世纪80年代出现的一种评价方法，该方法将税后净营运利润扣减投入的资本成本，使税后利润在行业及公司间更具可比性，在一定程度上弥补了会计利润未考虑股权和债务等资本成本的缺陷。

（二）关键指标法（KPI）

关键指标法是目前企业绩效管理常见的方法之一，该方法将企业战略目标简化为若干关键目标指标，作为绩效考核的标准。关键指标的选择一般比较严谨，要经过内部决策程序，指标的导向性较强。

（三）平衡计分卡（BSC）

平衡计分卡是卡普兰和诺顿于20世纪90年代，为改进传统预算管理的不足提出的新的绩效管理方法，该方法突破了以往绩效评价中对纯财务指标的依赖，将客户、内部流程、学习与成长引入绩效评估体系，考虑了客户与内部等相关利益者的因素，丰富了指标范畴，使绩效评价部分实现了财务指标与非财务指标、长期与短期、内部与外部、结果与动因间的平衡，推进了绩效评价方法的发展。

（四）绩效棱柱模型（PPM）

绩效棱柱模型（performance prism，PPM）是英国的安迪·尼利和德克里斯·亚当斯等为试图超越平衡计分卡于2000年首先提出的一种绩效管理工具，它的理论基础是利益相关者理论，其目的主要是弥补和完善以往绩效管理中对相关者利益考虑不全面的缺陷。将绩效评价仅关注少数利益相关者发展为关注几乎所有的重要利益相关者，该模型能够明确各利益相关者的需求和贡献，并从各相关利益者的角度，通过企业的战略、流程、能力等维度对企业进行全方位的评价。

绩效棱柱模型借助三棱镜五个面构成的三维框架模型，将利益相关者的需求与贡献、战略、流程和能力分别与三棱柱的五个面对应。模型的逻辑是：企业要实现可持续发展，首先必须清楚地知道企业的利益相关者及其需求；然后据此规划战略，通过战略分解将价值传递给利益相关者；为了实施战略，必须建立能够有效地发出命令和执行命令的流程；为了保证流程的顺利实施，必须具备相应的能力；最后，公司在为利益相关者创造价值的同时，也从利益相关方获取了其对公司的贡献。绩效棱柱模型构成如图 1 所示：

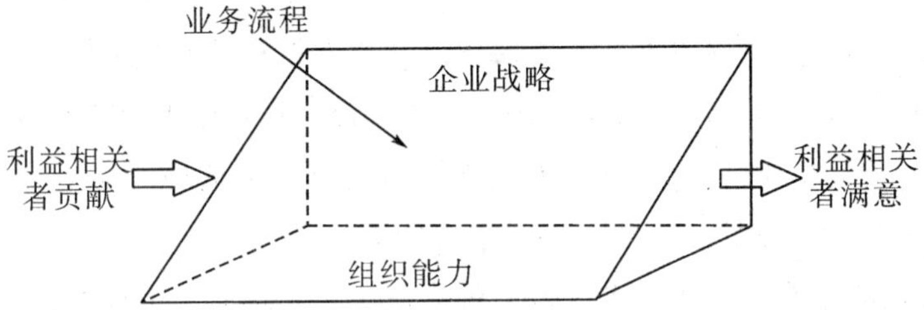

图 1　绩效棱柱模型构成图

（五）主要绩效评价方法的比较

绩效评价方法较多，如何选择合适的评价方法，也是众说纷纭，下面对以上提到的集中绩效评价方法进行了归纳总结，各自的优缺点如表 1 所示：

表 1　主要绩效评价方法比较

绩效评价方法	优点	缺点
经济增加值（EVA）	①采用修正财务指标，通过调整报表数据得出评价结论； ②考虑了股权成本和债务成本	①忽略非财务指标的影响； ②忽视公司其他利益相关者的需求； ③适用范围有限，评价过于单一
关键绩效指标（KPI）	① 将体现公司目标的指标作为关键性评价指标，有利于公司战略目标的实现； ②对指标进行量化管理，结合员工个人利益与组织利益考核绩效	①指标确定难度较大，考核成本较高； ②没有关注非财务指标
平衡计分卡（BSC）	①结合财务指标和非财务指标开展绩效考核； ②长期战略和短期行动结合； ③战略指导下，指标更清晰，可根据行业和企业状况调整	①考核指标获取难度较大，实施较困难； ②考核指标难以突出重点； ③只注重少数利益相关者的需求
绩效棱柱模型（PPM）	①财务和非财务指标相结合，评价结果更加准确； ②指标设置充分考虑利益相关者的诉求； ③指标突出对过程和能力的考察	①使用指标多，工作量较大； ②非财务指标带有主观性，较难衡量； ③指标权重计算过程比较烦琐

经济增加值和关键绩效指标没有考虑非财务指标，指标的评价比较局限，且主要以股东最大化为目标；平衡计分卡和绩效棱柱模型增加了非财务指标，而平衡计分卡仅考虑了股东、顾客和员工的期望，只有绩效棱柱模型是以利益相关者为中心，对利益相关者的考核和评价更加完善和全面。因此本研究选择绩效棱柱作为建筑施工企业的绩效评价模型，对绩效评价体系进行创新优化。

三、建筑施工企业绩效评价现状分析

（一）建筑施工企业特点

建筑施工企业是国家经济建设的主力军，也是国民经济的支柱产业之一。2020年全国工业增加值31.3万亿元，其中建筑业7.3万亿元，占比达23.3%；2019年第二产业就业人数21 305万人，其中建筑业就业人数4 296.1万人，占第二产业就业人数的20%以上（数据来源于国家统计局网站）。建筑施工企业具有以下特点：

（1）施工生产的流动性。由于建筑产品的固定性造成施工企业必须随着建筑产品地点的不同而不断转移，生产的流动性明显。

（2）施工产品的单一性。建筑施工对象在功能、环境、设计等需求的个性化，造成建筑产品具有单一性的特点。

（3）施工生产的长期性。建筑产品一般具有投资大、生产周期长，产品生命周期跨度大的特点，因此项目施工时间多数都要跨年度，甚至多年才能完工。

（4）施工市场竞争的激烈性。建筑施工是劳动密集型行业，建筑产品施工技术难度小，行业门槛低，处于完全竞争状态。

（5）施工法规监管的规范性。建筑业既是高危行业，又是重要的污染源，还是社会稳定的关键环节之一，对其安全、质量、环保及维稳的要求极高，涉及的法规多，是各监管部门关注的焦点和重点。

（6）利益相关者群体的复杂性。建筑企业在施工过程中必须要与业主、设计单位、监理公司、供应商、分包商、监管部门、政府、社区居民，以及上级主管单位和内部员工等众多利益相关者发生各种各样的往来，不同的利益者有不同的愿望和贡献，每一方利益相关者都会对企业产生不可忽视的影响。

（二）绩效评价存在的问题

1. 绩效管理体系不健全

绩效管理缺乏体系管理的理念，不少单位将绩效管理工作分布在不同的部门，如根据不同的考核工作由人力资源部门、组织部门、安全部门、经营部门等业务部门处理，不同的部门缺乏顺畅的沟通，各行其是，无法发挥绩效评价的正面作用。

2. 评价指标设计不全面

对组织或高管层的评价指标还主要以财务指标为主，对员工的评价局限在相互打分的模糊评价阶段，特别是其指标对利益相关者因素考虑不全面，仅仅涉及股东、客户和员工等少数利益相关者，对政府、社区、债务人、监管部门等利益相关者的评价没有纳入评价指标体系。

3. 考核结果运用单一

将绩效评价结果应用于年末奖金分配的比较普遍，绩效评价成了奖金分配的工具，忽略了绩效评价对改进组织、个人工作的导向作用。

4. 绩效评价未体现战略目标

绩效评价注重短期管理目标，特别是财务指标的使用，未能体现战略发展目标对非财务指标的要求，绩效评价与战略管理脱节。

5. 绩效评价结果的相关性不强

由于评价指标设计不合理，考核目标不明晰，导致考核评价结果失真，造成评价对象对评价结果的失望，评价工作失去意义。

（三）绩效棱柱模型在建筑施工企业运用的必要性与可行性

1. 绩效棱柱模型引入的必要性

企业在施工和管理工作中，要面对众多的利益相关者，其对企业的经营发展至关重要。现有的绩效评价方法仅仅关注股东等少数利益相关者的需求，特别是对财务指标的高度依赖，绩效评价的价值导向不利于企业的长期持续发展，必须研究改进绩效评价模式，绩效棱柱模型恰恰可以弥补现有绩效管理评价方法的缺陷和不足。

2. 绩效棱柱模型引入的可行性

首先，绩效棱柱模型的运用情景与建筑施工企业面临众多利益相关者的环境相匹配，能够促进企业增加过程管理的关注度，提高长期价值创造能力。其次，我国正处于经济发展新常态时期，内外部环境发生了较大变化，建筑施工企业正在积极响应国家号召，开展管理创新、制度创新等，推动企业实现高质量发展。再次，建筑企业经历长期的积累，特别是大中型企业内部管理制度流程比较规范，业务管理素质较高，接受新事物的愿望强。最后，建筑施工企业出于资质管理的要求，信息化程度比较高，为棱柱模型提供了保障。

四、建筑施工企业绩效棱柱模型评价体系的构建

（一）绩效评价体系构建的原则

1. 系统性原则

在构建绩效评价体系过程中，要有系统的构建理念，关注指标的内在联系，注意其内容的逻辑性、层次性和协调性，要能完整的评价考核对象。

2. 客观性原则

评价体系的构建要注意符合企业实际，要客观、公正地反映管理实际，防止人为因素的影响。

3. 可行性原则

在构建指标时，要确保指标的实用性和可操作性，便于评价工作能按照设计意图落地。

4. 动态性原则

体系的构建要适应企业内外部环境的不断变化，能够及时调整评价指标体系，增强评价体系的应变性和适应性。

（二）绩效棱柱模型评价体系逻辑关系图

绩效棱柱模型评价体系的构建要遵循企业战略目标实现的动因逻辑关系，其逻辑关系如图 2 所示。

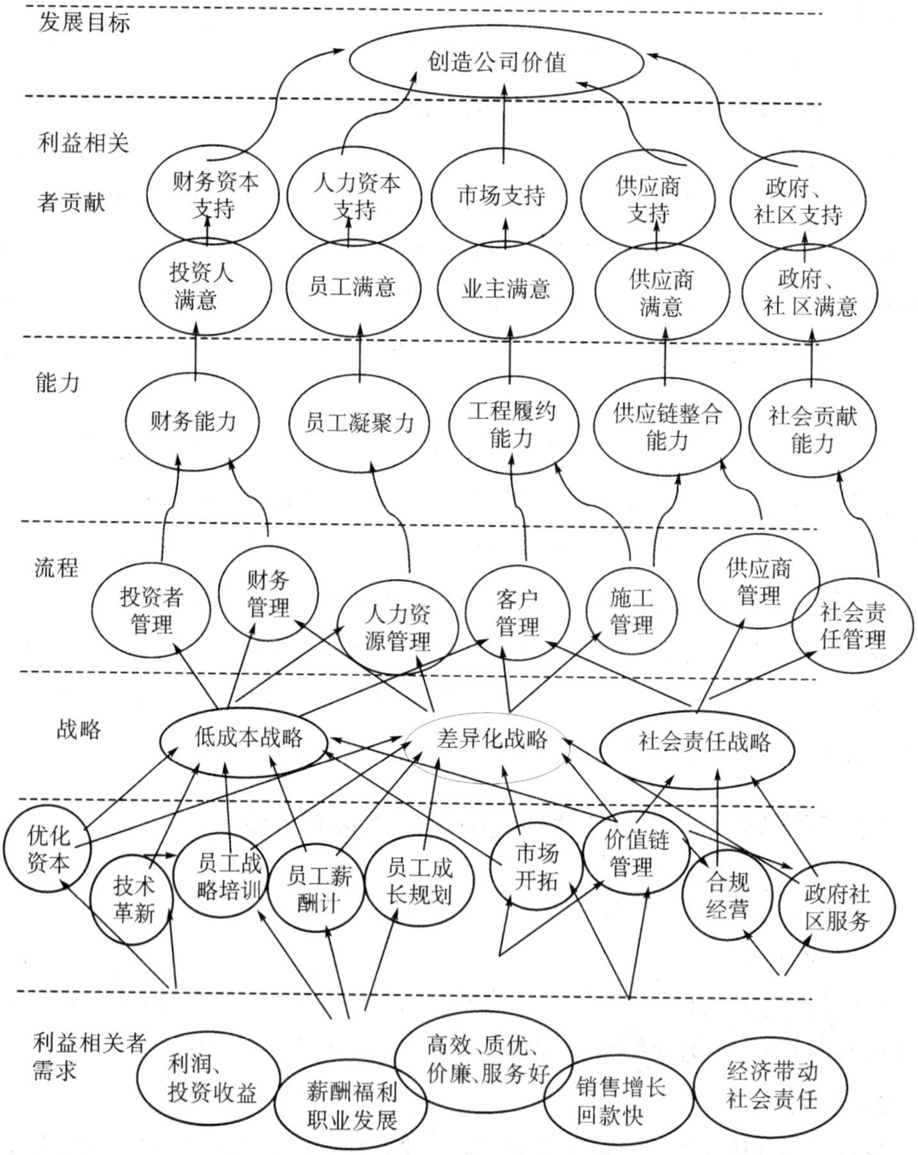

图 2　绩效棱柱模型逻辑关系图

（三）构建思路

首先要结合公司的基本情况，从利益相关者的角度，分析每个利益相关者对企业的贡献是什么；其次，每个利益相关者对企业的需求（满意）是什么；最后，通过什么样的战略和流程可实现利益相关者对企业的满意和企业具备什么样的能力来实现这些企业战略和流程。如图 3 所示。

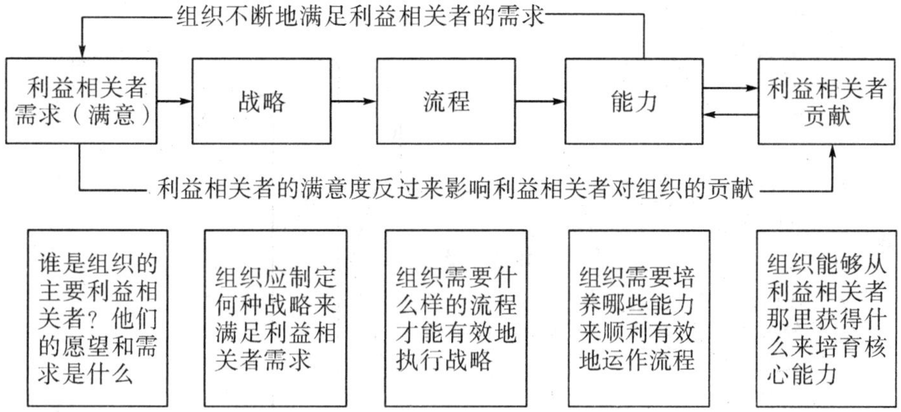

图 3　绩效棱柱模型线路图

（四）构建流程

绩效棱柱模型评价体系构建的流程包括体系的设计、计划与创建、实施与运作、体系的更新完善，每个阶段结合工作实际需要确定工作的重点和目标。流程如图 4 所示。

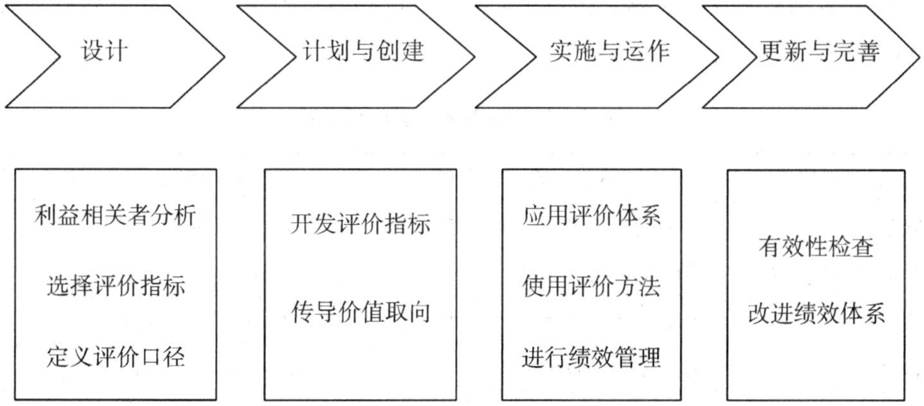

图 4　绩效棱柱模型构建流程图

（五）体系的构建

1. 主要利益相关者的界定

绩效棱柱模型是基于利益相关者理论的绩效评价工具，和其他评价工具相比，突出了各重要利益相关者的期望与贡献，通过组织、流程与能力指标的设计，抓住了引领企业长期持续发展的主要矛盾，解决了制约企业发展的动因问题。

本文结合中国建筑、中国中冶、中国中铁、中国铁建、中国交建、中国化学等主要建筑类央企 2020 年度披露的社会责任报告，梳理了建筑行业主要利益相关者，包括：股东与投资者（债权人）、客户（业主）、供应商（分包商）、政府与社区、员工。具体如图 5 所示。

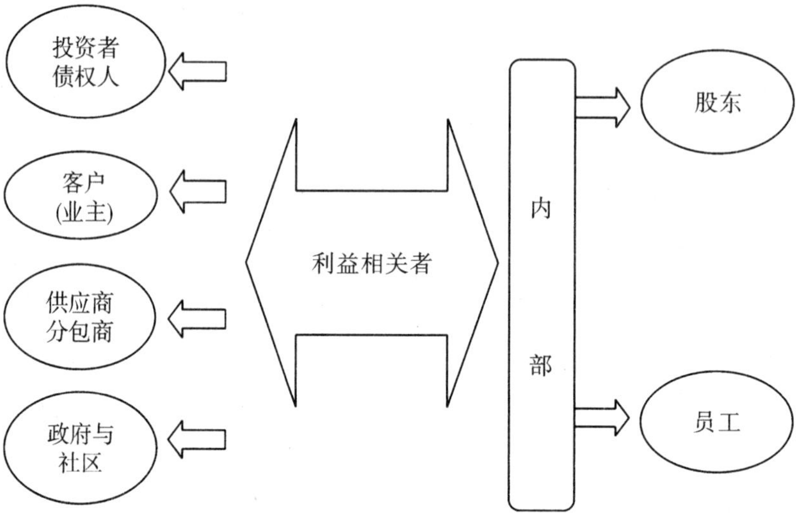

图 5　主要利益相关者构成图

2. 主要利益相关者的需求与贡献

不同的利益相关者，对企业有不同的需求和贡献，主要利益相关者的需求满足程度影响着其对企业的贡献，决定企业经营及战略目标的实现。各相关利益者的需求和贡献归纳如表 2 所示。

表 2　利益相关者的需要和贡献

主要利益相关者	利益相关者的需求	利益相关者的贡献
股东	增加投资回报、控制投资风险	资金支持、重大决策
投资者（债权人）	按时足额支付本息	资金支持
员工	薪酬待遇、健康安全、职业成长	劳动服务、有效建议
客户（业主）	诚信履约、服务优质	建筑合同收入、利润
供应商（分包商）	信守承诺、互助共赢	货物供应、劳务服务
政府与社区	经济带动、合规经营、文明施工	政策优惠、政策服务、施工支持

3. 指标体系的构建

根据对建筑施工行业的管理现状、利益相关者的分析及绩效棱柱模型的结构特点，采用问卷调查的方式，向主要利益相关者群体发放了绩效评价指标的调查问卷，收回了53份有效问卷，对问卷利用五点量表法进行重要性评分，信度检验结果符合要求。在对调查结果梳理的基础上，将3分以上的指标进行归类统计，结果如表3所示。

表3　建筑施工企业绩效棱柱模型评价指标体系

	股东和债权投资者	客户	员工	供应商	政府和社区
利益相关者需求	净资产收益率 资产利润率 现金流动负债比 还款及时性	客户满意度 客户投诉率 产品性价比	员工福利 薪酬增长率 员工满意度	订单（分包合同）增长率 资金支付及时率	纳税增长率 就业增长率 合规经营 安全绿色生产
利益相关者贡献	股东权益比率 总资产增长率 贷款额度 贷款利率水平	客户稳定率 市场宣传效应	员工合理化建议 员工士气水平 人均年收入 人均年利润	供应商产品（施工）质量 产品交付的及时率	市场法规健全度 当地政府支持度 社区公众拥护度
战略	收入增长率 资产负债率 研发投入比率 市场占有率 企业信用等级	新客户获得率 市场开拓性 销售稳定性 合同价格的合理性	员工职业规划 员工福利计划 员工的公司战略认知	优质供应商保持率 采购支付比率	政策法规认知度 公司社会责任意识 与政府社区沟通状况
流程	新市场比重 流程改进计划 内部控制制度 合同履约率	施工管控能力 客户管理 信息获取速度	培训费用支出率 高级员工的稳定性 绩效考核评价	供应商竞争机制 采购计划完成率	政府信息收集及时性 违规处理效率 政策活动响应情况
能力	公司品牌评分 管理水平评分 两金指标水平 筹措紧急资金时间	沟通服务水平 市场管理水平 核心技术水平	员工劳动生产率 人力资源管理水平 工作环境保障能力	供应商管理水平 采购合同签约时间 资金支付审批时间	公益性捐助率 新政策解读能力 政策执行能力

4. 指标权重的确定

指标权重，不论是在理论界和实务界都没有统一规范的标准。从研究的角度来看，多采用层次分析法来界定不同层次、不同指标的权重。在实务工作中，各利益相关者对企业的影响难分轻重，不管哪种利益相关者，都可能对企业产生不可估量的影响。因此本研究倾向于采纳各利益相关者同等重要、各指标同等重要的原则，确定各指标的权重。

处理过程中，指标标准值的确定有两种方式，对于指标体系中定性指标，评分时采用Likert五点量表记分法，最小值为1，最大值为5，由专家打分确定；对于财务指标，采用国务院国资委发布的《企业绩效评价标准值（2020）》中建筑业的标准值确定，最优值对应值为 5，较差值对应值为 1。

5. 指标的无量纲化处理

为使定性指标、定量指标更具有可比性，需要对指标体系中各评价指标进行无量纲化处理，计算公式如下：

$$Z_i = \frac{X_i - X_{min}}{X_{max} - X_{min}} \times 4 + 1$$

式中，Z_i 表示无量纲化后的指标值，X_i、X_{max}、X_{min} 分别表示原始指标值、最优值和最差值。经过处理后，各指标值均在 1~5。

6. 绩效评价体系应用说明

本研究以 S 建工集团为例，鉴于保密需要，本文只列出指标的计算结果，以进一步说明绩效棱柱模型的运用。S 建工集团是一家国有控股上市公司，具有房建、公路工程总承包特级资质，市政、机电、水利工程总承包一级资质，钢结构、土石方、桥梁等 10 余项专业承包资质，年营业规模 400 亿元。

数据来源：一是公司公开对外披露的有关信息，二是该公司相关利益者的随机调查。由于篇幅限制，仅列出 2020 年度 S 建工集团棱柱绩效评价指标计算结果，如表 4 所示。

表 4　S 建工集团棱柱绩效指标计算表

	股东和债权投资者	客户	员工	供应商	政府和社区	综合
利益相关者满意	3.832	2.814	1.946	3.126	3.106	2.965
利益相关者贡献	3.845	3.126	2.235	3.648	3.495	3.27
战略	3.155	3.721	1.983	3.546	4.102	3.301
流程	2.782	2.352	2.598	3.327	4.367	3.085
能力	3.186	3.045	3.362	2.604	3.975	3.234
综合	3.36	3.012	2.425	3.25	3.81	3.171

从表 4 的评价结果来看，S 集团公司指标差异比较大，股东及债权投资者满意度最高，员工满意度最差，客户次之，公司出现的员工辞职人数上升、新签合同额下降得到了指标的验证。

从利益相关者维度分析，政府和社区评价结果最高，作为国有上市公司，公司在履行社会责任方面特别是安全环保达标建设方面投入较大，取得了比较好的社会效果。股东和债权投资者、供应商评价较好，公司在股东分红、经营指标、偿还利息和资金支付方面较有保障，公司每年评选的优秀供应商（分包商）有效支撑了公司的业绩。但员工及客户方面，公司应继续加强，公司 2020 年在云南、贵州、湖南三地先后发生了老项目后续工程投标失利事件，对公司震动较大。

仅从股东评价指标看，公司的短期经营指标情况较好，通过棱柱绩效评价指标的分析，显示了公司在长期指标方面存在的缺点和不足，绩效棱柱模型还可以通过评价不同年度的变化情况，分析影响公司发展的主要动因，为公司改进管理提供决策支持。

五、绩效棱柱模型的实施保障

绩效棱柱模型是一种专业的绩效评价工具，其作用的发挥需要配套措施的保障。

（一）组织机构建设

在企业董事会层面，建立绩效管理委员会，负责公司绩效评价体系的建设、运行和维护工作，委员会下设绩效评价管理中心，负责绩效评价的具体工作，建立绩效评价由专职机构牵头，各部门密切配合的管理体系，形成齐抓共管、全员参与、逐级落实的工作格局。

（二）完善制度建设

绩效棱柱模型需要结合与组织相适应的具有层次化、程序化、全方位、公开完善的企业管理制度，才能更好地发挥管理工具在价值创造中的作用。通过建立可操作性、严密性、系统性、科学性的流程与制度，构建积极的绩效评价文化氛围，不断优化措施，推动绩效体系的效果建设，促进企业战略目标的实现和长期可持续发展。

（三）员工培训保障

管理工具的运用、完善制度的落实，最终要靠人去落实，绩效棱柱模型既有其产生的理论基础，也有其内在的逻辑关系，只有掌握工具应用的精髓，才能更好地与实践结合，有针对性的解决实际问题。绩效棱柱模型的运用对人员素质要求较高，需要开展对相关人员的培训，以便于工作的开展，确保评价的工作质量。

（四）信息化保障

绩效棱柱模型涉及指标较多，信息化工作的推进，能够大大提高信息处理的工作效率，降低指标出错率，保障绩效评价工作质量。

六、结论与展望

在建筑施工企业发展中，处理好主要相关利益者的价值取向是成功的关键。绩效棱柱模型以利益相关者理论为出发点，通过利益相关者需求、利益相关者贡献、战略、流程、能力五个方面构建绩效评价体系，评价体系目标明确、价值取向完整、实现了企业和重要利益相关者间的互动，其分析全面、结构严谨、逻辑清晰，符合利益相关者对价值取向的绩效评价要求。本研究将绩效棱柱模型引入建筑施工企业，构建了新的绩效评价体系，通过对S建工集团的应用评价，揭示了公司存在的某些问题，体现了棱柱模型在绩效评价中的优势。

在研究中也发现，企业对利益相关者价值理念的重视程度不够，存在片面性、单一性，不利于企业的长期发展。在施工过程中利益相关者具有涉及面非常广泛、联系非常紧密、影响非常直接的特点，重视利益相关者理论的运用更加重要、更加紧迫，因此绩效棱柱模型推广的研究更具实践价值。

在棱柱模型运用时企业需要深入分析各利益相关者有哪些？他们的需求是什么？对企业的贡献是什么？企业需要哪些战略？制定哪些措施？具备哪些能力？才能够满足利益相关者的需求，获得利益相关者的贡献。要打造以利益相关者价值取向为主的绩效评价文化氛围，落实实施保障措施，动态诊断优化评价体系，改进评价工作质量。

尽管绩效棱柱模型对改进建筑施工企业绩效评价工作非常重要，但由于企业环境的不断变化，绩效棱柱模型本身也需要不断完善，本研究受条件限制，企业在运用时还会有新的问题出现，如指标的选择、指标的数量、指标的确定，如何减少人为因素的影响等还需要在实践中不断探索研究。

参考文献：

[1] 刘佳，田帅. 基于绩效棱柱的企业绩效评价指标体系研究［J］. 经济界，2018（5）：21-29.

[2] 王博. 绩效棱柱模型在X公司的应用研究［D］. 西安：西安石油大学，2020.

[3] 陈绪. 基于绩效棱柱模型的H公司绩效评价优化研究［D］. 昆明：云南财经大学，2020.

[4] 焦然，温素彬. 绩效棱柱模型的解读与应用案例：绩效棱柱在营运资金绩效评价中的应用［J］. 会计之友，2020（23）：151-155.

[5] 温素彬，刘莎. 基于利益相关者价值取向的企业绩效评价模型：绩效棱镜在SZGD公司的应用案例［J］. 财务研究，2017（2）：46-58.

[6] 温素彬，黄浩岚. 利益相关者价值取向的企业绩效评价：绩效三棱镜的应用案例［J］. 会计研究，2009（4）：62-68，97.

[7] 赵彤彤. 基于绩效棱柱模型的 A 会计师事务所绩效评价研究 [D]. 沈阳：沈阳工业大学，2019.

[8] 王瑜洋. 绩效棱柱模型在××会计师事务所的应用研究 [D]. 重庆：重庆理工大学，2015.

地质灾害防治项目支出绩效评价研究

陈维亮

[摘要] 因地质灾害防治项目支出绩效评价与中央关于全面实施预算绩效管理，加快建成全方位、全过程、全覆盖的预算绩效管理体系的要求有密切关联，故而从地质灾害防治项目支出绩效评价的现实意义、基本方法、创新举措三方面做出专项研究很有必要。

[关键词] 地质灾害　防治项目　支出绩效　评价研究

全面实施预算绩效管理，既是推进国家治理体系和治理能力现代化的内在要求，又是深化财税体制改革、建立现代财政制度的重要内容，亦是优化财政资源配置、提升公共服务质量的关键举措。

而因地质灾害防治项目支出绩效评价与中共中央、国务院关于全面实施预算绩效管理，加快建成全方位、全过程、全覆盖的预算绩效管理体系的要求有密切关联，且是其中不可分割的重要组成部分，故而加强对地质灾害防治项目支出绩效评价研究很有必要。

故此，笔者拟从地质灾害防治项目支出绩效评价的现实意义、基本方法、创新举措三方面做以下专项研究。

一、地质灾害防治项目支出绩效评价的现实意义

（一）宏观

党的十八大以来，在以习近平同志为核心的党中央的领导下，全国各地认真贯彻落实中共中央、国务院决策部署，财税体制改革加快推进，预算管理制度持续完善，财政资金使用绩效不断提升，对我国经济社会发展发挥了重要支持作用。

但也要看到，包括地质灾害防治项目支出预算在内的现行预算绩效管理仍然存在一些突出的问题，主要是：地质灾害防治项目支出预算绩效理念尚未牢固树立，一些地方和部门存在地质灾害防治项目重投入轻管理、重支出轻绩效的意识；地质

灾害防治项目支出预算绩效管理的深度不够，尚未覆盖所有的地质灾害防治项目，一些地方财政的地质灾害防治项目支出预算资金低效甚至无效、闲置沉淀、损失浪费的问题较为突出，克扣挪用、截留私分、虚报冒领的问题时有发生；一些地方财政的地质灾害防治项目支出绩效激励约束作用不强，其地质灾害防治项目支出绩效评价结果与预算安排和政策调整的挂钩机制尚未建立[1]。

当前，我国经济已由高速增长阶段转向高质量发展阶段，正处在转变发展方式、优化经济结构、转换增长动力的攻关期，建设现代化经济体系是跨越关口的迫切要求和我国发展的战略目标。

地质灾害防治项目支出绩效评价，是运用一定的评价方法和量化指标及评价标准，为实现地质灾害防治项目支出所确定的绩效目标的实现程度，以及为保障实现这一目标所安排预算的执行结果，而对地质灾害防治项目支出情况进行的绩效综合性评价。该项绩效评价工作，与建设现代化经济体系跨越关口的工作是有一定关联的。故此，在地质灾害防治项目支出绩效评价的过程中，将调研收集到的情况，与项目支出的财政监管要求相对比，从而在宏观上分析并客观评价地质灾害防治项目支出的绩效标准的目标，应该说是有一定的现实意义的。

由此可见，宏观分析地质灾害防治项目支出绩效评价，对充分发挥其项目支出方面的财政监管之作用，确实是非常有意义的。

（二）微观

虽然地质灾害防治项目支出绩效评价工作，相对于推进国家治理体系和治理能力现代化、全面实施预算绩效管理、深化财税体制改革、建立现代财政制度、优化财政资源配置来说，是一个较为微观的方面，但是，正如前面我们已经提到的：地质灾害防治项目支出的绩效评价，与中共中央、国务院关于全面实施预算绩效管理，加快建成全方位、全过程、全覆盖的预算绩效管理体系的要求不仅有密切的关联，而且是其中不可分割的重要组成部分。由此可见，加强地质灾害防治项目支出绩效评价研究，其从微观上所彰显的现实意义来看亦是明显的。

因此，若我们在地质灾害防治项目支出预算绩效工作的开展上，能够切实做到按全面深化改革的要求，加快建立地质灾害防治项目支出的绩效激励约束监管制度，建立全面规范透明、标准科学、约束有力的地质灾害防治项目支出绩效激励约束预算制度，我们就能够以深入实施地质灾害防治项目支出预算绩效管理为关键点和突破口，解决好地质灾害防治项目支出绩效管理中存在的突出问题，推动地质灾害防治项目支出项目的财政资金聚力增效，提高公共服务供给质量，增强政府公信力和执行力[2]。

可见，我们拟从地质灾害防治项目支出绩效评价的上述现实意义，乃至从下面将要提及的地质灾害防治项目支出绩效评价的基本方法、创新举措等方面，对地质灾害防治项目支出绩效评价作出专项研究，是有新时代意义的。

二、地质灾害防治项目支出绩效评价的基本方法

我们知道，地质灾害防治项目的决策部门一般应为省级自然资源管理部门和省级财政部门。而地质灾害防治项目的实施主管部门一般应为省域各市（州）、区（县）自然资源管理部门。此即说，省域各市（州）、区（县）自然资源管理部门一般应按该年度省级自然资源管理部门和财政部门联合印发的该省域地质灾害综合防治体系建设项目和资金管理办法的有关要求，实施对本行政区域内的地质灾害防治项目的具体管理。而其“具体管理”，一般来说，皆可能要涉及对该项目的“概况”“开展”“实施”“绩效”“问题”和“建议”六个基本的评价及其具体建言的方法上[3]。

（一）项目概况评价法

省域年度地质灾害防治项目之概况，一般应包括该项目所涉及的与该年度地质灾害群测群防专职监测体系建设中的队伍建设、避险调查这两方面有关的基本概况。而对省域年度地质灾害防治项目概况的评价，即可称之为“项目概况评价法”[4]。

1. 与省域年度地质灾害防治项目有关的地质灾害专职监测队伍建设

地质灾害专职监测队伍建设，系地质灾害易发区各级人民政府组织本辖区的单位和群众，在自然资源主管部门和相关专业队伍的指导下，通过对地质灾害进行调查、巡查和简易监测，实现对地质灾害及时发现、快速预警和有效避让的一种主动防灾减灾行为。对地质灾害专职监测队伍建设的客观评价，关系到省域年度地质灾害防治项目的立项和施行，故其评价的重要性不言而喻。

2. 与省域年度地质灾害防治项目有关的地质灾害项目的避险调查

避险调查主要涉及的是对该年度地质灾害避险搬迁安置项目的评价。地质灾害防灾避险搬迁安置项目，涉及的是对威胁严重且有治理困难的地质灾害点进行选址搬迁和减少损失的大问题。地质灾害发生后，或者某地方有潜在的地质灾害隐患，通过地质工作人员的调查，确认此处不适合居住、生活、生产，即应另选新址重建家园。而其搬迁避让的地点，亦须经地质人员现场勘查论证确保无地质灾害隐患之后方可搬入。可见，其评价的重要性同样是不言而喻的。

（二）项目开展评价法

1. 评价目的

按照省域年度地质灾害防治项目的决策、项目管理、目标完成及项目效果四类指标，对省域年度地质灾害防治项目资金支出行为过程及其效果进行综合评价和判

断，评价资金使用决策的科学性、合理性和项目结果的有效性，分析存在的问题，提出完善资金管理的制度机制、调整支出结构相关建议，为以后年度预算编制提供参考依据，以切实提高相关财政资金的使用绩效。

2. 评价工作实施步骤及方法

根据省级财政部门关于开展年度财政绩效评价工作的有关文件精神，省域年度地质灾害防治项目所在地应立即成立相关项目评价组，并分前期准备、实施评价、报告撰写三个阶段，以现场评价为主、非现场评价为辅，组织实施项目绩效评价工作。为此，该项目评价组必须在收集相关项目文件资料、细化相关评价指标及评价标准的基础上，既要深入该项目现场评价抽样选点的部分点、面实地查看该项目的申报、实施及运行情况，又要收集该项目的相关数据资料。然后，通过适时汇总整理，并结合该项目主管部门及其项目实施单位的绩效自查自评报告，形成相应定量和定性的分析评价结论。最终，经过复核和交换意见后，形成相对符合实际的有分量的绩效评价报告。

（三）项目实施评价法

1. 项目决策

（1）绩效目标情况

一是专职监测。即有关地级市及其扩权县（市）的财政和自然资源管理部门，均应根据该年度省级财政和自然资源管理部门分别下达的年内本省域地质灾害专职监测体系建设省级补助经费支出预算的有关文件精神，并按“明确责任主体、落实专项资金、强化监测效果、加强资金监管”和“严格执行相关规定，确保工作落实到实处；积极筹措落实资金，推动监测不留死角；强化监测信息报送，严格项目实施考核；强化项目实施监管，确保资金使用效益”等相关要求，共同适时展开相关专职监测，以确保该年度省级财政和自然资源管理部门下达的年内本省域地质灾害专职监测体系建设省级补助经费支出预算，能够如期落到实处。

二是避险搬迁。即有关地级市及其扩权县（市）的财政和自然资源管理部门，均应按该年度省级财政和自然资源管理部门分别下达的年内本省域地质灾害避险搬迁安置项目省级补助资金支出预算的有关文件精神，并严格按照“专款专用，尽快组织实施避险搬迁安置工作，加强资金监管”和“严格依法依规，全面落实规划任务；严格项目实施程序，确保项目按时完成；严格专项资金监管，确保项目资金安全”等相关要求，共同适时展开相关专职监测，以确保该年度省级财政和自然资源管理部门下达的年内本省域地质灾害避险搬迁安置项目省级补助资金支出预算，能够如期落到实处[5]。

（2）决策依据情况

对省域内的市、县两级自然资源管理部门，年度内是否按中共中央、国务院和省级党委、政府关于地质灾害防治工作要求，并符合当前经济社会发展需要的相关重大部署，制定了相关避险搬迁项目的具体实施方案、明确了相关工作部署与任务安排、制订了相关实施计划与保障措施，以及其实施方案、实施步骤、完成时间等方面的情况，对此均应予以客观评价。

（3）资金分配情况

对省域内该年度的市、县两级财政部门，年内是否按当年省级财政专项资金绩效分配管理的有关文件要求，对地质灾害防治项目资金进行了分配，并报告了分配结果情况，作出如实评价。

2. 项目管理

（1）资金到位情况

对省域内该年度末地质灾害防治项目被评价单位省级专项资金是否均已到位的情况作出如实评价。

（2）资金管理情况

对省域内该年度地质灾害防治项目资金拨付总体是否较及时，资金支付是否有依据、开支标准是否基本符合规定、个别超项目范围支出和专项资金拨付是否存在不及时的问题等情况，均应作出如实客观评价。

（3）财务管理情况

对省域内该年度地质灾害防治项目实施单位财务管理是否基本规范、大部分县（区）是否建立了财务管理制度、其会计核算是否基本规范和基本符合会计管理要求、部分县（区）的相关财务管理还存在哪些问题等情况，均应作出如实客观评价。

3. 组织实施

（1）专职监测情况

对省域内该年度地质灾害防治项目实施的各被评价单位，是否按省级自然资源管理和财政部门的要求，开展了辖区内地质灾害群测群防专职监测工作，组织了辖区内各乡镇实施专职监测员的选拔、培训、考核和管理，督促专职监测员严格履行监测预警、值班值守、信息报送等工作职责，及时将专职监测补助经费发放到实处等专职监测情况，均应作出如实客观评价。

（2）避险搬迁情况

对省域内该年度地质灾害防治项目实施的各被评价单位，是否按省级自然资源管理和财政部门的要求，做到了由各县级人民政府批准其地质灾害防灾避险搬迁安置规划和组织开展其辖区内地质灾害防灾避险搬迁的安置工作，以及在其项目实施过程中按批复的年度实施方案执行等情况，均应如实客观评价。

（四）项目绩效评价法

1. 目标完成

（1）目标任务量完成

一是专职监测。即对省域内该年度地质灾害防治项目包括其专职监测灾害点的点位数，以及根据其地质灾害情况随时变动的监测人数在内的目标任务量的完成情况等，均应如实地予以客观评价。二是避险搬迁。即对省域内该年度地质灾害防治项目的避险搬迁情况，均应如实地予以客观评价。

（2）目标质量完成情况

一是对年度地质灾害项目被评价单位完成质量符合相关要求的情况作出基本评价。二是在其基本评价中，要特别注明该年度“地质灾害防治伤亡”“专职监测人员的选择”“相关搬迁工作的推进”“搬迁的验收”“搬迁补助标准的实施”“避险搬迁基础及公共服务设施配套资金的使用”“搬迁安置的施行”等目标质量完成要素的确切情况。

2. 目标效益

（1）经济效益情况

对年度地质灾害防治项目被评价单位在其专职监测和避险搬迁的工作中是否做到了由被动防灾向主动防灾转变、是否做到了将降低受地质灾害威胁的广大农户财产安全隐患作为其主动防灾的重要举措等问题，作为对其客观评价的基本方面。

（2）社会效益情况

对年度地质灾害防治项目被评价单位在其专职监测和避险搬迁的工作中是否做到了在一定程度上保护了地质灾害点受威胁群众的生命安全、维护了社会稳定、改善了当地环境等问题，作为对其客观评价的基本方面。

（五）项目问题评价法

1. 项目资金问题

（1）专项资金闲置问题

对年度地质灾害防治项目被评价单位是否存在避险搬迁预算目标任务与实际情况不匹配而造成其专项资金闲置的问题，通过相关数据和事实之例证，予以据实评定。

（2）专项资金使用不明问题

对年度地质灾害防治项目被评价单位是否存在因其对专职监测资金未明确具体使用范围、未明确专职监测资金对应所属期间等相关规定，而造成的未明确专项资金是否可全部用于发放补助、相关之地的发放标准及发放进度不一致等问题，通过相关数据和事实之例证，予以据实评价。

（3）配套资金使用不明问题

对年度地质灾害防治项目被评价单位是否存在因其对基础配套资金使用规定不明确，而导致其各相关之地或未安排本级地质灾害防治项目配套资金、或仅安排了少量本级地质灾害防治项目配套资金等操作方式不一致的问题，通过相关数据和事实之例证，予以据实评价。

2. 项目管理问题

（1）项目监管制度不完善问题

对年度地质灾害防治项目被评价单位年度内制定和施行省域地质灾害防治项目群测群防专职监测工作制度、责任协议书制度、监测员补贴发放监管制度、监测员考核制度等项目监管制度不完善的相关问题予以客观评价。

（2）项目财务管理不规范问题

对年度地质灾害项目被评价单位年度内在财务管理上存在的诸如财务核算不规范、未通过“零余额账户用款额度”科目核算、专职监测补助发放标准不统一等不规范的问题予以客观评价。

（3）项目验收资料不完善问题

对年度地质灾害防治项目被评价单位在其项目验收资料的收集上存在的无避险搬迁验收表、相关验收表上审核盖章签字内容不齐、避险搬迁验收没有财政等部门的联合验收资料等验收资料不完善的问题予以客观评价。

三、地质灾害防治项目支出绩效评价的创新举措

（一）指导思想

实施地质灾害防治项目支出绩效评价的创新举措，必须以习近平新时代中国特色社会主义思想为指导，必须全面贯彻党的十九大和十九届历次全会精神，必须坚持和加强中国共产党的全面领导，坚持稳中求进的工作总基调，坚持新发展理念，紧扣我国社会主要矛盾变化，按照高质量发展的要求，紧紧围绕统筹推进“五位一体”总体布局和协调推进“四个全面”战略布局，坚持以供给侧结构性改革为主线，创建地质灾害防治项目支出绩效评价方式，更加注重其绩效评价结果导向，力争用3~5年时间基本建成全方位、全过程、全覆盖的地质灾害防治项目支出绩效评价的创新体系，实现预算和绩效管理一体化，着力提高地质灾害防治项目支出绩效评价的创新效益，为地质灾害防治项目支出绩效评价工作提供有力保障。

（二）基本原则

1. 坚持总体设计、统筹兼顾

按照地质灾害防治项目支出绩效评价制度改革的总体要求，统筹谋划全面实施地质灾害防治项目支出绩效评价制度的创新路径。以此既聚焦解决当前最紧迫的问题，又着眼健全长效机制；既关注地质灾害防治项目支出绩效评价的直接产出和效果，又关注其宏观政策目标的实现程度；既关注新出台的有关地质灾害防治项目支出绩效评价政策的科学性和精准度，又兼顾延续其相关政策的必要性和有效性。

2. 坚持全面推进、突出重点

地质灾害防治项目的支出绩效评价，既要将其绩效理念和相关方法深度融入其改革创新的基本过程之中，又要突出重点，坚持问题导向，聚焦提升其绩效覆盖面广、社会关注度高、持续时间长的重大改革创新的实施效果。

3. 坚持科学规范、公开透明

抓紧健全科学规范的地质灾害防治项目支出绩效评价的相关管理制度，完善其绩效目标、绩效监控、绩效评价、结果应用等管理流程，健全其共性的绩效指标框架和分行业领域的绩效指标体系，推动地质灾害防治项目支出绩效评价管理的标准科学、程序规范、方法合理、结果可信。大力推进地质灾害防治项目支出绩效评价信息的公开透明，并做到主动向同级人大报告、向社会公开，自觉接受人大和社会各界监督。

4. 坚持权责对等、约束有力

建立地质灾害防治项目支出绩效评价的责任约束制度，明确各相关方的绩效管理职责，清晰界定权责边界。健全激励约束机制，实现地质灾害防治项目支出绩效评价的结果与相关政策的调整挂钩，以此增强地质灾害防治项目支出绩效评价制度的统筹能力，优化其相关管理流程，以期通过更好地调动地方和相关方面的积极性、主动性而构建地质灾害防治项目支出绩效评价工作的全方位绩效管理新格局[6]。

（三）基本要求

1. 实施政府地质灾害防治项目支出绩效评价管理

将各级政府地质灾害防治项目支出绩效评价工作全面纳入年度绩效管理。各级政府地质灾害防治项目支出绩效评价要实事求是、积极稳妥、讲求质量，必须与当地经济社会发展的大局相适应。

2. 实施相关部门地质灾害防治项目支出绩效评价管理

将相关部门地质灾害防治项目支出绩效评价纳入其绩效工作管理，并赋予其在地质灾害防治项目支出绩效评价管理上的更多自主权。

3. 将相关政策纳入地质灾害防治项目支出绩效评价管理

将相关政策纳入地质灾害防治项目支出绩效评价管理，以期从质量、时效、成本、效益等方面，综合衡量地质灾害防治项目支出绩效评价的使用效果。对实施期超过一年的重大地质灾害防治项目支出绩效评价实行全周期跟踪问效，并建立相关动态评价机制。

4. 健全地质灾害防治项目支出绩效评价的相关评估机制

应建立地质灾害防治项目支出绩效评价全过程的相关管理链，必要时可组织第三方机构独立开展地质灾害防治项目支出绩效评价工作，并作为政府地质灾害防治项目支出绩效评价的重要参考。

5. 强化地质灾害防治项目支出绩效评价的相关目标管理

地质灾害防治项目支出绩效评价不仅要包括产出、成本等相关绩效目标，还要包括经济效益、社会效益、生态效益、可持续影响和服务对象满意度等相关绩效指标。各级财政部门要将地质灾害防治项目支出绩效评价的相关绩效目标设置作为预算安排的前置条件，并加强对其绩效目标的审核，将其绩效目标与预算同步批复下达[7]。

6. 做好地质灾害防治项目支出绩效评价的运行监控

各级政府和各级财政部门要建立与地质灾害防治项目支出重大绩效评价项目相关的跟踪机制。

7. 开展地质灾害防治项目支出绩效评价的结果应用

开展地质灾害防治项目支出绩效评价的结果应用，并通过自评和外部评价相结合的方式，对地质灾害防治项目支出绩效评价的结果开展评估，以此健全地质灾害防治项目支出绩效评价的结果反馈制度和绩效问题整改责任制，使其评价结果的应用得以加强。

8. 持续完善地质灾害防治项目支出绩效评价的相关管理体系

除以上举措外，还应持续健全地质灾害防治项目支出绩效评价的相关管理体系。

参考文献：

[1] 邵生龙. 地质灾害治理工程项目管理中的不足点及改进 [J]. 财经界（下旬刊），2016（20）：53-54.

[2] 刘爱琳. 谈政府支出绩效评价的现实意义和方法 [J]. 财富生活，2019（12）：118-120.

[3] 四川省自然资源厅.《四川省地质灾害防治项目管理办法》政策解读[EB/OL].(2020-05-22)[2021-10-30]. http://dnr.sc.gov.cn/scdnr/ywbb/2020/5/22/82a9947ad2e34e05bb4805c6aa20ca00.shtml2020-05-22.

[4] 林华国，卿展辉. 地质灾害治理工程后评价方法 [J]. 华南地震，2019，39 (3)：146-152.

[5] 四川维诚会计师事务所. 四川省地质灾害防治项目支出绩效评价报告：川维诚审字 2016 第 11-008 号 [J]. 四川审计，2016：11.

[6] 财政部. 关于印发《特大型地质灾害防治资金管理办法》的通知 [EB/OL].(2019-10-28)[2021-11-30]. http://www.gov.cn/xinwen/2019-10/28/content_5445708.htm 2019-10-28.

[7] 四川省国土资源厅. 关于印发《四川省政府投资地质灾害防治项目建设市场主体信用评价管理暂行办法》的通知 [EB/OL].(2018-07-09)[2021-10-20]. http://www.creditsc.gov.cn/xysc/c100011/201807/f9e1cd5c60c243419fa7264f5b9dcf86.shtml 2018-07-09.

[8] 自然资源部办公厅. 自然资源部办公厅关于做好 2019 年地质灾害防治工作的通知 [EB/OL].(2019-04-10)[2021-11-20]. http://www.gov.cn/xinwen/2019-04/10/content_5380947.htm 2019-04-10.

基于成本后评价管控机制视角国网提质增效分析

徐晓越　董韦　王湘一

[摘要] 成本后评价是当前企业提质增效普遍采用的一种方法。本文针对国网某公司近年来专项成本投入产出，科学设定评价指标，开展成本后评价，探讨专项成本投资应该注意的问题及最佳投资方向，对同类企业有一定借鉴意义。

[关键词] 成本后评价　专项成本

不同专家从不同角度对成本后评价有着不同的定义，但本质内容基本一致，主要是指通过一定的标准、程序和方法，由一定的组织或个人对评价项目的历史投入进行事后分析。通常对项目投入产出的大小或高低，发展趋势的评价、判断以及预测，是后续项目进行成本测算和控制的基础。

国网公司每年或多或少都会进行制度性、批量性的成本安排，以确保专项项目顺利实施。随着新时代国网公司服务领域的广度和深度的不断扩大及深化，专项项目不断增多，专项成本不断扩大，在资本总量一定的前提下，客观上要求国网公司要强化成本后评价机制，健全专项项目数据库，合理确定、有效控制后续成本安排，从而实现对专项成本的精益化管控，控制资金流量，达到提质增效的目的。

本文以国网某公司为例，对近年来实施的专项项目，建立了单独的成本后评价模型，运用模型开展成本后评价，探索了该公司投资增效的方向及重点。

一、专项资金总体分析

围绕国网某公司营销与检修专项成本，按单位层面、资产层面、项目层面分别进行投入产出分析。根据“点面结合、各有侧重”的原则，单位层面对该公司营销专项与检修专项成本总体比较；资产层面选取变电站、输电线路、台区三类资产中的典型资产，归集专项成本投入，分析产出成效；项目层面则按各类项目的成本投入、预期成效进行分类分析，对各类投入与成效的敏感性进行分析。

该公司2017—2019年专项成本安排情况。总体投入分部门统计，从电网安全、经济效益、专业提升投入三个维度进行分析。从总体投入看，该公司2017—2019年营销及设备部门的专项成本费用逐年增加；从分类别看，该公司经营效益类项目投入增加较多，电网安全类各年相当，专业提升类年度差异较大；从管理部门看，该公司设备专项成本投入相对平稳，营销投入专项成本逐年攀升（见图1~图4）。

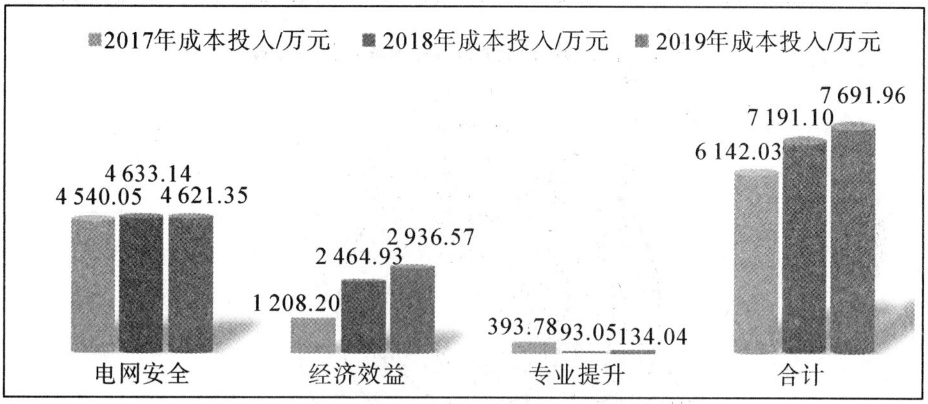

图1　国网某公司各维度下专项成本投入规模

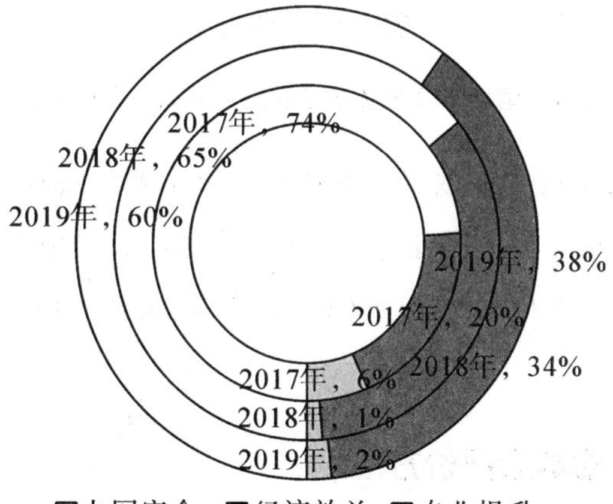

图2　国网某公司各年各类别专项成本占比变化

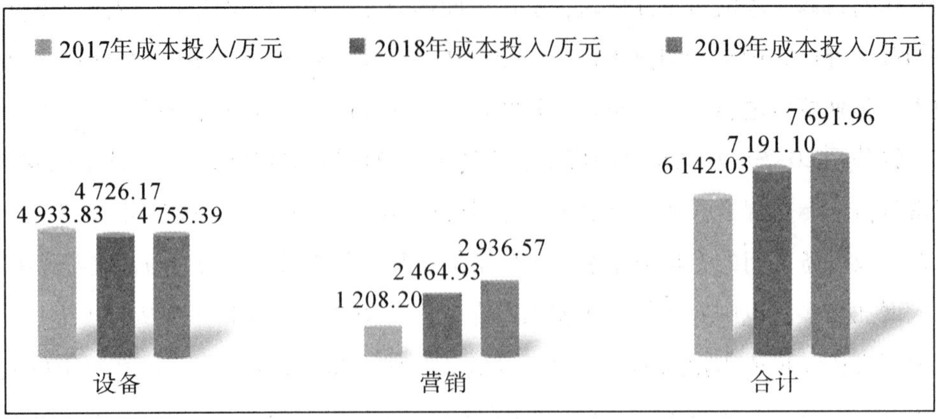

图 3 国网某公司分部门专项成本投入规模

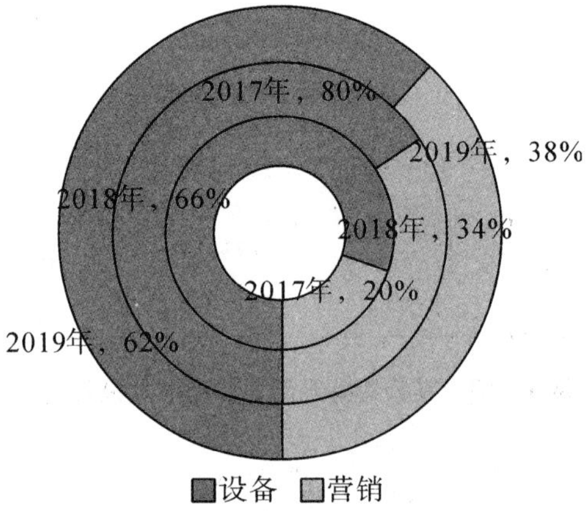

图 4 国网某公司各年各部门专项成本占比变化

从各类别专项成本投入成效看。电网安全类主要体现在用户停电时间由 2.5 户/时降低到 2.1 户/时；专业提升类主要体现在电压合格率及实物 ID 覆盖率，其中电压合格率由 99.97%提升到 99.99%，实物 ID 覆盖率由主网 30%提升到主网 60%、配网 50%。

二、专项资金成本后评价方法

专项资金成本后评价方法按“典型台区、典型变电站、典型线路”类别，各选取三个资产单元。根据各类资产特点，设计评价指标，搭建成本后评价模型，分析专项成本在资产层面的实际落地成效。

（一）样本的选取

1. 典型台区资产单元

按负荷或售电量高低选取 3 个台区：10kV 云天线边山#1、10kV 官涛线慈云#1、

10kV 官蒲线贾河#3（见表 1）。

表 1　典型台区及售电量数据

台区	售电量/万千瓦时			
资产名称	2016 年	2017 年	2018 年	2019 年
10kV 云天线边山#1	3.78	4.16	4.89	5.42
10kV 官蒲线贾河#3	8.76	9.42	9.85	10.36
10kV 官涛线慈云#1	3.75	3.87	4.29	3.80

2. 典型变电站资产单元

按电压等级高低选取 3 座变电站（见表 2）。

表 2　典型变电站及电量信息

变电站	关口电量/万千瓦时			
资产名称	2016 年	2017 年	2018 年	2019 年
110kV 古楼变电站	14 581.57	16 241.91	18 475.73	19 144.53
110kV 高龙变电站	19 038.16	21 767.92	22 634.86	24 179.55
35kV 狮滩变电站	3 073.92	3 505.98	3 552.86	3 829.88

3. 典型线路资产单元

按电压等级高低选取 3 条输电线路（见表 3）。

表 3　典型线路及输送电量

输电线路	输送电量/万千瓦时			
资产名称	2016 年	2017 年	2018 年	2019 年
110kV 风古线	0.00	0.00	111.94	1 726.43
110kV 花果东线	0.00	0.00	16 964.89	19 944.29
5kV 古骑一线	3 894.62	3 000.94	4 389.50	4 315.04

（二）投入产出评价体系

按照“通用体系+差异化指标”的原则建立三级评价指标库，一、二级通用体系适用 3 类典型资产，三级指标根据资产类型差异化设置。其中：一级指标包括电网安全、经济效益、专业提升三大维度，与单位层面分析维度保持对应；二级指标在一级指标下细分三项评价方向，形成网架结构、运行保障、故障停运、增供扩销、降损增效、经营成果、供电质量、装备水平、服务质量九项指标；三级指标考虑减轻手工工作量，采用了各专业系统现有评价指标，为后续系统自动评价预留空间。

根据专业管理规定，对各项指标设定目标值，通过与目标值比较进行差异化打分。为便于与不同资产投入成效比较，按100分制计分。根据专业部门意见，以“突出经济效益、注重电网安全、兼顾专业提升”的原则对各项指标进行赋权。

1. 台区投入产出评价指标体系

台区投入产出评价指标体系如表4所示。

表4 台区投入产出评价指标体系

一级指标/%	二级指标	三级指标	指标权重/%	计算公式参考	数据来源参考	目标值参考/%	评价方式参考
电网安全25	网架结构	10kV 线路是否满足N-1	10	一条线路停电后能够由另一条线路互供，人工判断	人工判断		“是”“否”判断，“是”得分；“否”不得分
	运行保障	10kV 线路故障停运率	20	每年每百千米10kV线路发生跳闸、接地故障的次数，计算公式：故障停运率=当年发生故障次数/线路长度（百千米）	供服系统	2.39	
		配变故障停运率	20	查询可靠性系统	可靠性系统	无	
		户均停电时间	25	Σ用户停电时间/用户数	SG186系统		
		故障报修率	25	故障报修率=100-（高压故障+低压故障+电能质量故障+计量故障）/用户总数×1 000	供服系统	99.3	
经济效益55	增供扩销	单位资产售电量	30	单位资产售电量=台区售电量/平均台区固定资产原值×10 000 其中： 平均台区固定资产原值=（期初台区固定资产原值+期末台区固定资产原值）/2	财务管控系统	绝对值变动	
	降损增效	台区综合线损率	20	台区同期线损率=（全部台区输入电量-全部台区输出电量-380伏及以下售电量）/全部台区输入电量×100% 其中：台区输入电量=台区关口表供入电量+台区内分布式电源上网电量 台区输出电量=台区关口表反送10千伏电网电量	同期线损系统	0.4kV线损不高于4	
	经营成果	台区利润	50	见台区利润计算表	财务管控系统	绝对值变动	

表4(续)

一级指标/%	二级指标	三级指标	指标权重/%	计算公式参考	数据来源参考	目标值参考/%	评价方式参考
专业提升20	供电质量	用户综合电压合格率	30	电压合格率是指实际运行电压在允许电压偏差范围内累计运行时间与对应的总运行统计时间之比的百分值 某监测点电压合格率=［1-监测点电压超限时间（分钟）/监测点运行时间（分钟）］×100%	PMS系统	99.86	
	装备水平	是否高耗能配变	10	PMS 系统导出的台账不应该存在 S7 及以下配变	PMS系统	0	“是”“否”判断，“是”得分；“否”不得分
		配变无功补偿容量配比	20	查询 PMS 系统导出的台账	PMS系统	0.1~0.3	
		采集成功率	20	采集成功率=该台区月度累计采集成功电表数之和/该台区月度累计采集应采电表数之和×100% （采集成功率=∑月度累计采集成功电表数之和/∑月度累计采集应采电表数之和×100%）	用电信息采集系统	1	
	服务质量	自动抄表出账率	20	自动抄表出账率=该台区抄表例日自动抄表出账成功电表数之和/该台区应抄表出账电表数之和×100%（采集成功率=∑抄表例日自动抄表出账成功电表数之和/∑应抄表出账电表数之和×100%）	SG186 系统	1	

2. 变电站投入产出评价指标体系

变电站投入产出评价指标体系如表 5 所示。

表 5　变电站投入产出评价指标体系

一级指标/%	二级指标	三级指标	指标权重/%	计算公式参考	数据来源参考	目标值参考	评价方式参考
电网安全25	运行保障	正常设备状态占比	40	检修前后（变电站某类设备正常状态数量/变电站某类设备总数量）	PMS系统数据	正向指标，越高越好	
		变电设备状态评估水平	60	对非正常状态进行等级评估，按风险等级计算得分	PMS系统数据	等级越低越好	

表5（续）

一级指标/%	二级指标	三级指标	指标权重/%	计算公式参考	数据来源参考	目标值参考	评价方式参考
经济效益55	增供扩销	单位资产售电量	30	单位资产售电量=变电站售电量/平均变电站固定资产原值×10 000 其中： 平均变电站固定资产原值=（期初变电站固定资产原值+期末变电站固定资产原值）/2	财务管控系统	绝对值变动	
	降损增效	变电站损耗（变损）	20	变损=（关口表计量输入-关口表计量输出）/关口表计量输入	同期线损系统	越低越好	
	经营成果	变电站利润	50	见变电站利润计算表	财务管控系统	绝对值变动	
专业提升20	装备水平	开关设备检修前后缺陷数量	35	开关设备检修前缺陷数量-开关设备检修后缺陷数量	PMS系统数据	绝对数，越小越好	
		电容器检修前后缺陷数量	35	电容器检修前缺陷数量-电容器检修后缺陷数量	PMS系统数据	绝对数，越小越好	
		直流系统检修前后缺陷数量	30	直流系统检修前缺陷数量-直流系统检修后缺陷数量	PMS系统数据	绝对数，越小越好	

3. 输电线路投入产出评价指标体系

输电线路投入产出评价指标体系如表 6 所示。

表 6　输电线路投入产出评价指标体系

一级指标/%	二级指标	三级指标	指标权重/%	计算公式参考	数据来源参考	目标值参考	评价方式参考
电网安全25	运行保障	线路故障次数	40	线路出现故障的次数	PMS 系统数据	正向指标，越高越好	
		整线状态评价	60	正常状态、注意状态、严重状态、异常状态	PMS	正常状态	
经济效益55	增供扩销	单位资产售电量	30	单位资产售电量=输电线路售电量/平均输电线路固定资产原值×10 000 其中： 平均输电线路固定资产原值=（期初输电线路固定资产原值+期末输电线路固定资产原值）/2	财务管控系统	绝对值变动	
	降损增效	输电线路损耗（线损）	20	线损=（关口表计量输入-关口表计量输出）/关口表计量输入	同期线损系统	越低越好	
	经营成果	输电线路利润	50	见变电站利润计算表	财务管控系统	绝对值变动	

表6(续)

一级指标/%	二级指标	三级指标	指标权重/%	计算公式参考	数据来源参考	目标值参考	评价方式参考
专业提升20	装备水平	输电线路防腐	20	需防腐铁塔数量减少数量	PMS		
		输电线路防污	20	需防污绝缘子减少数量	PMS		
		绝缘子清扫	20	脏污绝缘子片数减少数量	PMS		
		接地网整治	20	接地网不达标减少数量	PMS		
		低值零值绝缘子片数	20	低值零值绝缘子片数减少数量	PMS		

（三）搭建模拟利润测算模型

参照内模市场模拟利润计算思路，以台区、变电站、输电线路比作模拟市场主体，建立收入成本分摊规则，完整归集模拟主体的收入、成本费用，科学计算“台区（变电站、线路）模拟利润”，实现对典型资产经营成果（经济效益）的综合评价（见表7）。

表7　模拟利润测算模型

类别	指标计算公式	基础数据	数据来源系统	责任部门
一、模拟利润	模拟收入-模拟成本		模型计算	财务部
二、模拟收入				
1. 台区售电收入	Σ台区用户售电收入	台区售电收入	SG186	营销部
2. 变电站（线路）售电收入	关口输出电量×售电均价	关口输出电量	同期线损系统	营销部
		售电均价	管控报表	财务部
三、模拟成本	购电成本+折旧成本+运检成本+营销成本			
1. 购电成本				
（1）台区购电成本	（台区售电量+线损电量）×（购电均价+上级输配电价）	台区售电量、线损电量	SG186	营销部
		购电均价、上级输配电价	管控报表	财务部
（2）变电站（线路）购电成本	关口输入电量×（购电均价+上级输配电价）	关口输入电量	SG186	营销部
		购电均价、上级输配电价	管控报表	财务部
2. 折旧成本	资产折旧费用	本年折旧额	ERP资产卡片	财务部
3. 运检成本				
（1）台区（线路）运检成本	运检专项成本×（本台区（输电）线路长度/该运检专项成本适用台区（输电）线路总长度）	运检专项成本	管控报表	财务部
		台区（输电）线路长度		设备部

表7(续)

类别	指标计算公式	基础数据	数据来源系统	责任部门
(2) 变电运检成本	运检专项成本×(本变电站容量/该运检专项成本适用变电站总容量)			
4. 台区营销成本	营销专项成本×(本台区用户数/该营销专项成本适用台区用户总数)	营销专项成本	管控报表	财务部
		台区户数		营销部

(四) 成本后评价分析

对典型资产单元近3年的模拟利润、投入成本与产出指标水平进行评价，对成本投入成效进行评估分析，从而辅助公司科学安排成本预算。

1. 分类资产单元模拟利润

该公司针对选取的3类资产9个典型资产单元，采集模拟利润测算所需的基础数据，实现对2016—2019年各资产单元模拟利润的计算与对比分析（见表8）。

表8　台区模拟利润计算结果——10kV 云天线边山#1

类别	指标计算公式	单位	2016年	2017年	2018年	2019年
一、**模拟利润**	模拟收入-模拟成本	万元			(3.82)	(6.62)
二、**模拟收入**						
2.1 台区售电收入	Σ台区用户售电收入	万元	2.01	2.19	2.54	2.79
2.1.1	台区售电量	万千瓦时	3.78	4.16	4.89	5.42
2.1.2	台区售电均价	元/千千瓦时	531.71	525.92	519.47	515.10
三、模拟成本	购电成本+折旧成本+运检成本+营销成本				6.36	9.41
3.1 台区购电成本	(台区售电量+线损电量)×(购电均价+上级输配电价)				2.63	2.91
3.1.1	台区线损电量	万千瓦时	系统内无数据	系统内无数据	0.35	0.35
3.1.2	购电均价	元/千千瓦时	320.52	306.35	338.80	341.72
3.1.3	上级输配电价	元/千千瓦时	163.20	163.20	163.20	163.20
3.2 折旧成本	台区资产折旧费用	万元	0.34	0.34	0.88	3.74

表8(续)

类别	指标计算公式	单位	2016 年	2017 年	2018 年	2019 年
3.3 台区运检成本	运检专项成本×[本台区(输电)线路长度/该运检专项成本适用台区(输电)线路总长度]	万元	2.30	41.18	2.80	2.70
3.3.1	运检专项成本	万元	2.30	383.00	2.80	2.70
3.3.2	本台区线路长度	千米	2.02	2.26	2.26	2.26
3.3.3	运检专项成本适用台区线路总长度	千米	2.02	21.02	2.26	2.26
3.4 台区营销成本	营销专项成本×(本台区用户数/该营销专项成本适用台区用户总数)	万元		0.05	0.05	0.06
3.4.1	营销专项成本	万元		420.38	452.84	563.22
3.4.2	本台区用户数	户		66.00	60.00	60.00
3.4.3	营销专项成本适用台区用户总数	户		553 949.00	562 734.00	580 613.00

从公式选取的3类9个典型资产于2016—2019年的模拟利润测算结果来看，台区资产的模拟利润水平均为负值，变电站与输电线路资产的模拟利润多数为正值。所选典型资产的盈利能力多数处于下降水平，其中台区资产，10kV云天线边山#1与10kV官涛线慈云#1两资产单元的亏损度在逐年增加；变电站资产中选取的三个典型资产单元的2019年的盈利能力均低于2016年的水平；输电线路资产单元中110kV风古线与110kV花果东线资产单元的盈利能力逐年增加，但35kV古骑一线资产单元的盈利能力逐年降低（见表9）。

表9 各资产单元模拟利润水平

台区	模拟利润/万元			
资产名称	2016 年	2017 年	2018 年	2019 年
10kV 云天线边山#1			(3.82)	(6.62)
10kV 官蒲线贾河#3		(2.57)	(2.80)	(2.33)
10kV 官涛线慈云#1			(2.62)	(2.91)
变电站	模拟利润/万元			
资产名称	2016 年	2017 年	2018 年	2019 年
110kV 古楼变电站	1 174.11	1 178.30	(2 179.84)	717.94
110kV 高龙变电站	1 578.86	216.16	976.75	977.24
35kV 狮滩变电站	87.99	112.23	55.12	33.63

表9(续)

输电线路	模拟利润/万元			
资产名称	2016 年	2017 年	2018 年	2019 年
110kV 风古线	(7.47)	(7.49)	53.40	884.99
110kV 花果东线	(22.07)	(22.07)	811.88	820.60
35kV 古骑一线	233.75	204.22	133.02	100.61

2. 分类资产单元投入产出评价

针对台区、变电站及输电线路典型资产单元，分别从电网安全、经济效益、专业提升三方面分析指标的现状、投入成本与产出的成效情况。

(1) 总体情况

从选取的典型资产单元来看：

台区资产与变电站资产的历年投资主要集中在电网安全与专业提升上，从对应的分类指标得分汇总变化来看，投入的成本均有带来相应的产出成效，其中专业提升方面的产出成效历年增长相对稳定。

输电线路资产的历年投资主要集中在专业提升上，但从三个资产的成效来看，110kV 风古线的成效较为明显，但另外两个典型资产在 2016 年时的指标得分已经为满分，指标得分并未提升，穿透定位各指标值，指标值有所提升，成本投入有一定的成效（见表 10~表 12）。

表 10　台区资产单元投入产出统计

台区	项目分类	投入情况/万元			得分情况			
资产单元名称	一级指标	2017 年	2018 年	2019 年	2016 年	2017 年	2018 年	2019 年
10kV 云天线边山#1	电网安全	41.18	2.80	2.70	500.00	400.00	400.00	500.00
	经济效益						100.00	100.00
	专业提升	0.05	0.05	0.06	300.19	300.20	300.32	300.38
	合计	41.23	2.85	2.76	800.19	700.20	800.32	900.38
10kV 官蒲线贾河#3	电网安全	2.20	2.40	1.80	400.00	400.00	400.00	500.00
	经济效益						100.00	100.00
	专业提升	0.05	0.05	0.06	300.20	300.20	300.34	300.39
	合计	2.25	2.45	1.86	700.20	700.20	800.34	900.39
10kV 官涛线慈云#1	电网安全	1.80	1.70	2.10	400.00	400.00	400.00	500.00
	经济效益						80.00	60.00
	专业提升	0.07	0.07	0.08	300.19	300.20	300.36	300.39
	合计	1.87	1.77	2.18	700.19	700.20	780.36	860.39

表 11　变电站资产单元投入产出统计

台区	项目分类	投入情况/万元			得分情况			
资产单元名称	一级指标	2017 年	2018 年	2019 年	2016 年	2017 年	2018 年	2019 年
110kV 古楼变电站	电网安全	85.47	32.67	8.22	190.00	190.00	190.00	190.66
	经济效益				0	100.00	60.00	100.00
	专业提升	16.03	6.53	2.46	285.00	285.00	285.00	285.99
	合计	101.50	39.20	10.68	475.00	575.00	535.00	576.65
110kV 高龙变电站	电网安全	28.94	48.33		190.00	190.00	190.00	190.66
	经济效益				0	0	100.00	100.00
	专业提升	7.23	8.67		285.00	285.00	285.00	285.99
	合计	36.17	57.00	0	475.00	475.00	575.00	576.65
35kV 狮滩变电站	电网安全	30.00	30.00	20.00	188.00	190.00	190.00	190.66
	经济效益				100.00	100.00	0	100.00
	专业提升	10.00	12.00	9.00	282.00	285.00	285.00	285.99
	合计	40.00	42.00	29.00	570.00	575.00	475.00	576.65

表 12　输电线路资产单元投入产出统计

台区	项目分类	投入情况/万元			得分情况			
资产单元名称	一级指标	2017 年	2018 年	2019 年	2016 年	2017 年	2018 年	2019 年
110kV 风古线	电网安全				120.00	94.00	140.00	140.00
	经济效益				0	0	0	0
	专业提升	0.41	12.00	0.70	90.00	92.00	92.00	96.00
	合计	0.41	12.00	0.70	210.00	186.00	232.00	236.00
110kV 花果东线	电网安全				140.00	140.00	140.00	140.00
	经济效益						200.00	100.00
	专业提升	0	2.10	0.30	100.00	100.00	100.00	100.00
	合计	0	2.10	0.30	240.00	240.00	440.00	340.00
35kV 古骑一线	电网安全				140.00	128.00	140.00	140.00
	经济效益				180.00	180.00	120.00	120.00
	专业提升	5.68	0	0.70	100.00	100.00	100.00	100.00
	合计	5.68	0	0.70	420.00	408.00	360.00	360.00

（2）定位分析

以 10kV 云天线边山#1 台区资产单元为例，2016 年从 10kV 云天线边山#1 台区各指标数据看，配变故障停运率为 0.6，虽然指标相对较好，但为了保障电网运行，仍有投资需要，同时用电采集的采集成功率不能满足公司要求，亦存在投资需求（见表 13）。

表 13　10kV 云天线边山#1 台区投入产出情况表

项目分类			指标权重/%	投入情况/万元			指标情况				得分情况			
一级指标/%	二级指标	三级指标		2017年	2018年	2019年	2016年	2017年	2018年	2019年	2016年	2017年	2018年	2019年
电网安全25	网架结构	10kV 线路是否满足 N-1	10	41.18	2.80	2.70	是	是	是	是	100.00	100.00	100.00	100.00
	运行保障	10kV 线路故障停运率	20				0.00	21.27	21.27	0	100.00	0	0	100.00
		配变故障停运率	20				0.60	0.30	0.10	0	100.00	100.00	100.00	100.00
		户均停电时间	25				0.90	1.10	1.00	100.00	100.00	100.00	100.00	100.00
		故障报修率	25				99.90	100.00	100.00	100.00	100.00	100.00	100.00	100.00
经济效益55	增供扩销	单位资产售电量	30				4.95	5.45	3.13	2.30				
	降损增效	台区综合线损率	20				采集系统无数据	采集系统无数据	0.05	0.06			100.00	100.00
	经营成果	台区利润	50						(3.82)	(6.62)				
专业提升20	供电质量	用户综合电压合格率	30	0.05	0.05	0.06	99.88	99.91	99.91	99.92	100.00	100.00	100.00	100.00
	装备水平	是否高耗能配变	10				否	否	否	否	100.00	100.00	100.00	100.00
		配变无功补偿容量配比	20				0.30	0.30	0.30	0.30	100.00	100.00	100.00	100.00
		采集成功率	20				0.97	0.98	1.00	1.00	0.19	0.20	0.20	0.20
	服务质量	自动抄表出账率	20						0.59	0.91			0.12	0.18
总计投入				41.23	2.85	2.76	得分总计				800.19	700.20	800.32	900.38

（3）投入匹配

从 10kV 云天线边山#1 台区的历年专项成本投入情况看，重点针对配变故障停运率与采集成功率两项，与资产单元的现状需求相符（见表 14）。

表 14　10kV 云天线边山#1 台区分类投入情况

项目投向	项目投入成效分类	2017 年	2018 年	2019 年
服务质量	采集成功率			0.01
运行保障	配变故障停运率	41.18	2.80	2.70
装备水平	采集成功率	0.05	0.05	0.04

（4）产出成效

从投入的专项成本方向与对应产出的指标变化来看，10kV 云天线边山#1 台区的配变故障停运率与采集成功率逐年提升，可见投入成本针对性较强，产出效果明显。

（5）投资优化

从 10kV 云天线边山#1 台区目前的各指标得分来看，仅服务质量对应的自动抄表出账率指标未到满分，后续投资可向该指标倾斜。

（五）项目投入敏感性分析

对台区、变电站、输电线路资产分别按电网安全、经济效益、专业提升三个预期成效对项目进行分类，并对各类项目单位资产投入与成效进行敏感性分析，如表 15 所示。从测算结果来看，台区资产的单位投资成效相对显著，但变电站与输电线路资产的投资成效不明显，甚至为负值，后续投资针对得分敏感性为负的资产时应慎重考虑。

表 15　各类别资产各维度下的得分敏感性

台区	项目分类	得分敏感性		
资产单元名称	一级指标	2017 年	2018 年	2019 年
10kV 云天线边山#1	电网安全	0	0	0
	经济效益			
	专业提升	0	0	0
	合计	(2.43)	35.15	36.28
10kV 官蒲线贾河#3	电网安全	0	0	0
	经济效益			
	专业提升	0	0	0
	合计	0	40.82	53.67

表15(续)

台区	项目分类	得分敏感性		
资产单元名称	一级指标	2017 年	2018 年	2019 年
10kV 官涛线慈云#1	电网安全	0	0	0
	经济效益			
	专业提升	0	0	0
	合计	0	45. 27	36. 64
变电站	项目分类	得分敏感性		
资产单元名称	一级指标	2017	2018	2019
110kV 古楼变电站	电网安全	0	0	0. 04
	经济效益			
	专业提升	0	0	0. 13
	合计	0. 99	(1. 02)	3. 90
110kV 高龙变电站	电网安全	0	0	
	经济效益			
	专业提升	0	0	
	合计	0	1. 75	
35kV 狮滩变电站	电网安全	0. 03	0	0. 02
	经济效益			
	专业提升	0. 10	0	0. 04
	合计	0. 13	(2. 38)	3. 51
输电线路	项目分类	得分敏感性		
资产单元名称	一级指标	2017	2018	2019
110kV 风古线	电网安全	0	0	2. 86
	经济效益			
	专业提升			
	合计	29. 27	0. 83	5. 71
110kV 花果东线	电网安全			
	经济效益			
	专业提升		0	0
	合计		95. 24	(333. 33)
35kV 古骑一线	电网安全			
	经济效益			
	专业提升	0		0
	合计	0		0

三、结论

（一）研究结论

该公司以资产类型为基础，建立了“一个台区”“一个变电站”“一条输电线路”的典型设计，完成了指标体系的构建、评分标准的制定、评价模型的构建。

以业财系统数据为基础，依托多维精益变革成果，打通业财链路，完成了典型资产的模拟利润计算模型。

（二）结论分析

1. 投资成效

台区资产与变电站资产的历年投资主要集中在电网安全与专业提升上，从对应的分类指标得分汇总变化来看，投入的成本均有相应的产出成效，其中专业提升方面的产出成效历年增长相对稳定。输电线路资产的历年投资主要集中在专业提升上。但从典型资产成效来看，110kV 风古线的成效较为明显，另外两个典型资产在 2016 年时的指标得分已经为满分，指标得分并未提升，穿透定位各指标值，指标值有所提升，成本投入有一定的成效，但有过度投资现象。

2. 未来投资重点

根据当前指标得分情况，定位典型资产未来投资重点（见表 16）。

表 16　典型资产未来投资方向重点

典型资产	投资方向	三级指标
10kV 官涛线慈云#1	专业提升/装备水平	采集成功率
	专业提升/服务质量	自动超标率
10kV 官蒲线贾河#3	专业提升/服务质量	自动超标率
10kV 官涛线慈云#1	专业提升/装备水平	采集成功率
	专业提升/服务质量	自动超标率
变电站资产	电网安全	
	专业提升	
110kV 风古线	电网安全/运行保障	线路故障次数
	专业提升/装备水平	绝缘子清扫
	专业提升/装备水平	接地网整治
35kV 古骑一线	电网安全/运行保障	线路故障次数
	经济效益/降损增效	输电线路损耗（线损）
	经济效益/经营成果	输电线路利润

表16(续)

典型资产	投资方向	三级指标
110kV 花果东线	电网安全/运行保障	线路故障次数
	经济效益/降损增效	输电线路损耗（线损）

3. 推进应用可行性分析

深挖业财数据，优化成本评价机制，是财务重点工作的拓展延伸，该公司通过业财协同、健全机制、优化流程、强化管控、监督检查的方式，为提质增效推进工作打好了坚实的基础，对其他单位提质增效、专项成本后评价有着较好的借鉴和推广价值。

基于管理会计视角的资金管控探析

张怡

[摘要] 资金管控是企业战略管理中的重要一环，它以持续提升资金效率、降低资金成本和经营风险、提高企业竞争力为管理目标。而资金管控目标的实现，正随着现代化财务管理理念的发展创新，越来越与管理会计联系紧密。本文从管理会计与资金管控的相关背景及概念出发，针对实践中存在的挑战，就基于管理会计视角的资金管控进行探讨分析，以供企业经营管理参考。

[关键词] 管理会计　资金管控　预算

一、背景及概述

在当前经济发展新常态下，企业资金管理在内的财务管理工作迎来了新的挑战，而管理会计作为重要的管理工具，其发挥的战略管理作用已形成广泛共识。有研究显示，在长三角、珠三角等沿海经济较发达地区或经营管理水平较高的企业中，管理会计运用的广度与深度都较为理想，这为列入《成渝城市群发展规划》的相关企业及行业提供了良好的管理经验参考。

（一）资金管控

资金管控，即对企业资金的来源和使用实施合理有效的管理与控制，通过将资金工作的计划、筹集、调配、控制、投放、监督、考核整合成有效闭环，实现资源高效运转、降低资金成本、防范资金风险、促进业财融合、达成投融资战略，给企业持续创造更大的经济价值。按照企业资金管控演进和不同发展阶段分为如下模式：资金统收统支模式、财务结算中心及财务公司等模式。资金统收统支模式是企业实行资金收支的高度集中统一管理，不需要下属成员单位或项目单位等资金使用单元另设额外账户。该模式的优势是可实现有限资源的最优配置，缺点是增加管理成本，削弱管理灵活性，降低资金使用单位的资金管理主动性，只适用于开展初创工作的企业。财务结算中心模式，则由集团设立独立资金运行机构，垂直管理下属成员单位或项目单位的财务资金，可实施账户零余额管理归集在内的全集团资金结算。该模式不仅能为集中管理赋予弹性空间，同时也可调动资金使用单元的资金管理主动性，适用于处于发展阶段的企业。财务公司模式是在企业集团内成立独立法人资格公司，为资金管理提供财务顾问、资金结算与融通等金融服务。该模式对资金管理要求较高，适用于进入成熟发展阶段的集团化大型企业。

（二）管理会计

管理会计是从传统会计系统中分离出来的现代企业会计重要分支，与负责核算及监督企业资金运动的传统财务会计相比，管理会计更侧重为企业战略发展目标提供科学支持服务。它将整个企业经营活动当成管理对象，通过组织企业管理部门编制计划，处理及分析经济业务，参与决策控制，呈报管理信息，为企业进行最优决策，改善经营管理，提高经济效益。为了更清楚地了解管理会计，将其与财务会计做了比较，其各自特点如表 1 所示。

表 1　管理会计与财务会计的比较

区别	工作目标及服务对象	履行职能及类型	工作主体	工作依据及适用程序	信息特征及范式
管理会计	作为内部管理系统，为企业内部管理服务	预测、决策、规划、控制和考核，属于“经营型会计”	以企业内部各层次责任单位为主体，兼顾企业，突出以人为中心的行为管理	受公认会计原则的限制相对较小，方法灵活，工作程序性尚在不断完善之中	信息可跨越过去、现在和未来时态；信息载体无统一范式
财务会计	给外部利害关系的投资人、债权人和政府有关部门提供会计信息服务	反映、报告企业经营成果和财务状况，属于“报账型会计”	仅以企业为主体	严格执行公认会计原则；运用简单算术核算，遵循固定会计循环程序	信息主要在过去时态；信息载体以固定格式、报告日期的财务报表呈现，执行通用统一范式

二、管理会计下资金管控的意义

管理会计的发展，为企业通过资金管控提高企业管理水平提供了可能。在目标上，管理会计持续提升企业经营状况，与企业发展战略目标相一致；在过程上，管理会计考虑企业实际经营状况，与企业管理职能相结合；在实施中，管理会计运用业绩评价、全面预算等管理工具，通过财务制度、流程设计及财务模型等手段，构建可持续发展的管理体系。在管理会计视角下实施资金管控，也就是将管理会计在目标、过程、实施等环节的理念与作用引入企业资金管控中，完善资金管控模式，实现降本增效。

（一）有助于规范资金使用

企业实时掌控资金使用单元的资金状况，对资金安排进行合理支配和调整，避免资金滥用或闲置等浪费，促使企业战略规划落地。通过全过程动态掌控资金使用、资金运转和资金余额等状况，避免资金违法违规使用风险，并针对相关问题，及时预警并采取措施，保证资金规范使用。

（二）有助于降低资金成本

企业整合各业务单元以资金为主的可变现资产等优质资源，形成规模优势，提升信用等级和整体优势，在银行贷款、市场发债等融资渠道中统筹对外融资，提高融资效率，获取更强的议价能力，降低企业资金使用成本。

（三）有助于资金创造价值

企业统筹平衡各业务单元的资金，将更多资金集中投放到效益更高的项目中，避免资金在各业务模块中出现剩余或短缺等不均衡情形发生，形成充足资金支持，提高资金整体使用效率，有效提高资金创造价值的能力。

三、管理会计下资金管控的挑战

（一）实践意识有待提高

受制于企业管理者关注重点局限在生产或业务环节或管理体系构建进程缓慢等造成管理落实不到位，管理会计在资金管控及企业战略发展中很难发挥出积极作用。加之个别企业对管理会计重视不够，甚至缺乏对管理会计的科学准确认知，没有规范或完善相关制度，所需高质量的业务数据无法准确及时完整获取，资金管控很难及时施行，导致企业资金流程监管流于形式，形成资金闲置与浪费，更难以为战略管理提供支持服务。

（二）管理信息的不对称性

随着全球经济化、经济市场化加剧，企业谋求做大做强，有向集团化和规模化发展的内生驱动力。而集团化管理与管理层级增加，会因信息对称性问题，增加管理成本和降低管理效率，缺乏合理性授权，甚至会导致资金分散和信息失真，难以实现在整体角度完成资金管控，甚至导致资金配置决策适当，降低企业的资金管理效率，影响企业长期稳定发展。

（三）信息技术有待充分发挥

受益于大数据手段、“互联网+”应用等现代信息技术的创新发展，企业信息化管理得以不断深化，甚至资金管控与经营业务、财务风险结合的模块也实现了在企业 ERP 等管理信息系统的嵌套。在实践中，企业对于上述系统的应用大多数还仅限于单纯资金核算或数据统计，对深入分析决策等管理会计功能较为有限，大数据的缺乏和系统的可靠性等因素导致管理只能事前核对、事后监督，提升管理会计的预期无法实现。以信息技术为载体的管理会计在与资金管控业务结合时的技术手段还有待进一步充分发挥。

四、管理会计下资金管控的建议

（一）重视资金管控，转变管理观念

提升财务人员管理能力和综合素质，转变以往传统核算和信息传递的惯性思维，革新管理理念，加强管控宣贯，增强业财协同，自上而下地唤醒管理层和业务部门的管理意识，从思想和流程上重视资金管控，从管理会计谋划企业发展出发，发挥资金管控在管理决策上应有的作用。

（二）强化全面预算，有效管控资金

利用管理会计加强企业资金全面预算管理。在预算编制前，充分沟通并提高预算编报的科学性、合理性，避免预算和经营脱节；在预算执行中，适时开展调查和评价跟踪执行情况，及时发现问题整改和纠偏，达到日常监督要求；在预算调整和考核时，引入绩效评价和奖罚激励措施，降低财务管理风险和资金成本，促进企业高效运转和可持续发展。

（三）强化资金监控，提升风险管理

认真梳理、深入分析企业在资金管理流程中的风险因素，不断完善资金风险管理体系，降低企业经营风险。比如：制订出科学合理的筹资方案，识别主要风险点和设置控制阀门，将动态的资金风险控制体系从过程控制与事后控制延伸到事前控制；有条件的企业按照经营战略目标要求，充分开发管理会计功能，获取有效财务信息，打破资金管控相关信息不对称的壁垒，严格控制收支和确保资金安全；构建资金管控分析模型，开展对管理决策与资金管控的相关因素分析，提升企业经济效益。

五、结语

综上，管理会计在企业资金管控中能有效提高资金的使用效率，降低资金的使用成本和经营风险，企业通过全面预算管理、量化分析、绩效评价及信息管理等管理会计手段，进一步实现资金效益的最大化和资金风险的最小化，进而促进企业经营健康持续稳定发展。

参考文献:

[1] 袁静. 管理会计在公司资金管控中的应用研究：以贵州水城矿业集团为例［J］. 财会通讯，2019（13）：48-51.

[2] 戴璐，支晓强. 企业引进管理会计方法的排斥效应、后续变革与影响因素：基于国有企业情景的案例调查［J］. 南开管理评论，2015（2）：103-114.

[3] 邵敏. 管理会计在企业资金管理中的应用探讨［J］. 纳税，2018（24）：123.

[4] 吴高科，骆云飞，李艳芬. 管理会计在中小企业中的应用研究［J］. 现代交际，2018（6）：55-56.

[5] 冯巧根. 改革开放40年的中国管理会计：导入、变迁与发展［J］. 会计研究，2018（8）：13-21.

房地产企业成本管控问题研究

刘春云

[摘要] 自2013年以来，全国各地一、二线城市房价增长过快，房价已超出普通民众的承受能力，造成刚性需求人群无力购房，供需之间的矛盾已成为民生领域的一个重大问题。为了抑制房价过快增长，国家出台了一系列宏观政策来抑制房价上涨，而土地、人工、材料等价格不断上涨，造成房地产企业盈利空间大幅缩小，甚至出现亏损和企业倒闭的情况。粗放式的成本管理模式已经适应不了新形势的发展需要，因此，房地产企业只有高度重视财务成本管控工作，改变原有粗放式成本管控模式，实行精细化、全过程、全方位成本管控，切实降低成本，才能在激烈的行业竞争中生存和发展。本文主要阐述房地产企业在成本管控过程中存在的问题，剖析问题形成的原因，提出相应的对策。

[关键词] 房地产企业　成本管控　问题　对策

一、引言

企业成本控制是一个老生常谈的问题，很多企业也意识到成本管控的重要性，但真正能够做到上下一心、认真贯彻执行，做好成本控制管理工作的不多。我国房地产行业从起步发展至今，房地产企业众多，企业良莠不齐，部分房地产企业管理粗放，项目前期市场调研不足，产品市场定位不准，财务成本过程管控弱化，审计过程监督缺失，导致企业盈利水平低下，甚至出现严重亏损的情况。本文针对房地产企业在成本管控方面存在的问题，深入剖析原因，并提出相应对策。

二、成本管控对房地产企业的重要性

（一）成本管控有利于保障企业利润的实现

房地产是一个资金密集型的行业，项目开发具有资金投入大、开发周期长、资金回笼慢、财务风险大的特征。只有做好项目开发周期内的成本预算管理，加强项目开发过程成本管控工作，才能在市场竞争中掌握主动权，保障企业利润的实现。

（二）成本管控有利于促进企业实现健康、可持续发展

在房地产行业起步阶段，存在遍地是黄金的说法，利润空间很大，很多企业不重视成本控制。近几年来，中央政府一直强调“房子是用来住的，而不是用来炒的”，为抑制房价过快上涨，国家加大对房地产行业的宏观调控力度，房地产企业盈利空间逐步缩小。房地产企业要在行业立足，只有做好成本管控工作，才能保证项目盈利，促进企业持续、健康发展。

（三）成本管控有利于企业规避经营风险和财务风险

房地产企业重视项目开发周期内的成本管控，制定项目开发过程中各个开发环节成本管控措施，并督促成本控制工作落到实处，就能及时发现项目开发中存在的问题，及时实现纠错和方向调整，规避经营风险及财务风险。

三、房地产企业成本管控存在的问题

（一）项目开发缺少预算控制，过程把关不严

房地产项目开发需要经历市场调查、拿地、设计、招标、施工和销售几个环节，一个房地产项目开发周期长达二、三年，甚至更长。所以房地产项目资金投入大，回收期长，财务风险高。因此，项目开发前需要对区域市场、客户需求、产品市场定位、地域优劣势、拿地成本等因素进行充分研究和比较，做好项目经济可行性分析，并将项目投资预算细化到各个环节进行成本控制。在实际执行过程中，部分房地产企业虽然也做了项目投资预算和经济可行性分析，但只是流于形式，停留在纸面上，并没有根据项目投资预算进行具体的细化和落实到各个环节，整个项目开发周期内并未建立预算控制体系，各环节成本控制缺少目标，过程控制形同虚设，把关不严。

（二）成本管控意识淡薄，认识片面

很多房地产企业对财务成本管理存在认识上的误区，有的房地产企业认为房地产项目成本控制主要在设计阶段，有的房地产企业认为房地产项目成本控制在施工阶段。总之，这些认识都是片面的，不够准确的，财务成本管理应贯穿于项目开发的各个环节，需要实行全过程、全方位、全员的精细化管控。

房地产项目开发涉及立项、设计、招标及施工几个阶段，成本控制需要贯穿全过程，但部分房地产企业的设计、招标、施工部门人员思想固化，成本意识不强，对于各个环节降低成本、控制成本的主动性缺失，对于本可以采取相关措施来优化设计、优化施工组织，从而达到节约费用、降低成本的行为重视不够，成本管控意识淡薄。

（三）经营管理层不重视成本管控工作

部分房地产企业领导层在项目开发管理过程中，更关注于产品市场营销和招投标管理工作，认为只要项目销售较好，招标环节成本控制住就行，不太注重财务管理工作和财务成本控制，忽视了财务成本管理应该贯穿于各个开发环节，致使财务成本控制工作难以在各个环节均得到有效开展。

（四）工程施工组织不当，进度滞后，成本偏高

房地产开发的特点就是资金投入高，建设周期长，从项目拿地开始，房地产企业需要承担高额资金利息。因此，在保证工程质量的前提下，加快房地产项目工程建设进度，产品及时面向市场推广，迅速回笼资金，是房地产行业的通行做法。但有的房地产企业，特别是国有性质的房地产开发企业，受各种因素影响，工程施工组织存在很大问题，工程进度严重滞后，产品无法及时面向市场推广，甚至工程项目都无法按期完工交付，导致投资资金无法及时回笼，资金占用大，成本偏高，项目开发出现亏损。

（五）成本管控技术手段落后，效率不高

部分房地产企业财务成本管理主要依靠财务人员通过财务报表及事后手工统计成本进行监控，财务人员提供的数据已经是付诸实施的财务成本，且手段落后、效率低下。在对当前房地产企业的调查研究中发现，房地产开发企业很少通过建立信息化系统来提高企业财务成本管理水平，造成项目开发过程中设计、施工、合同及财务核算管理严重脱节，无法实现部门之间的信息沟通与交流，造成了会计信息失真等严重问题。

同时，财务管理人员专业综合素质的高低也直接影响房地产企业财务成本管理的效果，目前大部分房地产企业财务人员仅限于进行财务核算和数据统计，财务成本管理水平普遍不高。

四、完善房地产企业成本管控的对策

（一）建立和完善成本管控体系，落实项目预算控制目标

房地产项目投资预算是整个项目的成本控制目标，要将项目投资预算细化分解到各个环节，并要求落实到具体的成本项目中进行成本目标控制，例如：项目绿化费用预算、电梯设备采购及安装预算等，充分体现以项目投资预算为“中心”的成本管控思路，在项目进行设计、预算组价、招标采购时，对照成本控制目标进行限价控制，确保项目投资预算受控。

（二）强化关键环节的成本管控，建立项目成本责任制考核

房地产企业项目开发涉及立项决策、规划设计、预算组价、招标采购及施工等环节，各个环节均涉及财务成本控制，均需按照预算目标进行，在项目开发成本控制过程中重点强化设计环节、施工环节的成本控制，同时建立健全成本经济责任考核制度：

1. 规划设计环节成本控制

规划设计是房地产项目开发的重要环节，设计方案优劣直接影响项目开发过程中的成本高低，设计环节基本上锁定项目成本的70%~80%。因此，必须强化对项目设计环节的成本控制，在成本预算目标范围内，在保证产品质量的前提下，进行限额设计控制，要强化设计方案优化措施及图纸会审，充分进行设计方案论证，提高设计概算及施工图预算的准确性。

2. 施工环节成本控制

在施工过程中，工程管理部门、监理单位要认真根据施工设计图纸进行技术方案论证，选择最优施工组织方案，最大限度地降低施工成本；强化施工过程中设计变更、签证及签量控制和管理，杜绝施工过程中设计变更的随意性。

3. 建立健全项目成本经济责任制考核与奖惩制度

建立健全项目成本经济责任制考核与奖惩制度，把项目成本控制目标落实到各项工作中，成本节约与超支均有奖罚机制，有效地调动全体职工参与到项目成本管控过程中来，积极主动地采取相关措施降低成本。

（三）经营管理层要重视成本管控，树立良好的管理意识

对于经营不善、倒闭的房地产企业进行分析，这些企业均没有树立良好的成本管理意识，领导层也不注重财务成本管理，对财务进行粗放式管理，影响了整个项目成本控制的执行。因此，领导层必须重视财务成本管理，带头引导整个企业树立良好的管理意识，健全财务成本管控体系，推动项目成本在各个环节的控制，达到项目成本整体受控的目的。

（四）严格控制项目开发周期，降低资金占用

要严格制订项目开发周期计划进度表，每月每周定期召开施工现场进度例会，按照网络进度推动工程施工组织；同时，制定严格的工程施工管理制度，严禁施工过程出现误工、怠工以及停工现象，建立问责制度，要及时发现和处理施工过程出现的问题。

（五）搭建和完善信息化管理系统，及时监控成本数据

随着现代化信息技术的发展，搭建和完善财务成本信息化管理系统，有利于整合房地产企业各流程中的信息共享，优化财务成本管理方式，帮助财务管理人员迅速、便捷地取得相关成本信息，做好财务成本管理的把关工作。

同时，加强财务成本管理团队建设，提升房地产企业财务成本管理水平。针对现有的财务人员，企业必须加强财务成本管理方法和技术的培训，制订全面的培训计划，帮助财务人员了解和掌握相应的管理方法，夯实财务成本管理基础。

五、结束语

目前，在国家对房地产行业进行宏观政策调控的影响下，房地产企业暴利时代已经结束，房地产行业的寒冬已经来临，如何在这严峻的形势下度过这次寒冬，房地产企业只有做好内部财务成本管理，强化成本控制措施，切实降低项目成本，才能够在残酷的市场竞争中赢得机会，立于不败之地。

参考文献：

[1] 冯林仙. 企业成本管理研究 [J]. 经管空间，2018（12）：81-82.

[2] 李树平. 房地产开发企业加强成本管控的对策研究 [J]. 经济师，2019（1）：123-124.

[3] 王建村. 企业成本管理存在的问题与控制策略 [J]. 财经纵横，2019（33）：141-142.

[4] 金素文. 试析房地产企业成本管控存在的问题及对策 [J]. 财税研究，2019（12）：225-226.

[5] 李劲松. 房地产企业成本管控的问题及对策研究 [J]. 经营管理（信息版），2018（9）：151-152.

基于提质增效管理理念的企业内部模拟市场体系构建

——以T省级电力公司为例

张潇

[摘要] 内部模拟市场是在T省级电力公司内部引入的市场化运行机制，模拟市场化运作方式，发挥市场化引导作用，在新的市场经济形势下创新企业管理模式。通过对公司各单位在内部价值链定位和供需关系分析，将所有单位分为供电单位、支撑单位、子公司，让公司本部、供电单位、支撑单位和子公司对自身的价值责任、价值贡献有更加清醒的认知，进而由被动管理向主动管理转变，由价值约束向价值创造转变，强化管理，增创效益，提升企业的整体管理水平和盈利水平。

在内部模拟市场管理方式下，公司内部各单位均被视为独立的经营主体。在外部收支的基础上，支撑单位向供电单位提供的产品和服务，根据内部模拟市场机制，进行收入和成本的确认。将公司内部业务支撑关系从无偿服务转变为有偿服务。

[关键词] 内模市场　供需关系　效益评价

一、引言

党的十九大以来，国内经济发展步入“新常态”，经济发展从要素规模驱动向改革创新驱动转变，经济增速整体放缓，电量增长陷入中低速增长阶段，增量效益贡献严重不足。当前部分基层单位和业务部门经营意识淡薄，要成本、要投资的冲动较强，讲价值创造、讲效益掘取的理念较弱，经营压力难以传导，经营责任难以落实。同时存在着各单位之间业务划分不统一，人力资源配置不合理的问题；财务数据和业务数据关联度不高，数据资源在管理问题诊断上应用不充分，如何精准定位管理问题，量化评价资源投入亟待研究。内部模拟市场作为当前国有企业实现提质增效的重要手段，其核心在于契约关系代替主从关系，从交易关系替代行政命令，实现内部挖潜，提高效率和效益。

二、内部模拟市场的内涵及构成要素

内部模拟市场的概念首次提出于 1937 年，其主要是根据市场经济原则，充分利用价值规律、经济杠杆和竞争机制的作用，在企业内部建立各种可能的市场。它使企业内部各单位之间形成一种市场经济关系，从而借鉴市场经济的自动调控方式，更加有效地进行企业内部管理，使企业内部管理彻底摆脱传统的行政管理模式，转为自我约束管理。其原理是将内部模拟市场引入企业内部，以效益为核心，使内部支撑关系由无偿变有偿，有效控制企业成本，实现效益最大化。内部模拟市场构成要素包括内部模拟市场的市场主体、市场客体、市场交易价格和市场交易规则四个方面，并且市场交易主体必须具备四个重要特征：独立经营、独立完成一项业务、独立核算和独立考评。

三、内部模拟市场的组织架构及范围

T 省级电力公司一级内部模拟市场运行体系包括以下单位：公司本部、22 家所属市级供电单位和 15 家支撑单位。

四、内部模拟市场的业务活动管理

内部模拟市场将各单位提供的内部模拟市场服务业务按照单位、部门、业务类型进行区分，形成业务活动清单，并且按照不同的业务活动确定其定价依据、业务价格、分摊结算规则，汇总形成业务价格清单。内部模拟市场年度预算编制、年中预算调整及月度执行都将基于业务价格清单的基础信息和维度进行计算、统计分析。

（一）业务活动信息梳理原则

业务活动是各单位向内外部市场提供的各类服务业务，既包括对外销售的产品和服务，也包括对内提供的支撑服务。对外销售的业务，直接作为业务活动管理；对内提供的业务，根据各业务条线工作职责自上向下进行梳理识别，针对具体业务，逐项分析业务实质，确定计量方式、管理信息、资源投入，形成业务清单和树形业务分类结构，确保梳理的交易对象符合“可交易”“可量化”“可定价”“可结算”的原则。

首先，梳理各单位对外业务。分析各单位对外销售的产品服务清单、销售合同、销售记录等，将对外销售业务直接纳入内部模拟市场业务体系，作为业务活动管理。

其次，按照单位及职能双条线梳理内部业务，并根据管理模式及业务属性归纳内部业务类别。以各支撑单位业务职能为起点，分单位进行双条线业务活动梳理，确保内部业务清单不重不漏，覆盖支撑单位所有业务。根据各业务条线的工作职责，充分分析活动属性及内在特点，对内部业务清单归纳业务类别，从而支撑后续业务收入按业务类别汇总，满足内部模拟市场运营情况分析中不同层级的分析及业务管理需要。分析业务特性，明确所有业务活动的业务量计量方法和资源投入计量方法。在业务梳理过程中，通过对业务活动驱动因素的识别与挖掘，识别可按业务量计量的业务，并逐项确定每条业务的业务量计量方式，即业务量单位，以确保后续业务收入计量的可实现性及可衡量性，其中业务收入=业务量×业务价格。

最后，对于内部业务，根据内部业务的受益对象，确定内部业务成本的承担对象；分析内部业务的业务属性，确定内部业务成本的确认方式。其中，业务范围为支撑售电核心业务活动或业务直接作用于供电单位的，如发电、电网规划、设计、建设、运行、维护等其他支撑业务，其内部业务成本应由供电单位承担；而业务范围为支撑公司管理及综合支撑活动或业务服务对象为本部的，如培训业务、财务集中核算、审计支撑、人力资源管理、医疗服务、应急保障等，该类业务与供电单位及售电收入的获得虽并无直接的业务关联关系，但其目的均是为了支撑公司电网稳定高效运行，因此这类业务活动成本将根据不同的分摊动因分摊至各供电单位。

（二）业务活动价格确认原则

业务活动定价主要采用三种定价方法：一是直接取用市场交易价格，对于市场上有对该业务定价标准的，直接取用该业务当前市场交易价格。二是参考外部市场定价，针对外部市场有类似服务或产品的价格或者行业、国家规定、国网标准的价格可供参考，则采用参考外部市场价格核定价格的方式为业务活动定价。外部价格的获取途径包括：外部市场报价、国家相关规定、行业相关标准、国网相关标准等，例如经研院主网架规划业务，参考《电力工程专业设计工日定额》。三是比照成本定价方式测算核定，可以业务活动投入业务人员成本、直接作用于业务活动的成本（直接成本）等为基础，按照相应的管理要求，以本单位计入活动成本的方式为服务或产品定价。根据公司支撑单位业务特点，业务活动价格按以下方法进行核定：业务活动单位价格=［业务人员成本（在岗业务人员平均单价×业务活动年投入人天数）+业务活动发生的年直接成本（自营材料费、外包材料费、外包检修费、研究开发费、管理信息运维费、租赁费等成本类型中和业务活动相关的成本）］/年动因量，其中：业务人员成本主要指为该项业务活动投入的自有业务人员成本，通过核定的在岗业务人员平均单价和单项业务活动投入人天数（人员数×工作天数）相乘得到；在岗业务人员平均单价涉及成本项：包括与人工直接相关的所有成本，如工资、社保、福利费等；以及企业在日常运营中发生但与人工、业务活动无关的其他成本（间接成本），如取暖费、团体会费等。根据特定的管理要求，在岗业务人员平均单价测算基于三年连续的成本数据进行测算（按成本监审要求）。即计算人天单价的成本包括人工成本、间接成本。人天投入确定方法：业务部门业务人员依据业务管理经验或历史数据判断单项业务需投入的人天数量，以该数据为基础，比照本部门业务人员合理人天核定。合理人天总数是各部门实际工作的业务人员人数（在岗的业务人员人数），按每人每年 239 天计（全年 365 天，扣除节假日的工作日时间）。根据以上解释，在岗业务人员平均单价具体核定过程如下：

业务成本=业务人工成本+业务直接成本

业务人员成本=人天单价×业务自有人天数

人天单价=［人工成本+间接成本（除折旧、摊销、人员薪酬、业务直接成本以外的所有生产成本）］/（自有业务人员人数×年有效人天数）

（三）业务活动审核原则

所有业务活动的新增或变革必须严格按照流程规范执行，由支撑单位业务部门发起申请，填写业务活动相关信息及证明材料，支撑单位财务部门配合业务部门核定直接成本等信息。各部门主管领导审核后仍需支撑单位专业部门分管领导审核，在审核后需提交T省级电力公司确认，专业部门在发起该流程时需提交申请表及调整业务活动的证明材料或说明材料作为领导及上级单位审批的参考依据。T省级电力公司专业部门从专业角度、发展预测，以及支撑单位提交的证明材料等方面评估申请，需审定业务活动的基础信息、价格信息、定价依据、直接成本、分摊规则等方面的合理性，T省级电力公司财务部门核定成本信息是否符合相关标准。为了提高业务活动变更申请的严谨性，所有业务活动调整需T省级电力公司专业管理部门分管领导进行批准后由财务内部模拟专责进行记录，后续方可应用到年度预算及月度执行中。

五、内部模拟市场执行情况的评价考核

T省级电力公司对内部模拟市场执行情况的评价考核是以公司业绩考核、薪酬管理系统为基础，结合内部模拟利润、人均模拟利润等内部模拟市场关键指标，通过季度考核与年度兑现形式，实现公司经营压力及考核压力逐级传递，充分发挥各

公司的经营意识与效益意识，从而提升公司整体价值创造水平。内部模拟市场管理下的各单位需每年年初根据T省级电力公司下发的《T省级电力公司内部模拟市场考核激励管理办法》制定考核与兑现方案，经本单位决策机构审核后下发执行。

参考文献：

［1］罗军刚. 企业内部模拟市场化管理浅议［J］. 新西部，2017（25）：53-69.

［2］王侠. H公司内部市场化体系构建研究［D］. 上海：华东理工大学，2013.

［3］毛尊平. 建立企业内部控制规范的思考［C］. 中航工业会计学会，2010：91-99.

［4］董春梅，刘勤. 企业内部市场化浅析［J］. 企业活力，2005（4）：54-55.

［5］张彦义. 试述企业内部市场化［J］. 科技情报开发与经济，2004（2）：206-207.

机械制造公司成本管理存在的问题及对策研究

陈碧华

[摘要] 随着经济的发展，机械制造业企业面临的市场竞争压力不断加大，为了能够更好地应对市场竞争，机械制造企业需要加强成本管理，针对成本进行全面的管控以降低企业的支出，实现企业经营效益的全面提升。机械制造公司成本管理涉及的范围比较广泛，企业在开展成本管理的过程中，需要针对各方面的成本支出进行全面的管理。目前很多机械制造公司的成本管理仍存在不少的问题，这些问题成了影响企业全面发展的重要因素。本文针对机械制造公司成本管理的具体问题进行了深入的研究和分析，提出了相应的解决措施，以供参考。

[关键词] 机械制造企业　成本管理　问题　对策

一、机械制造企业成本管理的意义

机械制造企业成本管理具有很重要的实践意义。首先，机械制造企业通过成本管理能够更好地帮助企业开展内部运营，提升工作人员的工作责任感，对于降低整体运营成本，提升企业的最终经济效益具有积极的影响。其次，机械制造企业成本管理工作的开展有利于机械制造企业更好地规范内部运营行为，对于落实机械制造企业的经营发展规划，提升机械制造企业的市场竞争优势具有积极的意义。成本管理是企业应对激烈的市场竞争的有效方式，对于提升机械制造企业的发展能力具有积极的意义。再次，机械制造企业成本管理能够帮助企业更好地控制成本，提升经济效益，这对于帮助机械制造企业全面发展具有积极的意义。最后，机械制造企业成本管理有利于更好地梳理内部运营环节，以提升内部运营效率，对于企业更好的发展具有积极影响。

二、机械制造公司成本管理存在的问题

（一）缺乏明确的成本控制标准

目前，机械制造企业开展成本管理的过程中，缺乏明确的成本管理控制标准。由于缺乏规范的标准，因此相关工作人员在工作的过程中随意性比较强，不注重对成本的控制，成本管理工作完全依靠自己的工作经验以及工作中的实际情况开展一些基础性的工作，成本得不到前面的控制，最终导致企业整体成本持续提升。企业的管理者无法及时有效地发现具体哪一个成本控制环节出现了问题，这种情况影响了机械制造公司成本管理工作的开展。目前，在机械制造企业内部生产车间成本管控工作开展的过程中，针对生产工人每天完成的工作量进行了规范管理。机械制造企业在生产车间针对工人的工作时间做出了明确的要求，但是没有针对具体完成的工作量进行明确的要求。这种情况下企业的单项产品成本得不到全面的控制，工作人员在工作的过程中不知道如何更好地提升工作效率，企业内部存在人员拖沓等现象，严重影响了单位产品成本的有效控制，不利于企业可持续发展。

（二）成本管理制度不完善

目前，机械制造企业的成本管理控制制度不是很完善。很多机械制造企业针对成本管理制定了相关的制度，要求工作人员严格按照成本管控制度开展相关的基础性的工作。但是目前机械制造企业的成本管理制度主要是围绕生产部门的成本管控行为进行约束，对于其他方面的成本管控缺乏制度的规范，导致成本管控制度的范围不是很全面，影响了最终的成本管控制度约束性效果的发挥。另外，随着信息技术的发展，机械制造企业引入了很多信息化的机械设备，机械制造企业内部生产和运营工作内容发生了很大的改变。但是机械制造企业多数一直沿用的是传统的制度，导致成本管控制度与实际情况不符，不利于机械制造企业成本管控制度更好地发挥其约束性的作用。在实际的工作中，很多机械制造企业没有深入地落实机械制造企业成本管控制度，成本管控制度流于形式，其约束性意义得不到全面的发挥，这也成了影响机械制造公司成本管理水平全面提升的重要原因。

（三）成本管理范围不全面

目前，在机械制造公司成本管理工作开展的过程中，成本管理的范围不是很全面。很多的机械制造企业把成本管理集中于生产部门相关成本的管控。机械制造企业对于业务部门、销售部门和日常的管理部门的成本管理与控制不是很重视，导致在成本管理工作开展的过程中，仅仅是针对生产部门原材料和生产人员工时等相关问题的管理与控制，这种情况下，成本管理的范围不够全面。企业成本管理范围不全面影响了最终成本管理效果的全面提升。随着生产产品单位成本的不断降低，企

业的最终产品成本得到了有效的控制，但是这种控制的效果不是很好，最终企业无法实现经济利润的最大化。这主要是由于在机械制造企业经营的过程中管理费用、销售费用、财务费用等其他间接性费用支出不断增高，影响了企业最终的经济效益，对于机械制造企业成本控制与管理工作造成了非常不利的影响。

（四）缺乏完善的成本预算机制

目前，机械制造公司成本管理工作开展的过程中缺乏完善的成本预算机制。在成本管控过程中，机械制造企业仅仅是根据以往的经验开展基础性的成本管理与控制，事先没有进行全面的预算。因此在管控的过程中，缺乏对比性的数据指标，影响了预算管理与控制效果的进一步发挥。很多机械制造企业虽然制定了预算成本管理预算方案，但是相关的方案与实际情况脱节，无法起到预算管理的效果。另外，企业内部预算指标没有下发到每一个工作人员手中，因此一些具体工作人员的工作相对较盲目。由于缺乏预算指标的约束，因此相关工作人员在开展工作的过程中，针对成本的相关问题不够重视，影响了企业成本管理效果的发挥。很多的机械制造企业在经营的过程中没有设置专门的成本预算职能部门，预算指标不够科学，影响了预算成本管理控制工作的进一步开展。

三、机械制造公司成本管理存在的问题以及应对措施

（一）制定明确的成本控制标准

机械制造公司在进行成本管理的过程中，应该制定明确的成本控制标准，机械制造企业具体的成本控制标准应该参考以前年度的成本控制标准以及企业未来的经营发展需求，更多地利用信息技术全面提升成本的控制效果。首先，在制定成本控制标准的过程中，应该针对具体的标准进行全面的复核保证，以符合机械制造企业的实际情况。其次，在制定成本控制标准的过程中，针对不同部门的不同人员需要进行细化的标准设置，根据不同部门的生产需求以及不同人员的工作职责设置具体的成本控制标准，只有这样才能够更好地规范相关人员的行为，把工作人员的工作积极性充分的激发出来，以实现机械制造企业成本控制效果的全面提升。最后，机械制造企业在制定成本控制标准的过程中，应该针对标准的落实情况进行全面的管控，把成本控制标准的完成情况与企业的实际情况、员工的绩效紧密地联系在一起，这样工作人员能够全面提升对于成本控制标准的重视程度，在日常工作中严格按照成本控制标准来施行日常工作，提升日常工作的成本控制效果，为机械制造企业成本管控水平的提升创造良好的环境。

（二）建立健全的成本管理制度

机械制造企业需要建立健全的成本管理制度。首先，机械制造企业应该进一步

的扩展成本管控制度的约束范围。在制度中，针对成本管理活动进行全面约束。一方面，制度需要约束生产部门的工作人员行为，同时还要针对管理部门、销售部门以及其他各方面工作人员的行为进行全面的约束。只有全面的扩展成本管控制度的约束范围，才能从整体上发挥成本管控制度的约束性效果，实现最佳的成本管控目的。其次，在制定成本管理控制制度的过程中，需要根据企业实际情况进行不断的完善，保证成本管控制度与机械制造企业实际情况之间紧密联系。针对目前机械制造企业一些新型的机械设备等相关情况，机械制造企业需要对信息化环境下的生产运营进行全面了解，并制定相对应的制度，对相关的制度进行全面的完善，最大限度地发挥机械制造企业成本管控制度的约束效果。最后，机械制造企业针对成本管理控制制度的落实情况进行一定的监督和管理，设置成本管理监管部门，针对制度的落实情况进行实时监督，这样能够及时发现制度中的一些漏洞并进行弥补，同时还能监管制度的落实情况，保证成本管控制度得以全面落实。

（三）扩展成本管理控制范围

机械制造企业想要更好地开展成本管理与控制就必须要不断地扩大成本管理和控制的范围。首先，机械制造企业在成本管控的过程中应该针对企业运营的各个部门进行全面的梳理，保证成本管理工作普及到各个部门和每一位员工。机械制造企业在加强生产环节成本控制的过程中，还需要加强针对销售费用、管理费用以及财务费用的控制，针对销售费用机械制造企业需要制定明确的差旅费报销标准以及广告费用的上限，只有这样才能实现企业内部销售费用的有效控制。针对管理费用，企业需要针对内部的办公用品的消耗设置明确的消耗标准，有效的管控管理过程中各方面的支出，控制管理费用，提升最终的机械制造企业生产成本控制效果。针对财务费用，机械制造企业需要优化资本结构，不断降低财务成本，为企业全面提升财务费用管控效果创造良好的环境。其次，机械制造企业在开展成本管理与控制的过程中需要进一步深化成本管理与控制的范围，提升成本管理与控制的深度，从广度与深度两个方面进行成本管控，全面提升成本管理与控制的综合效能。在成本管理控制过程中，机械制造企业应对成本管理与控制的范围进行全面了解和把控，尽量扩大成本管理的范围，保障成本管理涉及企业运营的方方面面，以实现最佳的成本管理与控制效果。

（四）建立健全的成本预算机制

机械制造企业应该建立完善的预算管理机制，通过预算管理提升机械制造企业的成本管控效果。首先，机械制造企业应该优化预算指标体系，针对成本管理设置预算方案。同时，为了保障预算方案更加科学合理，在针对成本进行预算的过程中，应该采用零基预算法开展预算。企业在参考以前经营数据的前提下，考虑企业未来的发展战略以及未来的市场情况，这样才能够最大限度地提升预算指标的科学性，让预算指标更好地约束相关人员的行为。其次，机械制造企业应该设置专门的预算管理部门，由专业的人员开展预算管理，保证指标设置更加科学合理。机械制造企业还需要针对预算指标的落实情况进行全面的监督和管理，把预算指标落实到各个部门和人员身上，不断提升预算管理综合效能。再次，企业在建立健全成本预算机制的过程中，需要针对预算管理的相关行为进行制度规范，建立预算成本管理方面的制度来规范相关行为，通过制度约束预算管理工作人员的行为，全面提升预算管控的综合效能。最后，为了更好地建立健全成本预算机制，企业应该把成本预算方案的可行性进行全面的评估，要求专业的人员针对预算方案的可行性以及科学性进行全面了解，以实现成本管控效果的提升，为企业更好地发展创造良好的环境。

四、总结

本文通过对机械制造企业成本管理的基本情况的研究分析发现，目前机械制造企业成本管理过程中存在很多的问题，影响了企业成本管理控制效果的进一步提升。作为企业的管理者，需要加强对成本管理与控制的重视，充分认识到成本管控直接关乎机械制造企业的最终利润，同时还影响了企业整体的市场竞争实力。作为管理者需要采取积极有效的措施来解决成本管控问题，实现机械制造企业成本管控目标，为机械制造企业能够在未来激烈的市场竞争环境下有更好的发展创造良好的条件。

参考文献：

［1］宋文秀．制造业企业成本管理存在的问题及对策探析：以台州 A 机械制造公司为例［J］．纳税，2020，14（266）：163-164.

［2］薛冠闻．机械制造业企业成本管理问题及对策［J］．商讯，2020（34）：141-142.

业财融合模式下的财务转型

王丽萍

［摘要］中国经济的发展已经进入由高速粗放型向低速精细化转换的新常态时代，特别是近几年，受全球疫情及各个经济体增长趋缓的影响，国内传统企业尤其是传统制造型企业的竞争压力越来越大，成本压缩空间越来越小，进一步导致企业的生存发展空间严重受限。这说明过去施行的一些传统的经营管理理念已经不再适应新形势的需要和企业的发展要求，企业经营管理模式亟须转型升级。

目前企业实行较多的管理模式就是业财融合，像华为、美的、海尔等大企业都已率先实施了业财融合这种新的现代企业管理模式，这些知名企业通过实施业财融合这种管理模式，都达到了较好的管理效果，无论是企业的经营效益还是核心竞争能力，都取得了巨大的提升。为了了解并实施这种新的现代企业管理模式，我们要知道什么是业财融合，业财融合需要我们财务人员在思想和行为上做出哪些改变和转型，而我们又应该如何去适应这种转型，本文针对上述问题做一些阐释。

［关键词］业财融合　财务转型　后期发展

一、什么是业财融合

业财融合是指将企业业务、财务会计、管理进行有机的结合。传统的业务、财务和管理是各自分割但又相互联系的，而业财融合则是通过业财一体化将业务、财务、信息技术融合为一体的过程，它属于管理学范畴。

目前我们的管理模式是通过人工将业务单据进行传递、整理、汇总形成财务报表，反映企业的经营结果，根据数据进行绩效考核，这是一种传统的事后监督和控制的管理方式。随着企业全球化、多元化的发展，外部经营环境的变化和信息技术的日新月异，企业的利润空间越来越小，只有提升企业的核心竞争力和精细化管理，才能让企业有生存的空间。这种传统的事后监督因缺乏事前控制的管理模式已经不能适应企业的发展，所以企业要想在日趋激烈的市场竞争中生存和发展，形成独特的发展模式和核心竞争力，就必须进行管理转型，而财务也必须顺应新的管理模式进行转型。

实行业财融合后的财务转型，可以让企业更加有效地利用财务数据，通过对数据的整理、挖掘和深度分析以及共享，可以对企业决策的趋势成果进行把握和预测，既能提升业务部门人员的财务知识，又能提高财务部门人员的业务知识，还可以同时打通各个部门之间的壁垒，提高企业的工作效率；在共享业务部门数据的同时，实时把控财务风险，把财务监督从事后反映转为事前控制，为企业的经营决策提供有效的支撑。

二、财务如何实现转型

业财融合后的企业财务管理，财务人员需要从单一型人才向复合型人才转型升级，在掌握财务专业技能的同时，诸如风险控制、内部控制、业务知识、IT 技能等也是财务人员需要掌握的知识，形成“财务 BP+财务 COE+财务 SSC”的数字化人才结构。

通过财务 BP（业务合作伙伴），从用户需求出发，提供精准、高效、高价值的数据服务，支持前端业务决策；通过财务 COE（领域专家），借助其在某细分领域深厚的知识储备、先进技能以及敏锐的市场洞察，为财务、业务的创新发展提供专业洞见与解决方案；通过财务 SSC（运营财务），依托“大共享”平台运营模式，提升运营效率、优化运营成本、降低运营风险。

要做到财务人员从单一型人才向复合型人才转型不仅需要从知识结构与专业技能上进行转型升级，还要从思维模式、沟通模式上进行转型。

（一）知识结构与专业技能的转型

财务人员不能只学习财务知识，还需要学习业务知识和技术知识，包括对信息技术的掌握。

新的管理模式对财务人员提出了更高的要求，财务管理不再是单一的核算和传统的数据监督，更多的是要求参与到企业的业务活动及经营决策过程中去。这就要求财务人员必须从核算、事后反映走到业务的前端。要拓展自己的认知领域，不仅要熟悉自己的财务知识，还要熟悉业务和技术知识，了解企业项目的具体业务及相关技术，结合自己的财务知识，剖析项目的经济效益，财务数据最终要为决策服务。而在决策过程中对一个项目的判断，不仅需要财务知识，也需要业务和技术知识的支撑。

（二）思维模式的转型

业财融合是财务向业务纵向延伸的一种方式，从业务乃至客户的需求出发，在公司的规划设计、产品开发、投资运营、采购管理、市场营销等各个环节都需要财务人员的介入和参与。这种新的管理模式的实现都是基于业务活动全过程的成本管控，为企业管理人员提供更全面的参考，而非传统意义上仅对数据进行监督和披露。

财务部门应转变原有的企业后勤部门意识，打破部门界限，主动参与到企业的前端业务中去，了解业务的流程，高效地建立数据模型，提供准确的成本费用分配数据，构建贴合业务需求、数字化管理及符合核算要求的全面预算管理体系。业财融合是将财务管理的理念渗透到业务管理的过程中，业务管理将不再仅仅关注指标的变化，更应该结合财务指标关注业务的效益问题。而财务也应密切联系业务，制定有效的业务联动绩效考核体系，让财务全方位融入业务，真正成为业务的左膀右臂。

（三）沟通模式的转型

财务人员应主动走出财务领域，不能只与自己财务系统的人进行交流，还要与生产、业务、技术等部门进行积极的沟通。良好的沟通让人感觉到对自己的尊重和信任，进而产生更强的责任感、认同感和归属感，还能减少冲突、化解矛盾，增强团队的内部凝聚力。

业财融合后的管理模式，需要财务人员走出财务部，与生产一线的工人和管理人员、与跑业务的销售人员、与技术研发的技术人员相互学习，积极沟通，减少重复劳动，提高工作效率。在我们以前的传统管理中，财务最关注的是企业项目的效益，而不是企业整体发展的可持续性，通过与业务、技术等人员全方位的学习与沟通，更能学会全方位思考问题，全方位看待企业的发展。

三、财务人员如何适应转型

业财融合的最终目的就是提升企业的核心竞争力，通过业务及财务的融合，对经营过程中的各个环节进行分析和管控，从而实现企业价值最大化。财务人员首先要完成知识结构和思维理念上的转变，积极融入企业经营管理各个过程和前端，用专业知识和数据分析为企业经营决策提供及时有效的信息。

例如企业需要决策是否开发省外市场时，公司决策层需要知道开发省外市场能为企业带来多大的效益，而业务部门需要知道省外市场的定位是什么，以此制定相应的销售计划及定价模式。传统的财务管理就是提供相应产品的成本、费用数据，待业务部门将销售计划和销售单价确定后，直接计算利润。财务转型后的管理应该是结合业务部门的销售情况，一起分析竞争对手及产品市场的分布，按市场占有情况测算销量变化后的边际贡献变化情况；同时根据历史数据定义价格变化对销量的影响，或用模拟价格变化对销量的影响，整体测算企业的收入和利润变化情况，再结合销量考虑库存成本的影响，考虑企业现金流的影响，以及企业其他营运能力指标的影响。

一项业务的变化反映到财务数据上就是利润的变化，但数据的变化是通过一系列复杂的过程产生的。业财融合，就是在业务发生变化时，与其相关的一系列的过程会有怎样的变化，最终反映在财务数据上又会产生怎样的影响。这也是用财务的思维，借助数据参与到业务中去，最终为公司决策提供依据。

四、业财融合后期的发展

业财融合后，在企业内部，通过生产、销售、服务等实时连接，减少中间时滞，利用信息技术简化、优化数据传送，使得企业管理变得更加实时。企业的相关部门都可以随时随地获取包括供产销、人财物和客户、供应商等方面的信息服务。以前企业收集及应用数据，是为了解生产经营情况，现在，业财融合后各部门的数据能为企业的决策提供精准的依据，让其成为支撑其运营的核心生产要素。

业财融合是一个持续的过程，也是完善企业现代化制度的必由之路。在人工智能时代，要不被信息化系统替代，就只有不断地学习和提升自己。财务的转型也必将适应时代的需要，结合新的管理模式，创建更完善、更高效的管理团队，提升企业的核心竞争力。

参考文献：

[1] 张琦. 业财融合下传统财务会计转型的要点 [J]. 时代金融（下旬），2018（3）：2.

[2] 梁庆海，刘桂涛. 基于业财融合的会计人员转型思考 [J]. 财会学习，2018（20）：2.

[3] 程晓霞. 业财融合背景下的管理会计转型与思考 [J]. 财会学习，2018（12）：2.

浅谈业财融合

张艳

[摘要] 随着公司业务的不断发展，新的商业模式在带来新机遇的同时，也会产生新的问题和风险。面对复杂多变的环境和外部的不确定性，需要公司做出更为敏捷和快速的应对，传统的事后核算型财务管理方式已经不能适应这种需求，需要将财务管理向业务前端前移，在业务决策时提供财务分析和风险提示，做好财务规划，降低风险。本文从业财融合的管理意义以及业财融合过程中可能出现的问题等方面，分点分面剖析了如何更好地将业务、财务有机融合，有效开展财务管理，深入进行业财融合，达到推进业财融合工作实施的目的，保证业财融合工作的有效性、科学性。

[关键词] 业财融合　意义　途径

一、引言

传统会计核算下的财务人员，对公司业务只是事后核算，也就是说业务完成后将业务数据交给财务人员，由财务人员核算出财务数据。如收入、成本、利润等基本信息，是典型的事后监督。在如今海量信息的数字时代，财务已经不能仅仅局限于编制事后的财务报告，应当跳出传统财务岗位的固定模式，从里到外进行转型，而财务与业务活动的有机融合是核算型会计向价值创造型管理会计转型的关键，也是传统财务需要转型的方向。

二、业财融合对管理的重要意义

什么是业财融合？顾名思义就是将传统独立的财务和业务两个部门进行完美的结合，以业务经营状况为依据准确做出全面的分析评价，以高精准度的财务预测促进企业业务各项业务的全面开展，使企业在市场竞争中处于有利位置。不难看出，业财融合的内在要求就是业务与财务二者的互补，业务将企业的数据信息反馈给财务做收集、分析，财务信息为业务开展提供强有力的保证。这样新的企业财务管理模式进一步强调了财务管理事前预测的重要性，能够更好地为企业业务活动服务并为决策提供科学依据。

业财融合过程中首先要求财务人员视野要高远，需要统筹考虑如何站在企业业务的角度看问题，帮助企业认清形势，摸清家底。其次，财务人员需要转变自己的观念，透过财务事件看到人的作用，根据财务数据为业务提供合理建议，才能抓住财务管理的根本。再次，财务人员需要有较强的综合业务分析能力，对企业内部的业务流、资金流、发票流、物流、合同流、信息流都要掌握透彻，对企业了解越深，企业便能走得更好。最后，财务人员需要提升自己的沟通协调能力，当两个部门之间发生矛盾冲突时，财务人员需要懂得如何进行协调。

业财融合还有助于提升企业财务管理水平。财务职能包括核算与监督。而有些企业，财务工作集中在核算账务上，只能事后反映业务，没有更好地发挥财务的监督作用。这样的财务部门无法很好地参与到业务活动中去，无法及时发现业务活动中存在财务风险，由于缺乏对业务的深入了解，也无法在业务部门需要支持时提供中肯的财务建议。有些企业，财务人员虽然参与了业务活动，但缺乏与业务部门的密切协作，本位主义严重，不能换位思考，站在经营角度看财务，无法发挥财务的有效作用。以财务部门撰写公司半年财务分析报告为例，针对投资付款、销售回款、成本费用这些项目实际与预算对比的差异分析，就需要从业务部门获取第一手资料，如若业务部门不配合，财务部门无法做出高质量的财务分析报告，更谈不上有的放矢地进行财务管理了。加强财务和业务的沟通、交流和合作，通过业财融合可以更好地发挥财务职能，从而提升财务管理水平。

业财融合能让财务的数据和业务数据实现共享，将不同部门反馈的信息在系统内进行分析整合，形成共享数据，有利于企业实现精细化管理，将业务和财务流程有机结合，重新梳理实现流程再造，为企业决策提供有效的意见。

随着公司业务的不断拓展，企业的经营风险也随着增加，而业务和财务的融合能够增强风险预警功能的发挥。首先，财务工作延伸至业务的全流程，对业务人员更好地了解公司的内部控制方面存在的风险，特别是在企业的资产和材料的购置、商品的销售等方面提出改进意见；其次，财务人员参与到业务管理中来，能够及时获取业务数据，掌握预算执行情况，加强财务监督职能；最后，业务和财务的一体化有利于发挥财务管理在风险预警中的作用。

现代的企业经营主要有两个目标，其一，要使得价值最大化，其二，满足客户的需求。实际上这两个目标是一致的。业务和财务作为企业经营管理系统中的重要组成部分，正好满足这两个目标，两者融合可以确保企业实现价值最大化。

三、业财融合在管理中存在的问题

目前业财融合存在的主要问题：

（一）业务、财务工作的目标、关注点有很大偏差

业务部门着重关注的工作目标和重点主要体现在业绩上，通常情况下不会重视业务领域所产生的成本、费用等一系列相关方面情况。而企业的财务部门从根本上来讲是一个企业在价值管理方面的特定部门，它所涉及的关注点更集中体现在企业整体的运作过程中所生产的利润情况，与此同时，也更加关注如何有效降低相关方面所产生的成本和费用支出，使企业的生产利润能够得到进一步的提高。

（二）绩效考核不够到位

现阶段，各大企业都在结合自身的实际情况实施业财融合的模式，而这种模式往往是财务部门牵头来组织的，在实践过程中所呈现出的成果，通常也只是反映了财务管理方面的价值，并不能全面系统地体现出业务部门的成效和具体功能，在这样的情况下就导致业务部门参与此模式的热情度不高，缺乏应有的积极性和主动性。另外，业财融合在很大程度上改变了业务部门的工作方式，使他们的工作量进一步加大，并且财务部门重新评估了业务部门的价值管理，进一步凸显出业务管理过程中的很多弊端，这就在根本上造成业务部门对业财融合有比较大的反感情绪。

（三）数据不统一

业务和财务对于数据分析角度的不同，对数据的要求和处理不同，使得最终得出的数据在形式上和种类上不能统一，从而导致两者很难互为利用。当前企业的业务系统和财务系统虽有关联，但要想选取指标进行分析，仍然需要运用各自的工作思维分析计算，再得到有关的指标数据。

（四）财务核算事后性导致业务、财务决策延迟

传统财务工作重点主要放在对发生的经济业务的核算，一项业务发生之后，相关的数据才会形成，更多在于事后评价。但是企业开展各项业务、战略决策要随市场、客户等因素的改变而及时调整，财务数据的滞后性影响了企业决策时间。

（五）部门间缺乏相互协作

两个部门相互独立，导致财务人员总是单纯地研究数据，很难分析数据背后的业务实质，财务分析的结果也难以为经营决策服务。而业务在生产经营中更多的是关注效率忽视效益，可能导致的结果是效率很高，效益很低，甚至是赔本。因为二者没有融为一体，便无法提供有效的决策支持，不能满足经营发展的需求。

四、解决业财融合管理问题的途径

（一）业财融合要意识先行

实现业财融合的前提是业务和财务人员的意识要转变，要有战略思维能力、良好的沟通和业务理解能力、信息技术和扎实的专业技能。在制定发展战略和考核指标时，要通盘考虑二者之间的协同作用，进而制定出合理的实际可行的措施。

（二）财务工作者要研究业务流程

财务工作者要充分将业务生产流程和资源配置科学匹配，最大限度发挥现有资源的效能，提高资源利用效益。业务财务人员要参与到业务流程设计中，从业务规范、成本效益、风险控制等方面对业务可行性进行判断；在生产经营过程中，要及时把握业务程度及资本投入情况，进行财务稽核，防范财务风险；要及时做好经营绩效分析，评价生产经营活动的实施效果，分析经营业务的效益和成本，进行改进优化。

（三）动态预算助力信息化战略决策

将业务作为预算管理指引，动态跟踪业务进展。通过对目标的分析，关注重点指标的变动，来发现和探索战略决策的数据，从而实现科学战略决策。实时控制预算可以进一步促进业财融合，合理、有根据地评估调整下一个时期的指标预期。

（四）将业财融合作为一个专题来推进

通过将业财联动作为专题来分析以及时发现在实施业财融合推进精细化财务管理过程中的问题，从生产流程入手，查收差异原因，判断出企业生产经营过程中的降本增效的关键点，并进行有效改进，提高降本增效的空间，提高作业效益。

（五）加快业财融合管理会计的应用

加快业财融合管理会计的应用需要做好内控工作，为管理提供有效的依据，确保成本管理、预算管理、绩效考核等管理工作的开展，保证管理的科学性。第一，认识到管理会计在企业管理中的突出地位，为管理会计提供良好的工作环境，加强信息化建设，为管理会计的应用创造有利的硬件条件，保证信息共享、促进信息及时传递，为企业会计管理业财融合工作打下良好的基础，形成有力的竞争优势。第二，加强管理会计人才建设，充分发挥管理会计的作用，可以对人才进行培养引进，提升财务人员的综合素质，促进业财融合工作的开展实施。

（六）明确部门职责，加强绩效考核

一方面，明确部门职责，需要对部门职责进行准确的定位分析，在新会计准则背景下对职责部门的职责进行规范，明确规定部门应当承担的责任以及需要履行的义务。要及时解决部门职责不清的问题，确保部门工作的有效实施，为企业财务管

理工作的开展创造有利的条件，打下良好的基础，推进业财融合工作的深入开展。另一方面，加强绩效考核，建立科学完善的绩效考核体系。通过认真考核，做到赏罚分明，利用考核制度对员工进行激励，促进员工积极参与，积极配合，有效开展财务管理，深入进行业财融合，达到推进业财融合工作实施的目的，保证业财融合工作的有效性、科学性。

五、结束语

综上所述，在新时代的背景下，现代化的财务管理要求企业的财务人员要针对具体的业务过程进行深入细致的了解，从根本上进行把握，确保对财务各项工作进行精细化的管理，使企业的各方面效益得到根本提升，使经营风险得以充分降低，让企业的战略目标能够得到有效实现。针对相关问题提出相应的解决策略，使相关措施贯彻落实，着重发挥业财融合在企业管理中的作用，确保企业全面发展。

参考文献：

［1］张燕．浅谈通过加强业财融合提升财务管理水平［J］．当代经济，2015（3）：54-55.

［2］刘雪松．积极推进业财融合助力公司价值创造［J］．中国总会计师，2014（1）：4.

［3］段君亮．积极推进业财融合，助力公司转型升级［J］．财经界（学术版），2015（6）：2.

［1］徐荣荣．企业财务管理中业财融合问题及应对策略［J］．财会学习，2019（29）：1.

［2］张莉．从业财融合视角看管理会计在企业中的应用［J］．财会学习，2019（26）：3-4，11.

我国中小企业应收账款存在的问题及对策研究

马建飞

[摘要] 随着我国社会主义市场经济的不断发展和卖方市场向买方市场的转变，我国企业面临的市场竞争日趋激烈。为了提高市场占有率和增加销售额，许多企业不得不利用信用销售的方式来提高自身的竞争力。为了稳定自己的销售渠道、扩大产品销路、减少存货、增加收入，不得不面向客户提供信用业务。商品与劳务的赊销、赊购，已成为当代经济的基本特征。企业必须加强应收账款管理，正确衡量信用成本和信用风险，合理确定信用政策，及时收回账款。近几年，我国企业应收账款总量逐年递增，形成呆账坏账的情况日益严重，影响了企业的周转资金。企业之间相互拖欠货款，造成逾期应收账款居高不下，已成为经济运行中的一大顽症。企业坏账和未做账务处理的情况普遍存在，企业在赊销产品时货款不能同时收回，而企业又没有及时采取行之有效的措施，长此以往影响了企业流动资金的运转，货币资金大量短缺，可以说部分企业已存在严重的应收账款危机。总而言之，对于一个企业来讲，应收账款是企业资产中一个很重要的部分，它的存在是含有一定风险的，企业一方面想借助于它来促进销售，提升销售收入，增强竞争能力，同时又希望尽量避免由于应收账款的存在而给企业带来的资金周转困难、坏账损失等弊端。要解决好这一问题，就必须构建应收账款管理体系：风险产生前就对其加以防范，产生以后先进行测定再采取合理的解决措施，做到了全程管理，达到加强应收账款管理的目的。

[关键词] 中小企业　应收账款　研究

一、应收账款概述

应收账款是指企业因销售商品、提供劳务、代垫资金和费用等，应向债务单位收取的款项，以及承兑到期而未能收到款项的商业承兑汇票。应收账款是伴随企业的销售行为、提供劳务行为或垫付资金等而形成的一项债权。应收账款通常是在完成销售或已经完成提供的劳务后而形成的。

（一）应收账款的形成

第一，主要靠自力更生发展的中小企业要在日益激烈的市场竞争中保住市场份额和扩大市场占有率就必须利用除产品价格、质量、广告、服务等方式外的赊销方式扩大销售，这样就形成了应收账款。

第二，资源较为匮乏的中小企业往往会减少库存以降低存货成本，采用比较优惠的信用条件进行赊销，从而增加了企业应收账款。

第三，企业内部控制措施实施不到位，中小企业在业绩考核中往往片面注重销售量和账面“高利润”，这样销售人员为了完成销售任务提升个人业绩，通常以赊销、回扣、折扣等促销方式推销产品，使得应收账款大幅攀升。

第四，企业在日常经营中未能做到与对方单位定期就往来事项进行实质性对账，这样资金流和货物流在时间上的差异就会造成企业账面价值确认的延迟，所以不及时地对账也会造成应收账款的形成。

（二）应收账款的现状

在市场经济环境下，各行业竞争激烈，为吸引更多的客户，抢占更多的市场份额，信用销售已成为商业交易中的最常见手段，并呈逐年上升趋势，随之而来的是大量的应收账款的形成，而收款难已成为国内大多数企业共同面临的难题。企业之间相互拖欠货款，造成逾期应收账款居高不下，已成为经济运行中的一大顽症。据统计，我国企业应收账款总量达到6万亿元左右，占企业总资产的30%左右，而中小型企业的应收账款数额占资产总额的比例达60%以上，资金短缺和债权不能及时收回的矛盾突出，严重影响了企业正常的资金运转。企业的应收账款现状凸现了管理中存在着诸多问题，势必会对企业会造成不可低估的风险。

（三）加强中小企业应收账款管理的意义

中小企业的应收账款指的是中小企业一笔重要的流动性资金，而且应收账款承担的资金风险比较大。完善和健全中小企业的应收账款的管理制度和体系，对于财务风险的防范、货款的回收以及提高中小企业的整体经济效益都具有很重要的现实意义。如果中小企业应收账款控制和管理不力，就会给中小企业的生产经营状况造成很大的危机，债务纠纷也会变多，公司的效益也会有所下降，资金的周转也会困难，经济风险也会相应增加。同时，经营的成果呈现虚增现象，应收账款逾期对中小企业造成的影响直接在坏账风险上体现，同时企业的管理成本以及讨债成本上也会有所增加。但是中小企业自身承担财务风险的能力比较弱，这就会给中小企业的发展带来严重的影响。所以，中小企业应收账款有效管理是中小企业的重要发展部分，如果控制和管理上有差错的话将给企业带来很严重的直接损失，中小企业必须认识到应收账款的管理对企业经济发展的必要性和重要性。

二、中小企业应收账款管理存在的问题

（一）内部控制制度不健全

第一，考核制度不合理。中小企业营销人员的工资总额往往只与销售任务挂钩，营销人员为了个人利益，只关心销售任务的完成情况，采用赊销、回扣等手段加大销售力度，导致了应收账款大幅度上升，加大了产生坏账的可能性。

第二，未建立应收账款管理责任制度及定期查对账制度。企业相关部门没有形成必要的约束机制和激励机制，一旦出现问题，部门之间互相推诿。例如，在一些企业中，营销人员负责销售业务，并从销售额中提成，催收欠款的工作却由财会人员承担，这样的分工实际上已经将职责与权限分开。对于营销人员来说，他只需关心其销售额能否增加，却不用关心应收账款能否收回，因而在选择赊销的对象上自然是从自身利益出发进行选择；而对于财会人员来说，账款能否收回并不能给他带来任何实际的收益，因而财会人员缺乏催收账款的积极性。

第三，未建立坏账准备金制度。不管企业采用多么严格的信用政策，只要有应收账款就有发生坏账的可能性。但目前的中小企业对应收账款计提坏账准备缺少足够的重视和有效的方法。在实践中发现大多数中小企业由于财务人员知识领域有限，从来不计提坏账准备，只是发生坏账时直接处理。财务报表很难反映企业的真实情况和存在的风险。

（二）应收账款管理缺乏风险意识

企业缺乏风险防范意识。在激烈的市场竞争环境下，企业为了争取客户、占领市场，不但要在产品质量、成本、价格上下功夫，而且要大量运用商业信用促销。但是，某些企业的风险防范意识不强，为了销售业绩，在事先未对付款人资信情况做深入调查、对应收账款风险进行正确评估的情况下，盲目地采用赊销策略去争夺市场，采用较为宽松的信用政策，只重视账面的高利润，忽视了大量被客户拖欠占用的流动资金能否及时收回的问题，从而成为应收账款风险加大的思想意识原因。

（三）信用管理制度不完善

中小企业信用机制不健全，应收账款管理难度大。虽然我国的市场经济一直倡

导诚信和信用，但真正能做到诚信的企业不多，尤其是在中小企业中商业诚信、诚信经营还停留在口号阶段，商品的经营中经常出现恶意拖欠货款等不诚信行为，企业信用危机凸显。除此之外，对于未回收的应收账款，中小企业只能凭一己之力来催款，关于应收账款方面的社会中介机构还不健全，这增加了中小企业应收账款回收的难度。另外，目前还缺少对中小企业完备的法律支持体系，在企业遭受恶意拖欠货款时，中小企业很难运用法律手段来捍卫自己的权益。

三、中小企业应收账款管理存在问题的原因分析

（一）应收账款管理不规范，风险防范意识不强

中小企业应收账款总额居高不下，坏账比率不断上升，主要是企业内部各项制度不健全，风险意识弱，有的企业未建立应收账款管理责任制度，财会部门与销售部门责任不明确，缺乏沟通，销售和财务信息不连贯，出现问题后部门之间互相推诿，考核制度也不合理。目前，大部分中小企业为了扩大销售，实行销售人员工资总额与销售额挂钩的做法，这促使销售人员为了个人利益，只关心销售任务的完成，采取赊销、回扣等手段推销商品，忽略之后的收款工作，而这部分销售额成为坏账的风险极大。应收账款日常实际管理工作也不规范，未建立客户档案或档案不全，未按实际情况制定信用标准，平时不进行账龄分析等，这些管理缺陷都导致应收账款管理效率低下。

（二）收集的信息零散

应收账款管理的效率高低与否，起决定作用的因素是对客户资信等级的评价的正确性，而中小企业的这种客户信息的搜集能力往往达不到做出正确判断的要求。究其原因，一方面是中小企业人才缺乏，未构建自己的信息机构，且相关业务人员素质不高，再加上能承担的成本相当有限，其自身获得的信息能力非常弱；另一方面是企业外部原因导致的，政府缺乏专门负责中小企业信息统计的机构，缺少对企业基本信息，诸如生产规模、财力状况、资信信息等的了解，以至中小企业缺乏从外部渠道了解合作企业的手段。

（三）市场竞争激烈

面对日益激烈的市场竞争，中小企业为了避免被淘汰的厄运，必须不断增强自己的竞争优势，尽可能地扩大市场份额。一方面，因中小企业因为规模小、品牌信用低等因素，销路拓展能力有限，企业往往希望借助赊销业务来扩大销售量，提高市场占有率。另一方面，中小企业出于低成本生产的考虑，产品研发少，技术含量低，质量不稳定，买方单位出于谨慎起见，倾向于采用“试用”的购货方式，即没有问题再付款，这种方式毫无疑问增加了企业的赊销业务，造成了企业赊销业务只

增不减的困境。

四、加强中小企业应收账款管理的措施

（一）确定合理的收账程序和账款催收制度

首先，确定合理的收账程序。收账程序一般为：信函通知，电话传真催收，派人面谈，诉诸法律，不到万不得已的情况下一般不会向法院起诉收账。当催账遭遇拒绝时，企业应当先分析现行的信用标准及信用审批是否存在什么问题，对违约客户的情况重新摸底调查，如果确实是恶意拖欠，且信用品质差，那就只好向法院起诉，且以后不再对其赊销。

其次，应建立应收账款催收制度。应收账款发生后，企业应及时组织安排合同到期和逾期的应收账款的催收工作，催收的手段应采用：信函通知、电话联系、派人面谈等途径或手段，最大限度地避免本企业资金被购货单位长期占用，对于逾期的应收账款，应对其拖欠的真实原因进行分析。对愿意付款但出现暂时性资金周转困难的单位，可适当延后收款期限，但要立即停止供货；如果是濒临破产的企业，要密切关注其态势，如破产，要及时申请主张清偿，如果是故意拖欠货款的单位，就应通过法律手段解决。

（二）制定灵活的收账政策

对应收账款进行债权重整：接受欠款户按市价以低于债务额的非货币性资产予以抵偿；改变债务形式为“长期应收款”，确定一个合理利率，同意用户制订分期偿债计划；修改债务条件，延长付款期，甚至减少本金，激励其还款；在共同经济利益驱动下，将债权转变为对用户的“长期投资”，协助启动亏损企业，达到收回款项的目的。如出现客户已达到破产界限的情况，则应及时向法院起诉，以期在破产清算时得到部分清偿。属于对方短期资金困难的，不应过多地干扰，而应最大限度地争取顾客，持有市场份额，为下次销售打下良好的基础。

（三）加强对赊销额度的控制

企业由于竞争压力选择赊销作为营销手段，赊销可以扩大销量，但也带来风险。赊销额度对于一个企业来说，尤其是制度不健全的中小企业，比较难以把握。赊销额度就是应收账款的余额占销售收入的比例。赊销额度是根据一个企业具体的盈利能力、信誉、资质等各方面综合分析得出的，需要中小企业深入调查，制定合理的赊销额度。企业根据自身的管理目标制定赊销额度标准，针对不同类型的企业制定不同的政策，对信誉好、盈利能力强的大客户可以给予比较宽松的赊销额度，以取得长期合作；对购货数量不多、资信没有保障的客户可以考虑采用较为严格的赊销额度，以减少坏账的发生；对于一些具有很强发展潜力的小企业，也可以采取

比较宽松的政策。

（四）制定科学的信用标准

信用标准，信用标准通常以预期的坏账损失率作为判别标准，如某企业只对预期坏账损失率低于一定比率的客户提供商业信用，则这个比率即为信用标准。企业的信用标准制定是否合适直接影响其应收账款的大小和商品销售收入的高低。如果信用标准过于严格，则应收账款出现的可能性小，可减少坏账损失，但这也不利于扩大销售市场，丧失向信誉较好的客户销售的机会。反之，如果信用标准放宽，虽然其增加销售收入的可能性增大，但也会因客户拒付而造成坏账损失的机会增多。针对这一矛盾，企业应根据具体情况进行权衡，对于供不应求的热销产品应尽量现销；对长期积压的滞销品，可采取较为宽松的信用标准。对资信状况差的企业信用标准从严，切不可因为过分追求销售额而无限赊销。在决策是否给予客户信用时，对新老客户和信用状况程度可采用不同的办法。对新客户，主要以企业信用政策中规定的信用标准为依据做决策；对老客户，一般不需要重新进行信用分析，通常是通过订立的信用额度来解决。信用额度是指企业愿意向客户提供赊销的最大限额。一般而言，对信用状况好的，提供信用；对信用状况不确定的，暂时不提供信用；对信用状况恶劣的，拒绝提供信用。

（五）确定最新严格的信用条件

确定信用标准后，还须确定给予客户的信用条件。信用条件是指企业要求客户支付赊销款的条件，包括信用期限和现金折扣。信用期限是企业为客户规定的最长付款时间。信用期限过短不足以吸引顾客；信用期限过长，对销售额增加固然有利，但风险也增大，还可能使所得的利益被收账费用冲销。因此，企业必须慎重研究，规定适当的信用期限。现金折扣是鼓励客户提前支付货款的一种重要策略。它对企业有如下好处：其一，通过客户的提前付款而大幅度改善现金流转并减少在应收账款上的投资和坏账风险。其二，通过折扣价格给予客户获利机会，能增加有能力在规定期限内付款的客户的销售额。通过对信用条件以上两方面的分析，我们可以清楚地知道，在一般情况下，提供比较优惠的信用条件能增加销售量，但也会带来额外的负担，如会增加应收账款机会成本、坏账损失、现金折扣成本等。因此企业可针对客户的具体情况，在交易时给予客户灵活的信用条件。这样既可扩大销售，又能降低由此产生的成本。

（六）建立资信调查和评估机制

这是从交易前期的客户筛选、评价和控制的角度避免信用风险。企业经营过程中，会接触许多不同的客户，必须对新老客户的资信状况了解清楚，然后评估是否可以授信。建立企业资信调查和评估机制，才能准确把握商机和信用风险的区别，建立完整的客户档案是信用管理的基础，它应从与客户建立交易关系前就着手建立，并在与客户关系的发展过程中予以及时补充和更新，客户档案一般包括以下内容：客户基本资料、客户信用资料、赊销合同、以往交易记录等。目前我国许多企业需要在以下五个方面强化客户资信管理：客户信用信息的搜集；客户资信档案的建立与管理；客户信用分析管理；客户资信评级管理；客户群的经常性监督与检查。

随着市场竞争的不断加剧，企业要在竞争中不被淘汰，保持竞争能力，那就必须加强内部管理。应收账款管理作为企业营运资金管理的重要方面应引起企业管理者的高度重视，但要做好企业应收账款管理工作也不是件容易的事，所以我们应在实践中不断积累经验，探索出更好的管理方法。

房地产上市公司适度负债的研究

江雨柔

[摘要] 随着经济全球化进程的加快，以及市场经济的发展，我国上市公司逐渐增多，市场竞争日趋激烈，这样一来拥有充足的资金支持越来越成为上市公司提高自身竞争力的重要保证，于是越来越多的上市公司选择负债经营的经营模式来弥补自身资金的不足。而在众多行业的上市公司中，房地产上市公司尤为突出地体现了负债经营这一经营模式。但负债经营的收益和风险是同时存在的，因此企业在选择负债经营的经营模式时应结合自身情况适度负债。本文主要通过研究房地产上市公司适度负债经营的利弊和房地产上市公司当前的适度负债现状，以及分析房地产上市公司适度负债经营的策略，来揭示适度负债经营对于当今房地产行业的重要性，使房地产行业能够可持续稳健发展。

[关键词] 房地产　适度负债　策略

引言

在当今的企业管理中，负债经营已经成为一种常见的经营方式，它是促进企业发展，增强企业竞争力的重要手段之一。随着市场经济的发展，上市公司日益增多，资金的压力逐渐增加，因此许多上市公司为了能在激烈的竞争中生存下来，纷纷选择负债经营这一方式。在众多上市公司中，房地产企业选用负债经营模式的方式是很常见的，这是由于房地产行业具有初期投入资金量大加之投资回收期较长等特点，负债经营自然就成了缓解企业资金压力并使其能够在市场中稳健发展的重要经营手段。但事物都具有两面性，我们应该辩证地去看待负债经营，适度的负债经营，可以弥补资金的不足并且能够促进企业的发展；然而过度负债经营，往往会加重企业的负担，甚至可能会导致发生企业破产等严重的问题。因此掌控负债经营的“度”非常重要，房地产上市公司应该结合自身公司的情况，建立起科学的负债经营观，做好适度负债经营，只有这样做才能充分发挥负债经营的优势，有效地增强其市场竞争力并促进企业自身稳定发展。

一、适度负债经营的概述

（一）适度负债经营的含义

1. 负债经营的含义

负债经营也称举债经营，是企业经营管理企业的一种手段，并不是会计传统意义上的负债，是指企业在自身资金不足而不能满足自身需要时，通过采用银行借款、企业自己发行债券，或使用商业信用、融资租赁等方式进行资金的筹集，从而帮助企业获得资金，并运用这些资金进行各种生产经营活动。负债经营分为过度负债和适度负债两种形式，这两种形式也分别对企业产生了负面影响和正面影响。

2. 适度负债经营的含义

适度负债经营是负债经营中的一种，是指企业根据自身公司的情况与其所处的行业特点，具体问题具体分析，规避过度负债的缺点，灵活地选择银行借贷、自己发行债券，或使用商业信用、融资租赁等方式来负债经营，将负债经营与公司的发展紧密结合，在一定程度上发挥负债经营的最优效应，实现风险与报酬的最优组合。

（二）适度负债经营的特征

1. 合理的负债数额

负债总额度是企业通过分析公司自身情况，结合其偿债能力，合理适度地确定自身负债总额，有效地满足企业资金需要，以此来推动企业的发展而不是增加企业的负担。

2. 合理的负债期限

负债期限长短不一，合理安排负债期限，让企业的每一个发展阶段都能合理分担负债，分散负债带来的偿债风险。

3. 合理的资金利用率

通过举债引入资金，不浪费不闲置资金，合理安排资金用处，提高了资金的利用率。

（三）适度负债经营的方式

1. 银行借贷

银行借贷是最常见的负债经营方式，就是企业向银行贷款，按照银行固定的利率支付利息，分为短期贷款、中期贷款、长期贷款几种类型。

2. 发行债券

发行债券是发行主体依法发行，约定在一定的期限内向债权人还本付息的有价证券。相比之下发行债券的成本比较低，更不会像发行股票那样分散企业的控制权。债券的持有人只收取固定的利息而无权参与企业的管理，而股权筹资是以发行股票、支付股利的形式去实现，这与上市公司发展的好坏息息相关，当企业发展得好则相应支付更多的股利，在企业遇见低潮期时则可能少发放股利甚至可能会不发放股利，股权筹资会极大程度的分散企业的经营控制权。

3. 商业信用

商业信用是指商品交易中使用延期付款或延期交货形式所形成的一种借贷关系。随着商品经济的高速发展，商业信用的运用也在逐渐扩大，商业信用是以赊账的方式出售商品或劳务时买卖双方之间相互提供的信用，在交易商品或提供劳务后，买方则不用立即支付现金，而是交易双方相互约定在一定的期限后再进行支付，这样一来就缓解了买方的资金压力，相应地，到期买方也需要向卖方支付利息，卖方也获得了利息收入。

4. 融资租赁

融资租赁又称财务租赁，相比商业信用，融资租赁筹资就比较适合大多数企业，这是一种特殊的筹资方式。也就是通过签订契约，约定较长的期限提供承租方需要的设备供其使用，这样就具有了借贷的性质，是承租企业筹集长期资本的一种特殊的融资方式，在租赁期满后租赁方可收回所有权。

（四）适度负债经营的必要性

1. 企业资金的需要

企业的发展离不开充裕的资金，而适度负债经营使企业能够快速有效地取得生产经营活动的资金，促进企业资金的流动性增强，为企业提供大量的资金支持，

2. 企业规模的需要

适度负债经营是企业另一种变相的投资方式，企业需要发展，而举债经营企业，用别人的资金为企业创造效益，带来可观的回报，这样能够促使企业扩大规模，实现企业价值的最大化。

3. 房地产行业竞争激烈

市场环境竞争激烈，合理的举债经营为企业提供一定的财务支持，改善企业的管理方式，帮助企业在激烈的市场竞争中保持稳健的发展。

负债经营对于企业的正面影响是建立在适度的基础上的，适度负债经营是企业发挥负债经营最大效用的前提和保证。凡事应量力而行，过度了反而会造成不好的效果，企业必须结合内外部环境和自身具体情况制定专属的适度负债经营方案。

二、房地产上市公司适度负债的现状

（一）行业资产负债率偏高

目前房地产行业竞争激烈，为了缓解资金压力及企业的长远发展，大多数房地产企业都会选择负债筹资这一经营手段，而负债多少，是否合理，则可以通过资产负债率来反映，一般来说资产负债率的适宜水平是40%~60%。而资产负债率达到70%就称为警戒线，若资产负债的比率达到了100%或者超过了100%则就说明公司已经没有净资产或资不抵债。而对于房地产行业，其资产负债率相对其他行业要普遍高一些，正常水平一般会高于70%左右，达到80%就属于高负债率了，企业就会有一定的财务风险。据报道，截至2017年，房地产上市公司的平均资产负债率为79.45%，接近于80%，其行业负债率较高，远远高于资产负债率的平均适宜水平，但即使高负债率房地产企业仍能维持企业的可持续发展，这就说明了目前虽然房地产企业的负债率过高，但其也维持在适度范围之内，符合整体行业情况。

（二）负债总额主要由流动负债为主

在房地产行业中，大部分房地产公司负债资金的主要来源是流动性负债，而非流动性负债占少数，其中一部分房地产企业由于流动性负债的金额较大，但又不符合其企业资产承受能力，同时企业的盈利能力又跟不上流动负债的增长速度，盈利效益较低，即便是有了部分的盈利都只足够偿还到期的流动性负债，如此循环，流动负债便在负债总额中持续占有较大比例。

（三）销售资金回收率较低

目前房地产行业市场竞争激烈，许多房地产公司都选择加大举债，然而其行业平均盈利水平普遍有所下降，部分房地产公司不能实现可持续发展，其利润大幅下降，资金回收困难，资金的流动性差，财务风险增加，财务压力明显上升。

三、适度负债经营对房地产上市公司的影响

在目前的各行业中，房地产行业无疑是众多行业中的佼佼者，并且推动了各个行业的迅速发展。面对这样的市场形势，负债经营的经营手段更加受到了房地产行业的喜爱，然而负债经营对其也有正反两方面的影响。

（一）适度负债经营对房地产上市公司的有利影响

1. 适度举债经营可以快速有效地筹集资金

企业的筹资大致可分为股权性筹资和债务性筹资。对比筹资方式，股权筹资主要以发行股票为主，发行的条件复杂，依赖于资本市场机制筹资，准备的时间较长，从筹备到股票发行的过程复杂和漫长，筹资效率低，筹资费用高。而债务筹资的筹资过程相对简单，可以依赖于市场机制，也可运用计划或行政手段筹资，筹资

效率高，筹资费用也相对较低，更能快速有效地筹集资金。对于房地产企业来说则更需要债务筹资这样高效快速的筹资，如果只单靠自有的资金去维持，可能会造成财务风险，通过适度的举债则可以弥补其自身资金的不足，为企业快速有效地筹集大量资金，从而保持企业资金的流动性。

2. 适度负债可以起到避税作用

在企业中负债的利息先要计入财务费用，然后在计算企业所得税时税前扣除，这样就会让企业少交企业所得税，就起到了合理避税的作用，节省的税额也就等于利息费用×所得税税率，企业需要缴纳的税额少了，自然其公司的利润也就增加了。通过计算比较：

（1）如果企业当期利润为 300 万元，企业的所得税税率为 25%，无其他调整事项，也无负债行为，计算其应交的企业所得税。当期企业所得税 = 300×25% = 75（万元）。

（2）若其他条件不变，同时企业从银行借款 100 万元，其借款利率为 8%，计算其应交的企业所得税。债务利息费用 = 100×8% = 8（万元），当期应交的企业所得税 =（300－8）×25% = 73（万元），节省的税费 = 75－73 = 2（万元）。

比较之前公司无债务筹资行为时，公司向外举债 100 万元，借款利率 8%，产生 8 万元的债务利息，此时根据税法规定，债务利息费用则可以在计算企业所得税时扣除，此时企业的银行借款利率也就只有 6%（8%×75%）了，也就为企业合理地免了一部分税费。

3. 适度负债能够降低房地产上市公司的资本成本

负债经营主要体现在资本成本的筹集资金所需付出的代价中。这筹资成本代价就如上市公司股权筹资发行股票筹资需要向股东发放股利，而债务筹资发行债券或向银行贷款需要向债务人支付固定的利息。债务利息是固定的，也就是说债务人所获的报酬不会受公司的盈利水平的影响，只需要到期收回本金，风险较小。通过计算资本成本率可以反映出资本成本的高低，例如：

（1）某房地产上市公司欲向外筹资 100 万元资金，若选择向银行贷款，则借款利率为 11%，每年付息一次，到期一次还本，筹资费用率为 0.5%，企业所得税税率为 25%，通过公式计算其资本成本率可得：资本成本率 K_b =［11%×（1－25%）/（1－0.5%）］×100% = 8.29%。

（2）若选择发行普通股筹资，则发行的价格为每股 13.26 元，每股的发行费用为 2 元，预定每年分派现金股股利为 1.1 元，通过公式计算其资本成本率可得：K_c =［1.1/（13.26－2）］×100% = 9.77%。

比较两种筹资方式，可以看出向银行贷款的资本成本率明显要低于股权筹资的资本成本率，这说明债务筹资所产生的资本成本是相对较低的。

4. 在通货膨胀中获得额外的收益

负债和债务利息都是固定不变的，若遇上通货膨胀时期，货币的价值会因为通货膨胀的影响而下降，而之前的负债经营所产生的债务利息名义上的价值则是不变的，这样一来，债务人的债务及利息的实际价值是降低了，而债权人所得到的债务利息则降低了原本价值。这就意味着企业通过合理举债提前占用债务人的资金使用权，而因为通货膨胀的因素，成功地将资金贬值的风险转嫁给了债务人，这就形成了债务及债务利息的原账面价值和现实际价值之间的差额，从而形成了通货膨胀的差额收益。

（二）过度负债经营对房地产上市公司的负面影响

1. 过度负债使企业资产负债结构不合理，将会给企业带来财务风险

资产负债结构需要企业再三思量决定，不能盲目举债，若负债的组成结构失衡不符合公司的情况，筹资方式选择不当，就可能会导致企业陷入财务风险。以一家处于财务风险的房地产上市公司情况为例（见图 1、图 2）。

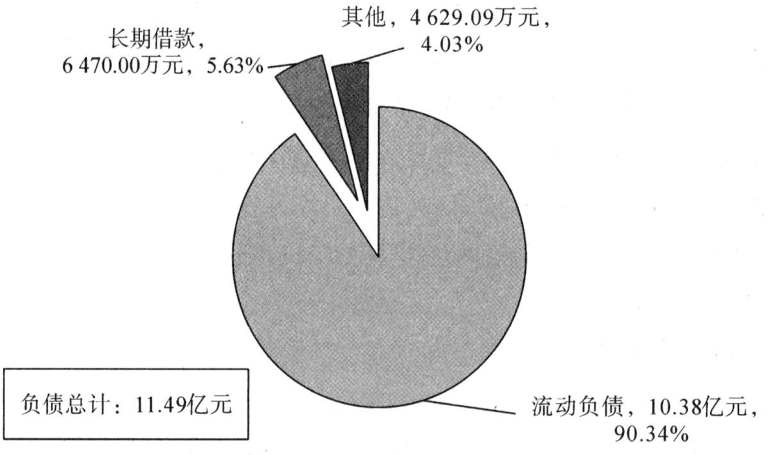

图 1　负债构成图

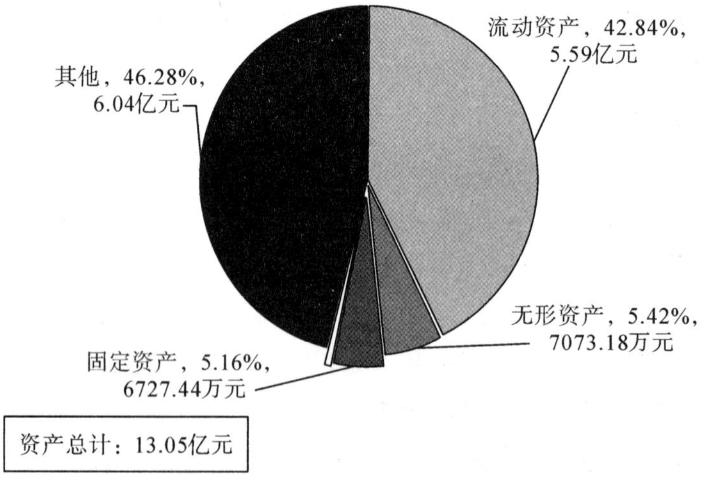

图 2　资产构成图

由图 1 可以看到：该房地产上市公司的负债结构构成流动负债的比例高达 10. 38 亿元，占企业整个负债总额的 90. 34%，而其中的长期性非流动负债则只占负债总额的 5. 63%，企业的负债总额达到了 11. 49 亿元；由图 2 可知该公司的总资产为 13. 05 亿元，流动资产只有 5. 59 亿元，非流动资产及其他资产却占资产总额的大部分比例，其资产负债率达到了 88. 05%，显然负债总额过大无法与自身资产相匹配，这将导致公司的偿债能力下降。综上所述，说明在资产负债结构中，当资产负债结构不相匹配，大量使用流动性负债资金来满足企业的各项基本需要，而企业的资产变现能力较弱，企业就会时刻面临着偿债的压力和风险，极易陷入财务风险之中。

2. 若还债不及时，会造成再筹资风险

房地产公司过度的负债经营，过度利用举债的方式筹资，增加了偿债压力，这样如果企业无法及时按照债务协议合同等足额偿还债务，就会破坏其公司的信誉度，银行及其他金融机构就会因此不再愿意向企业提供帮助和资金支持，这样一来公司的再筹资能力也就随着降低了，筹资渠道也就变少了。企业再筹资能力的降低，但企业的发展又需要资金的支持，那么企业只能选择其他筹资费用大的筹资方式或者加大债务筹资的交换条件，如在债务合同中加设限制条件，或者满足债务人其他参与公司管理等条件，这样就限制了公司的经营发展，破坏了公司原本的控制权，损失的利益也就越大。

3. 负债程度过高，企业无法偿还债务可能会对社会金融资金链造成影响

房地产上市公司投入资金较大，投资回收期较长，而企业借款主要从银行等金融机构中取得，借贷金额大，若超出企业负债的承受范围，造成到期无法偿还债务，而银行因借贷金额巨大，无法收回借贷资金这就可能导致银行等金融机构的资金紧缺，甚至导致整个金融系统资金链断裂，对社会经济带来一定的影响。

4. 负债比率过高，可能会影响股价的波动或导致股价下跌

资产负债率越高，对企业的偿债能力的要求就越高，财务风险随之加大。而无论什么行业的企业对于负债经营的容忍程度都是有限的。对于上市公司而言，股价的波动最能反映负债率过高而产生的下降趋势。意思是当负债经营的投资报酬率低于相应付出的资本成本率，这时企业就不得不将一部分股东的权益拿来偿还债务，这样一来就会削弱股东的利益，股东们未能获得所期望的投资回报，就会对企业股票失去信心，就会抛售手中所持有的股票，而市场的反应是灵敏的，一度地抛售股票，投资者们就会相应的接收到市场所反映的信息，从而股票的价格也会受到影响开始下降。

四、房地产上市公司适度负债经营的策略

房地产上市公司的负债经营手段非常具有代表性，适度的负债可以引导房地产行业更好地发展，但过度的负债则会对其产生反作用，由此，房地产公司应该制定适度负债经营的策略来避免公司陷入危机之中。

（一）制定适度的负债结构策略

负债结构是指企业中构成负债总额的各种负债数量的比例关系。房地产上市公司制定适度的负债结构，应合理调节长短期负债所占的比例，可以充分利用发行债券方式直接筹资，灵活结合银行借贷方式间接筹资，应全面结合企业各方面情况考虑，同时适当运用商业信用、融资租赁债务筹资方式缓解资金压力。

1. 适当运用商业信用

结合考虑企业的资金流动情况、经营情况、信誉度高低等方面，适当地运用商业信用，为企业争取资金的使用时间，以此缓解企业的短期资金压力。

2. 发行债券结合银行借款筹资

全面考虑企业的偿债能力、盈利能力、资金的回收能力等，将负债总额控制在企业资产的负荷范围内，可以直接通过发行债券筹集，还可以结合银行借贷筹集中长期资金，尽量将债务的偿还期分散化，以降低还款压力，维持企业的资金流动性。

3. 合理采用融资租赁

同时还应考虑房地产行业的行业特点，固定资产占总资产的比例相对较少，可以少量采用融资租赁的债务筹资方式租入所需的大型设备，缓解企业暂时的资金压力。通过对企业自身状况分析，合理利用银行借款、发行债券、商业信用、融资租赁债务筹资方式的特点，制定适度的负债结构，形成资产负债结构平衡的正效应。

（二）制定还款措施

企业应该制订相应的还款计划，对于不同渠道取得的资金应该有不同的还款计划，并制定一系列的措施。

1. 合理安排还款时间

借入每笔资金后，结合相应债务还款时间顺序，比如对于期限短、利息额比较高的债务应安排在早期还款，对于期限较长的债务可以安排在后期还款，并制订详细的还款计划表。

2. 联系评估企业每笔项目资金的回收时间

清楚列举出每项负债，对应企业每个时间段的资金回收时间，以此保证及时足额的还款。

3. 制定债务到期提前提醒程序

每一位专项债务负责人都必须时刻牢记还款期限，并且及时提醒报告高层领导，企业要随时做到心中有数，这样既让债务人放心，也让企业管理者宽心，有效避免还款危机并建立企业良好的诚信形象。

（三）创建财务风险控制制度

市场形势不断变化，企业的内部运行决策也随之相应调整，在这多变的环境条件下财务杠杆风险随时都有可能发生，因此企业应加大对财务风险的控制，随时保持风险意识。

1. 及时分析公司的内外部环境

结合内外部环境树立企业风险意识，及时感应行业的变化，当外部环境与内部管理决策相符合时，即可以适量增加举债数量，加大债务投资；当形势严峻时，应适当减少负债，降低债务风险，不轻易冒险，让企业能稳健发展。

2. 建立和完善公司的风险防范机制

通过对内外部环境的分析，将风险分为高、中、低三等，分散降低财务风险。建立一套专属公司的防范制度，包括相应债务的补救方案、改进方法及债务应急措施，充分考虑资金时间价值，以及负债代价，以便及时有效地应对风险。

3. 培养员工风险意识

每一位员工都应树立其敏锐的风险意识，能及时向领导汇报情况变化，有效地帮助公司高层处理风险突发情况。

4. 权责分明

建立责任制度，对于风险发生后，除了及时处理风险还应检查自身是否有效地进行了本职工作，权责分明，及时配合解决问题，有效度过风险危机。

负债经营是一种经营手段，而不是一种威胁，因此房地产上市公司在运用负债经营这一发展战略时，一定要把握好“适度”两字，这对其公司的发展来说既是一种优势同时也是一种挑战，过少则不能达到预期效果，过度则加大了企业的风险。房地产行业属于高收益行业，它具有自身独特的市场优势，也是国家重视的行业，应及时把握好市场形势，有效迎合市场变化，一定要根据公司的需要去制定适度负债策略，要不断优化负债结构，合理有效地使用债务资金，尽量发挥适度负债的最优效果，维持房地产行业健康稳定的发展。

参考文献：

[1] 赵家燕. 浅谈上市公司的负债经营效益及策略 [J]. 财经界（学术版），2015（24）：150.

［2］ 朱清清. 房地产行业负债经营中存在的问题及对策研究：以 W 集团为例［J］. 西部皮革，2017，39（8）：129-140.

［3］ 高文龙. 上市公司负债经营风险的防范措施［J］. 中国证券期货，2013（4）：15-16.

［4］ 宗雪峰. 我国房地产上市公司负债运营风险研究［J］. 科技展望，2016，26（9）：241-243.

［5］ 车仲春. 上市公司负债经营效益与财务风险实证分析［J］. 财会通讯，2013（27）：69-71.

［6］ 李圆圆. 上市公司资本结构与经营绩效影响因素实证研究［J］. 财会通讯，2014（2）：28-30.

［7］ 张雨. 企业负债的利弊分析及风险规避［J］. 中国市场，2016（7）：146-147.

［8］ 王琳璐. 谈企业适度负债经营［J］. 中国市场，2015（23）：126，130.

［9］ 叶敏. 企业适度负债经营研究［J］. 现代经济信息，2014（7）：226.

［10］ 王僮. 论企业负债经营［J］. 合作经济与科技，2015（5）：117-118.

［11］ 李放. 企业适度负债经营的利弊及“度”的确定［J］. 辽宁经济，2013（4）：86-87.

［12］ 张磊. 浅析负债经营对企业的影响［J］. 中国管理信息化，2014，17（4）：88-89.

［13］ 宋明，顾雷. 企业负债经营及风险控制［J］. 中外企业家，2015（9）：22，30.

［14］ 张艳春. 企业适度负债经营利弊分析［J］. 内蒙古科技与经济，2015（18）：34-35.

［15］ 刘力，张莉丽. 我国企业负债经营风险控制策略分析［J］. 当代经济，2015（6）：72-75.

［16］ 韩佳娱. 企业负债经营的策略分析［J］. 时代金融，2015（32）：113，115.

［17］ 姜波. 企业负债经营的主要风险与控制措施探讨［J］. 当代会计，2017（5）：36-37.

［18］ 成吉飞. 企业合理负债经营策略分析［J］. 纳税，2017（34）：130-132.

［19］ 肖晶. 试论负债和负债经营［J］. 现代经济信息，2014（20）：123-124.

［20］ 姚晓敏. 房地产企业负债经营分析：以万科 2012—2014 年负债经营数据为例［J］. 全国商情（经济理论研究），2015（23）：67-68.

［21］ 叶全良. 负债经营论［M］. 北京：清华大学出版社，2002.

［22］ 张蕊. 公司财务学［M］. 北京：高等教育出版社，2007.

［23］ 矫月. 132 家上市公司资产负债率超 70% 直逼 80%［N］. 证券日报，2016-08-24.